POLISH
VOCABULARY

FOR ENGLISH SPEAKERS

ENGLISH-POLISH

The most useful words
To expand your lexicon and sharpen
your language skills

9000 words

Polish vocabulary for English speakers - 9000 words

By Andrey Taranov

T&P Books vocabularies are intended for helping you learn, memorize and review foreign words. The dictionary is divided into themes, covering all major spheres of everyday activities, business, science, culture, etc.

The process of learning words using T&P Books' theme-based dictionaries gives you the following advantages:

- Correctly grouped source information predetermines success at subsequent stages of word memorization
- Availability of words derived from the same root allowing memorization of word units (rather than separate words)
- Small units of words facilitate the process of establishing associative links needed for consolidation of vocabulary
- Level of language knowledge can be estimated by the number of learned words

Copyright © 2014 T&P Books Publishing

All rights reserved No part of this book may be reproduced or utilized in any form or by any means, electronic or mechanical, including photocopying, recording or by information storage and retrieval system, without permission in writing from the publishers.

T&P Books Publishing
www.tpbooks.com

ISBN: 978-1-78071-416-5

This book is also available in E-book formats.
Please visit www.tpbooks.com or the major online bookstores.

POLISH VOCABULARY
for English speakers

T&P Books vocabularies are intended to help you learn, memorize, and review foreign words. The vocabulary contains over 9000 commonly used words arranged thematically.

- Vocabulary contains the most commonly used words
- Recommended as an addition to any language course
- Meets the needs of beginners and advanced learners of foreign languages
- Convenient for daily use, revision sessions, and self-testing activities
- Allows you to assess your vocabulary

Special features of the vocabulary

- Words are organized according to their meaning, not alphabetically
- Words are presented in three columns to facilitate the reviewing and self-testing processes
- Words in groups are divided into small blocks to facilitate the learning process
- The vocabulary offers a convenient and simple transcription of each foreign word

The vocabulary has 256 topics including:

Basic Concepts, Numbers, Colors, Months, Seasons, Units of Measurement, Clothing & Accessories, Food & Nutrition, Restaurant, Family Members, Relatives, Character, Feelings, Emotions, Diseases, City, Town, Sightseeing, Shopping, Money, House, Home, Office, Working in the Office, Import & Export, Marketing, Job Search, Sports, Education, Computer, Internet, Tools, Nature, Countries, Nationalities and more ...

T&P BOOKS' THEME-BASED DICTIONARIES

The Correct System for Memorizing Foreign Words

Acquiring vocabulary is one of the most important elements of learning a foreign language, because words allow us to express our thoughts, ask questions, and provide answers. An inadequate vocabulary can impede communication with a foreigner and make it difficult to understand a book or movie well.

The pace of activity in all spheres of modern life, including the learning of modern languages, has increased. Today, we need to memorize large amounts of information (grammar rules, foreign words, etc.) within a short period. However, this does not need to be difficult. All you need to do is to choose the right training materials, learn a few special techniques, and develop your individual training system.

Having a system is critical to the process of language learning. Many people fail to succeed in this regard; they cannot master a foreign language because they fail to follow a system comprised of selecting materials, organizing lessons, arranging new words to be learned, and so on. The lack of a system causes confusion and eventually, lowers self-confidence.

T&P Books' theme-based dictionaries can be included in the list of elements needed for creating an effective system for learning foreign words. These dictionaries were specially developed for learning purposes and are meant to help students effectively memorize words and expand their vocabulary.

Generally speaking, the process of learning words consists of three main elements:

- Reception (creation or acquisition) of a training material, such as a word list
- Work aimed at memorizing new words
- Work aimed at reviewing the learned words, such as self-testing

All three elements are equally important since they determine the quality of work and the final result. All three processes require certain skills and a well-thought-out approach.

New words are often encountered quite randomly when learning a foreign language and it may be difficult to include them all in a unified list. As a result, these words remain written on scraps of paper, in book margins, textbooks, and so on. In order to systematize such words, we have to create and continually update a "book of new words." A paper notebook, a netbook, or a tablet PC can be used for these purposes.

This "book of new words" will be your personal, unique list of words. However, it will only contain the words that you came across during the learning process. For example, you might have written down the words "Sunday," "Tuesday," and "Friday." However, there are additional words for days of the week, for example, "Saturday," that are missing, and your list of words would be incomplete. Using a theme dictionary, in addition to the "book of new words," is a reasonable solution to this problem.

The theme-based dictionary may serve as the basis for expanding your vocabulary.

It will be your big "book of new words" containing the most frequently used words of a foreign language already included. There are quite a few theme-based dictionaries available, and you should ensure that you make the right choice in order to get the maximum benefit from your purchase.

Therefore, we suggest using theme-based dictionaries from T&P Books Publishing as an aid to learning foreign words. Our books are specially developed for effective use in the sphere of vocabulary systematization, expansion and review.

Theme-based dictionaries are not a magical solution to learning new words. However, they can serve as your main database to aid foreign-language acquisition. Apart from theme dictionaries, you can have copybooks for writing down new words, flash cards, glossaries for various texts, as well as other resources; however, a good theme dictionary will always remain your primary collection of words.

T&P Books' theme-based dictionaries are specialty books that contain the most frequently used words in a language.

The main characteristic of such dictionaries is the division of words into themes. For example, the *City* theme contains the words "street," "crossroads," "square," "fountain," and so on. The *Talking* theme might contain words like "to talk," "to ask," "question," and "answer".

All the words in a theme are divided into smaller units, each comprising 3–5 words. Such an arrangement improves the perception of words and makes the learning process less tiresome. Each unit contains a selection of words with similar meanings or identical roots. This allows you to learn words in small groups and establish other associative links that have a positive effect on memorization.

The words on each page are placed in three columns: a word in your native language, its translation, and its transcription. Such positioning allows for the use of techniques for effective memorization. After closing the translation column, you can flip through and review foreign words, and vice versa. "This is an easy and convenient method of review – one that we recommend you do often."

Our theme-based dictionaries contain transcriptions for all the foreign words. Unfortunately, none of the existing transcriptions are able to convey the exact nuances of foreign pronunciation. That is why we recommend using the transcriptions only as a supplementary learning aid. Correct pronunciation can only be acquired with the help of sound. Therefore our collection includes audio theme-based dictionaries.

The process of learning words using T&P Books' theme-based dictionaries gives you the following advantages:

- You have correctly grouped source information, which predetermines your success at subsequent stages of word memorization
- Availability of words derived from the same root (lazy, lazily, lazybones), allowing you to memorize word units instead of separate words
- Small units of words facilitate the process of establishing associative links needed for consolidation of vocabulary
- You can estimate the number of learned words and hence your level of language knowledge
- The dictionary allows for the creation of an effective and high-quality revision process
- You can revise certain themes several times, modifying the revision methods and techniques
- Audio versions of the dictionaries help you to work out the pronunciation of words and develop your skills of auditory word perception

The T&P Books' theme-based dictionaries are offered in several variants differing in the number of words: 1.500, 3.000, 5.000, 7.000, and 9.000 words. There are also dictionaries containing 15,000 words for some language combinations. Your choice of dictionary will depend on your knowledge level and goals.

We sincerely believe that our dictionaries will become your trusty assistant in learning foreign languages and will allow you to easily acquire the necessary vocabulary.

TABLE OF CONTENTS

T&P Books' Theme-Based Dictionaries	4
Pronunciation guide	15
Abbreviations	17

BASIC CONCEPTS	18
Basic concepts. Part 1	18

1. Pronouns	18
2. Greetings. Salutations. Farewells	18
3. How to address	19
4. Cardinal numbers. Part 1	19
5. Cardinal numbers. Part 2	20
6. Ordinal numbers	21
7. Numbers. Fractions	21
8. Numbers. Basic operations	21
9. Numbers. Miscellaneous	22
10. The most important verbs. Part 1	22
11. The most important verbs. Part 2	23
12. The most important verbs. Part 3	24
13. The most important verbs. Part 4	25
14. Colors	26
15. Questions	27
16. Prepositions	27
17. Function words. Adverbs. Part 1	28
18. Function words. Adverbs. Part 2	30

Basic concepts. Part 2	31

19. Weekdays	31
20. Hours. Day and night	31
21. Months. Seasons	32
22. Time. Miscellaneous	34
23. Opposites	35
24. Lines and shapes	37
25. Units of measurement	38
26. Containers	39
27. Materials	40
28. Metals	40

T&P Books. Polish vocabulary for English speakers - 9000 words

HUMAN BEING	42
Human being. The body	42

29. Humans. Basic concepts	42
30. Human anatomy	42
31. Head	43
32. Human body	44

Clothing & Accessories	45

33. Outerwear. Coats	45
34. Men's & women's clothing	45
35. Clothing. Underwear	46
36. Headwear	46
37. Footwear	46
38. Textile. Fabrics	47
39. Personal accessories	47
40. Clothing. Miscellaneous	48
41. Personal care. Cosmetics	49
42. Jewelry	50
43. Watches. Clocks	50

Food. Nutricion	51

44. Food	51
45. Drinks	52
46. Vegetables	54
47. Fruits. Nuts	54
48. Bread. Candy	55
49. Cooked dishes	56
50. Spices	57
51. Meals	57
52. Table setting	58
53. Restaurant	58

Family, relatives and friends	60

54. Personal information. Forms	60
55. Family members. Relatives	60
56. Friends. Coworkers	61
57. Man. Woman	62
58. Age	63
59. Children	63
60. Married couples. Family life	64

Character. Feelings. Emotions	66

61. Feelings. Emotions	66

62.	Character. Personality	67
63.	Sleep. Dreams	68
64.	Humour. Laughter. Gladness	69
65.	Discussion, conversation. Part 1	70
66.	Discussion, conversation. Part 2	71
67.	Discussion, conversation. Part 3	72
68.	Agreement. Refusal	73
69.	Success. Good luck. Failure	74
70.	Quarrels. Negative emotions	74

Medicine

77

71.	Diseases	77
72.	Symptoms. Treatments. Part 1	78
73.	Symptoms. Treatments. Part 2	79
74.	Symptoms. Treatments. Part 3	80
75.	Doctors	81
76.	Medicine. Drugs. Accessories	81
77.	Smoking. Tobacco products	82

HUMAN HABITAT
City

83
83

78.	City. Life in the city	83
79.	Urban institutions	84
80.	Signs	86
81.	Urban transportation	87
82.	Sightseeing	88
83.	Shopping	88
84.	Money	89
85.	Post. Postal service	90

Dwelling. House. Home

92

86.	House. Dwelling	92
87.	House. Entrance. Lift	93
88.	House. Electricity	93
89.	House. Doors. Locks	93
90.	Country house	94
91.	Villa. Mansion	95
92.	Castle. Palace	95
93.	Apartment	96
94.	Apartment. Cleaning	96
95.	Furniture. Interior	96
96.	Bedding	97
97.	Kitchen	97
98.	Bathroom	99
99.	Household appliances	99
100.	Repairs. Renovation	100

| 101. | Plumbing | 100 |
| 102. | Fire. Conflagration | 101 |

HUMAN ACTIVITIES
Job. Business. Part 1

| | | 103 |
| | | 103 |

103.	Office. Working in the office	103
104.	Business processes. Part 1	104
105.	Business processes. Part 2	105
106.	Production. Works	106
107.	Contract. Agreement	108
108.	Import & Export	108
109.	Finances	109
110.	Marketing	109
111.	Advertising	110
112.	Banking	111
113.	Telephone. Phone conversation	112
114.	Mobile telephone	112
115.	Stationery	113
116.	Various kinds of documents	113
117.	Kinds of business	114

Job. Business. Part 2

117

118.	Show. Exhibition	117
119.	Mass Media	118
120.	Agriculture	119
121.	Building. Building process	120
122.	Science. Research. Scientists	121

Professions and occupations

123

123.	Job search. Dismissal	123
124.	Business people	123
125.	Service professions	125
126.	Military professions and ranks	125
127.	Officials. Priests	126
128.	Agricultural professions	127
129.	Art professions	127
130.	Various professions	128
131.	Occupations. Social status	129

Sports

131

132.	Kinds of sports. Sportspersons	131
133.	Kinds of sports. Miscellaneous	132
134.	Gym	133

135.	Hockey	133
136.	Football	133
137.	Alpine skiing	135
138.	Tennis. Golf	135
139.	Chess	136
140.	Boxing	136
141.	Sports. Miscellaneous	137

Education 139

142.	School	139
143.	College. University	140
144.	Sciences. Disciplines	141
145.	Writing system. Orthography	141
146.	Foreign languages	143
147.	Fairy tale characters	144
148.	Zodiac Signs	144

Arts 145

149.	Theater	145
150.	Cinema	146
151.	Painting	147
152.	Literature & Poetry	148
153.	Circus	149
154.	Music. Pop music	149

Rest. Entertainment. Travel 151

155.	Trip. Travel	151
156.	Hotel	152
157.	Books. Reading	152
158.	Hunting. Fishing	154
159.	Games. Billiards	155
160.	Games. Playing cards	155
161.	Casino. Roulette	156
162.	Rest. Games. Miscellaneous	156
163.	Photography	157
164.	Beach. Swimming	158

TECHNICAL EQUIPMENT. TRANSPORTATION 160
Technical equipment 160

165.	Computer	160
166.	Internet. E-mail	161
167.	Electricity	162
168.	Tools	163

Transportation 165

169. Airplane	165
170. Train	166
171. Ship	167
172. Airport	168
173. Bicycle. Motorcycle	169

Cars 171

174. Types of cars	171
175. Cars. Bodywork	171
176. Cars. Passenger compartment	173
177. Cars. Engine	173
178. Cars. Crash. Repair	174
179. Cars. Road	175
180. Traffic signs	176

PEOPLE. LIFE EVENTS 178
Life events 178

181. Holidays. Event	178
182. Funerals. Burial	179
183. War. Soldiers	180
184. War. Military actions. Part 1	181
185. War. Military actions. Part 2	182
186. Weapons	184
187. Ancient people	185
188. Middle Ages	186
189. Leader. Chief. Authorities	188
190. Road. Way. Directions	188
191. Breaking the law. Criminals. Part 1	190
192. Breaking the law. Criminals. Part 2	191
193. Police. Law. Part 1	192
194. Police. Law. Part 2	193

NATURE 195
The Earth. Part 1 195

195. Outer space	195
196. The Earth	196
197. Cardinal directions	197
198. Sea. Ocean	197
199. Seas' and Oceans' names	198
200. Mountains	199
201. Mountains names	200
202. Rivers	200
203. Rivers' names	201

204.	Forest	202
205.	Natural resources	203

The Earth. Part 2 205

206.	Weather	205
207.	Severe weather. Natural disasters	206
208.	Noises. Sounds	206
209.	Winter	207

Fauna 209

210.	Mammals. Predators	209
211.	Wild animals	209
212.	Domestic animals	211
213.	Dogs. Dog breeds	212
214.	Sounds made by animals	212
215.	Young animals	213
216.	Birds	213
217.	Birds. Singing and sounds	214
218.	Fish. Marine animals	215
219.	Amphibians. Reptiles	216
220.	Insects	216
221.	Animals. Body parts	217
222.	Actions of animals	218
223.	Animals. Habitats	218
224.	Animal care	219
225.	Animals. Miscellaneous	219
226.	Horses	220

Flora 222

227.	Trees	222
228.	Shrubs	223
229.	Mushrooms	223
230.	Fruits. Berries	223
231.	Flowers. Plants	224
232.	Cereals, grains	225
233.	Vegetables. Greens	226

REGIONAL GEOGRAPHY 228
Countries. Nationalities 228

234.	Western Europe	228
235.	Central and Eastern Europe	230
236.	Former USSR countries	231
237.	Asia	232

238.	North America	234
239.	Central and South America	235
240.	Africa	236
241.	Australia. Oceania	236
242.	Cities	237
243.	Politics. Government. Part 1	238
244.	Politics. Government. Part 2	240
245.	Countries. Miscellaneous	241
246.	Major religious groups. Confessions	242
247.	Religions. Priests	243
248.	Faith. Christianity. Islam	243

MISCELLANEOUS 246

249.	Various useful words	246
250.	Modifiers. Adjectives. Part 1	247
251.	Modifiers. Adjectives. Part 2	250

MAIN 500 VERBS 253

252.	Verbs A-C	253
253.	Verbs D-G	255
254.	Verbs H-M	258
255.	Verbs N-S	260
256.	Verbs T-W	263

PRONUNCIATION GUIDE

Letter	Polish example	T&P phonetic alphabet	English example

Vowels

Letter	Polish example	T&P phonetic alphabet	English example
A a	fala	[a]	shorter than in ask
Ą ą	są	[ɔ̃]	strong
E e	tekst	[ɛ]	man, bad
Ę ę	pięć	[ɛ]	fang
I i	niski	[i]	shorter than in feet
O o	strona	[ɔ]	bottle, doctor
Ó ó	ołów	[u]	book
U u	ulica	[u]	book
Y y	stalowy	[ɪ]	big, America

Consonants

Letter	Polish example	T&P phonetic alphabet	English example
B b	brew	[b]	baby, book
C c	palec	[ts]	cats, tsetse fly
Ć ć	haftować	[tʃ]	church, French
D d	modny	[d]	day, doctor
F f	perfumy	[f]	face, food
G g	zegarek	[g]	game, gold
H h	handel	[h]	huge, hat
J j	jajko	[j]	yes, New York
K k	krab	[k]	clock, kiss
L l	mleko	[l]	lace, people
Ł ł	głodny	[w]	vase, winter
M m	guma	[m]	magic, milk
N n	Indie	[n]	name, normal
Ń ń	jesień	[ɲ]	canyon, new
P p	poczta	[p]	pencil, private
R r	portret	[r]	rice, radio
S s	studnia	[s]	city, boss
Ś ś	świat	[ɕ]	sheep, shop

Letter	Polish example	T&P phonetic alphabet	English example
T t	taniec	[t]	tune, student
W w	wieczór	[v]	very, river
Z z	zachód	[z]	zebra, please
Ź ź	żaba	[ź]	gigolo
Ż ż	żagiel	[ʒ]	forge, pleasure

Combinations of letters

ch	ich, zachód	[h]	huge, humor
ci	kwiecień	[tɕ]	cheese
cz	czasami	[tʃ]	church, French
dz	dzbanek	[dz]	beads, kids
dzi	dziecko	[dʑ]	jeans, gene
dź	dźwig	[dʑ]	jeans, gene
dż	dżinsy	[j]	yes, New York
ni	niedziela	[ɲ]	canyon, new
rz	orzech	[ʒ]	forge, pleasure
si	osiem	[ɕ]	sheep, shop
sz	paszport	[ʃ]	machine, shark
zi	zima	[ź]	gigolo

Comments

* Letters Qq, Vv, Xx used in foreign loanwords only

ABBREVIATIONS
used in the vocabulary

ab.	-	about
adj	-	adjective
adv	-	adverb
anim.	-	animate
as adj	-	attributive noun used as adjective
e.g.	-	for example
etc.	-	et cetera
fam.	-	familiar
fem.	-	feminine
form.	-	formal
inanim.	-	inanimate
masc.	-	masculine
math	-	mathematics
mil.	-	military
n	-	noun
pl	-	plural
pron.	-	pronoun
sb	-	somebody
sing.	-	singular
sth	-	something
v aux	-	auxiliary verb
vi	-	intransitive verb
vi, vt	-	intransitive, transitive verb
vt	-	transitive verb
m	-	masculine noun
f	-	feminine noun
m, f	-	masculine, feminine
m pl	-	masculine plural
f pl	-	feminine plural

BASIC CONCEPTS

Basic concepts. Part 1

1. Pronouns

I, me	ja	[ja]
you	ty	[tɪ]
he	on	[ɔn]
she	ona	['ɔna]
it	ono	['ɔnɔ]
we	my	[mɪ]
you (to a group)	wy	[vɪ]
they	one	['ɔnɛ]

2. Greetings. Salutations. Farewells

Hello! (fam.)	Dzień dobry!	[dʒeɲ 'dɔbrɪ]
Hello! (form.)	Dzień dobry!	[dʒeɲ 'dɔbrɪ]
Good morning!	Dzień dobry!	[dʒeɲ 'dɔbrɪ]
Good afternoon!	Dzień dobry!	[dʒeɲ 'dɔbrɪ]
Good evening!	Dobry wieczór!	[dɔbrɪ 'vetʃur]
to say hello	witać się	['vitatʃ ɕɛ̃]
Hi! (hello)	Cześć!	[tʃɛɕtʃ]
greeting (n)	pozdrowienia (pl)	[pɔzdrɔ'veɲa]
to greet (vt)	witać	['vitatʃ]
How are you?	Jak się masz?	[jak ɕɛ̃ maʃ]
What's new?	Co nowego?	[tsɔ nɔ'vɛgɔ]
Bye-Bye! Goodbye!	Do widzenia!	[dɔ vi'dzɛɲa]
See you soon!	Do zobaczenia!	[dɔ zɔbat'ʃɛɲa]
Farewell! (to a friend)	Żegnaj!	['ʒɛgnaj]
Farewell (form.)	Żegnam!	['ʒɛgnam]
to say goodbye	żegnać się	['ʒɛgnatʃ ɕɛ̃]
So long!	Na razie!	[na 'raʒe]
Thank you!	Dziękuję!	[dʒɛ̃'kue]
Thank you very much!	Bardzo dziękuję!	[bardzɔ dʒɛ̃'kuɛ̃]
You're welcome	Proszę	['prɔʃɛ̃]
Don't mention it!	To drobiazg	[tɔ 'drɔbʲazk]

It was nothing	Nie ma za co	['ne ma 'za tsɔ]
Excuse me!	Przepraszam!	[pʃɛp'raʃam]
to excuse (forgive)	wybaczać	[vɪ'batʃatʃ]

to apologize (vi)	przepraszać	[pʃɛp'raʃatʃ]
My apologies	Przepraszam!	[pʃɛp'raʃam]
I'm sorry!	Przepraszam!	[pʃɛp'raʃam]
to forgive (vt)	wybaczać	[vɪ'batʃatʃ]
please (adv)	proszę	['prɔʃɛ̃]

Don't forget!	Nie zapomnijcie!	[ne zapɔm'nijtʃe]
Certainly!	Oczywiście!	[ɔtʃɪ'victʃe]
Of course not!	Oczywiście, że nie!	[ɔtʃɪvictʃe ʒɛ 'ne]
Okay! (I agree)	Zgoda!	['zgɔda]
That's enough!	Dosyć!	['dɔsɪtʃ]

3. How to address

mister, sir	Proszę pana	['prɔʃɛ̃ 'pana]
ma'am	Proszę pani	['prɔʃɛ̃ 'pani]
miss	Proszę pani	['prɔʃɛ̃ 'pani]
young man	Proszę pana	['prɔʃɛ̃ 'pana]
young man (little boy)	Chłopczyku	[hwɔpt'ʃiku]
miss (little girl)	Dziewczynko	[dʒevt'ʃiŋkɔ]

4. Cardinal numbers. Part 1

0 zero	zero	['zɛrɔ]
1 one	jeden	['edɛn]
2 two	dwa	[dva]
3 three	trzy	[tʃi]
4 four	cztery	['tʃtɛrɪ]

5 five	pięć	[pɛ̃tʃ]
6 six	sześć	[ʃɛctʃ]
7 seven	siedem	['cedɛm]
8 eight	osiem	['ɔcem]
9 nine	dziewięć	['dʒevɛ̃tʃ]

10 ten	dziesięć	['dʒecɛ̃tʃ]
11 eleven	jedenaście	[edɛ'nactʃe]
12 twelve	dwanaście	[dva'nactʃe]
13 thirteen	trzynaście	[tʃi'nactʃe]
14 fourteen	czternaście	[tʃtɛr'nactʃe]

15 fifteen	piętnaście	[pɛ̃t'nactʃe]
16 sixteen	szesnaście	[ʃɛs'nactʃe]
17 seventeen	siedemnaście	[cedɛm'nactʃe]

18 eighteen	osiemnaście	[ɔɕem'naɕt͡ɕe]
19 nineteen	dziewiętnaście	[dʒevɛ̃t'naɕt͡ɕe]
20 twenty	dwadzieścia	[dva'dʒeɕt͡ɕa]
21 twenty-one	dwadzieścia jeden	[dva'dʒeɕt͡ɕa 'edɛn]
22 twenty-two	dwadzieścia dwa	[dva'dʒeɕt͡ɕa dva]
23 twenty-three	dwadzieścia trzy	[dva'dʒeɕt͡ɕa t͡ʃi]
30 thirty	trzydzieści	[t͡ʃɪ'dʒeɕt͡ʃi]
31 thirty-one	trzydzieści jeden	[t͡ʃɪ'dʒeɕt͡ʃi 'edɛn]
32 thirty-two	trzydzieści dwa	[t͡ʃɪ'dʒeɕt͡ʃi dva]
33 thirty-three	trzydzieści trzy	[t͡ʃɪ'dʒeɕt͡ʃi t͡ʃi]
40 forty	czterdzieści	[t͡ʃtɛr'dʒeɕt͡ʃi]
41 forty-one	czterdzieści jeden	[t͡ʃtɛr'dʒeɕt͡ʃi 'edɛn]
42 forty-two	czterdzieści dwa	[t͡ʃtɛr'dʒeɕt͡ʃi dva]
43 forty-three	czterdzieści trzy	[t͡ʃtɛr'dʒeɕt͡ʃi t͡ʃi]
50 fifty	pięćdziesiąt	[pɛ̃'dʒeɕɔ̃t]
51 fifty-one	pięćdziesiąt jeden	[pɛ̃'dʒeɕɔ̃t 'edɛn]
52 fifty-two	pięćdziesiąt dwa	[pɛ̃'dʒeɕɔ̃t dva]
53 fifty-three	pięćdziesiąt trzy	[pɛ̃'dʒeɕɔ̃t t͡ʃi]
60 sixty	sześćdziesiąt	[ʃɛɕ'dʒeɕɔ̃t]
61 sixty-one	sześćdziesiąt jeden	[ʃɛɕ'dʒeɕɔ̃t 'edɛn]
62 sixty-two	sześćdziesiąt dwa	[ʃɛɕ'dʒeɕɔ̃t dva]
63 sixty-three	sześćdziesiąt trzy	[ʃɛɕ'dʒeɕɔ̃t t͡ʃi]
70 seventy	siedemdziesiąt	[ɕedɛm'dʒeɕɔ̃t]
71 seventy-one	siedemdziesiąt jeden	[ɕedɛm'dʒeɕɔ̃t 'edɛn]
72 seventy-two	siedemdziesiąt dwa	[ɕedɛm'dʒeɕɔ̃t dva]
73 seventy-three	siedemdziesiąt trzy	[ɕedɛm'dʒeɕɔ̃t t͡ʃi]
80 eighty	osiemdziesiąt	[ɔɕem'dʒeɕɔ̃t]
81 eighty-one	osiemdziesiąt jeden	[ɔɕem'dʒeɕɔ̃t 'edɛn]
82 eighty-two	osiemdziesiąt dwa	[ɔɕem'dʒeɕɔ̃t dva]
83 eighty-three	osiemdziesiąt trzy	[ɔɕem'dʒeɕɔ̃t t͡ʃi]
90 ninety	dziewięćdziesiąt	[dʒevɛ̃'dʒeɕɔ̃t]
91 ninety-one	dziewięćdziesiąt jeden	[dʒevɛ̃'dʒeɕɔ̃t edɛn]
92 ninety-two	dziewięćdziesiąt dwa	[dʒevɛ̃'dʒeɕɔ̃t dva]
93 ninety-three	dziewięćdziesiąt trzy	[dʒevɛ̃'dʒeɕɔ̃t t͡ʃi]

5. Cardinal numbers. Part 2

100 one hundred	sto	[stɔ]
200 two hundred	dwieście	['dveɕt͡ɕe]
300 three hundred	trzysta	['t͡ʃista]
400 four hundred	czterysta	['t͡ʃtɛrɪsta]
500 five hundred	pięćset	['pɛ̃t͡ʃsɛt]

600 six hundred	sześćset	[ˈʃɛɕtʃsɛt]
700 seven hundred	siedemset	[ˈɕedɛmsɛt]
800 eight hundred	osiemset	[ɔˈɕemsɛt]
900 nine hundred	dziewięćset	[ˈdʒevẽtʃsɛt]

1000 one thousand	tysiąc	[ˈtɨɕɔ̃ts]
2000 two thousand	dwa tysiące	[dva tɨɕɔ̃tsɛ]
3000 three thousand	trzy tysiące	[tʃɨ tɨɕɔ̃tsɛ]
10000 ten thousand	dziesięć tysięcy	[ˈdʒeɕẽtʃ tɨˈɕentsɨ]
one hundred thousand	sto tysięcy	[stɔ tɨˈɕentsɨ]
million	milion	[ˈmiʎjɔn]
billion	miliard	[ˈmiʎjart]

6. Ordinal numbers

first (adj)	pierwszy	[ˈperfʃɨ]
second (adj)	drugi	[ˈdrugi]
third (adj)	trzeci	[ˈtʃɛtʃi]
fourth (adj)	czwarty	[ˈtʃfartɨ]
fifth (adj)	piąty	[põtɨ]

sixth (adj)	szósty	[ˈʃustɨ]
seventh (adj)	siódmy	[ˈɕudmɨ]
eighth (adj)	ósmy	[ˈusmɨ]
ninth (adj)	dziewiąty	[dʒevõtɨ]
tenth (adj)	dziesiąty	[dʒeɕɔ̃tɨ]

7. Numbers. Fractions

fraction	ułamek (m)	[uˈwamɛk]
one half	jedna druga	[ˈedna ˈdruga]
one third	jedna trzecia	[ˈedna ˈtʃetʃa]
one quarter	jedna czwarta	[ˈedna ˈtʃfarta]

one eighth	jedna ósma	[ˈedna ˈusma]
one tenth	jedna dziesiąta	[ˈedna dʒeɕɔ̃ta]
two thirds	dwie trzecie	[dve ˈtʃetʃe]
three quarters	trzy czwarte	[tʃɨ ˈtʃfarte]

8. Numbers. Basic operations

subtraction	odejmowanie (n)	[ɔdɛjmɔˈvane]
to subtract (vi, vt)	odejmować	[ɔdɛjˈmɔvatʃ]
division	dzielenie (n)	[dʒeˈlene]
to divide (vt)	dzielić	[ˈdʒelitʃ]
addition	dodawanie (n)	[dɔdaˈvane]

to add up (vt)	**dodać**	['dɔdatʃ]
to add (vi, vt)	**dodawać**	[dɔ'davatʃ]
multiplication	**mnożenie** (n)	[mnɔ'ʒɛne]
to multiply (vt)	**mnożyć**	['mnɔʒɨtʃ]

9. Numbers. Miscellaneous

digit, figure	**cyfra** (f)	['tsɨfra]
number	**liczba** (f)	['litʃba]
numeral	**liczebnik** (m)	[lit'ʃɛbnik]
minus sign	**minus** (m)	['minus]
plus sign	**plus** (m)	[plɨs]
formula	**wzór** (m)	[vzur]
calculation	**obliczenie** (n)	[ɔbli'tʃane]
to count (vt)	**liczyć**	['litʃɨtʃ]
to count up	**podliczać**	[pɔd'litʃatʃ]
to compare (vt)	**porównywać**	[pɔruv'nɨvatʃ]
How much?	**Ile?**	['ile]
sum, total	**suma** (f)	['suma]
result	**wynik** (m)	['vɨnik]
remainder	**reszta** (f)	['rɛʃta]
a few …	**kilka**	['kiʎka]
few, little (adv)	**niedużo …**	[ne'duʒɔ]
the rest	**reszta** (f)	['rɛʃta]
one and a half	**półtora**	[puw'tɔra]
dozen	**tuzin** (m)	['tuʒin]
in half (adv)	**na pół**	[na puw]
equally (evenly)	**po równo**	[pɔ 'ruvnɔ]
half	**połowa** (f)	[pɔ'wɔva]
time (three ~s)	**raz** (m)	[raz]

10. The most important verbs. Part 1

to advise (vt)	**radzić**	['radʒitʃ]
to agree (say yes)	**zgadzać się**	['zgadzatʃ ɕɛ̃]
to answer (vi, vt)	**odpowiadać**	[ɔtpɔ'vʲadatʃ]
to apologize (vi)	**przepraszać**	[pʃɛp'raʃatʃ]
to arrive (vi)	**przyjeżdżać**	[pʃi'eʒdʒatʃ]
to ask (~ oneself)	**pytać**	['pɨtatʃ]
to ask (~ sb to do sth)	**prosić**	['prɔɕitʃ]
to be (vi)	**być**	[bɨtʃ]
to be afraid	**bać się**	[batʃ ɕɛ̃]
to be hungry	**chcieć jeść**	[htʃetʃ eɕtʃ]

to be interested in …	**interesować się**	[intɛrɛˈsovatʃ ɕɛ̃]
to be needed	**być potrzebnym**	[bɨtʃ potˈʃɛbnɨm]
to be surprised	**dziwić się**	[ˈdʑivitʃ ɕɛ̃]
to be thirsty	**chcieć pić**	[htɕetʃ pitʃ]
to begin (vt)	**rozpoczynać**	[rɔspɔtˈʃɨnatʃ]
to belong to …	**należeć**	[naˈlɛʒɛtʃ]
to boast (vi)	**chwalić się**	[ˈhfalitʃ ɕɛ̃]
to break (split into pieces)	**psuć**	[psutʃ]
to call (for help)	**wołać**	[ˈvɔwatʃ]
can (v aux)	**móc**	[muts]
to catch (vt)	**łowić**	[ˈwovitʃ]
to change (vt)	**zmienić**	[ˈzmenitʃ]
to choose (select)	**wybierać**	[vɨˈberatʃ]
to come down	**schodzić**	[ˈshɔdʑitʃ]
to come in (enter)	**wchodzić**	[ˈfhɔdʑitʃ]
to compare (vt)	**porównywać**	[pɔruvˈnɨvatʃ]
to complain (vi, vt)	**skarżyć się**	[ˈskarʒɨtʃ ɕɛ̃]
to confuse (mix up)	**mylić**	[ˈmɨlitʃ]
to continue (vt)	**kontynuować**	[kɔntɨnuˈɔvatʃ]
to control (vt)	**kontrolować**	[kɔntrɔˈlɔvatʃ]
to cook (dinner)	**gotować**	[gɔˈtɔvatʃ]
to cost (vt)	**kosztować**	[kɔʃˈtɔvatʃ]
to count (add up)	**liczyć**	[ˈlitʃɨtʃ]
to count on …	**liczyć na …**	[ˈlitʃɨtʃ na]
to create (vt)	**stworzyć**	[ˈstfɔʒɨtʃ]
to cry (weep)	**płakać**	[ˈpwakatʃ]

11. The most important verbs. Part 2

to deceive (vi, vt)	**oszukiwać**	[ɔʃuˈkivatʃ]
to decorate (tree, street)	**ozdabiać**	[ɔzˈdabʲatʃ]
to defend (a country, etc.)	**bronić**	[ˈbronitʃ]
to demand (request firmly)	**zażądać**	[zaˈʒɔ̃datʃ]
to dig (vt)	**kopać**	[ˈkɔpatʃ]
to discuss (vt)	**omawiać**	[ɔˈmavʲatʃ]
to do (vt)	**robić**	[ˈrɔbitʃ]
to doubt (have doubts)	**wątpić**	[ˈvɔ̃tpitʃ]
to drop (let fall)	**upuszczać**	[uˈpuʃtʃatʃ]
to exist (vi)	**istnieć**	[ˈistnetʃ]
to expect (foresee)	**przewidzieć**	[pʃɛˈvidʑetʃ]
to explain (vt)	**objaśniać**	[ɔbʰˈjaɕɲatʃ]
to fall (vi)	**spadać**	[ˈspadatʃ]
to find (vt)	**znajdować**	[znajˈdɔvatʃ]

to finish (vt)	**kończyć**	['kɔnt͡ʃɪt͡ʃ]
to fly (vi)	**lecieć**	['let͡ɕet͡ɕ]
to follow ... (come after)	**podążać**	[pɔ'dɔ̃ʒat͡ʃ]
to forget (vi, vt)	**zapominać**	[zapɔ'minat͡ʃ]
to forgive (vt)	**przebaczać**	[pʃɛ'bat͡ʃat͡ʃ]
to give (vt)	**dawać**	['davat͡ɕ]
to give a hint	**czynić aluzje**	['t͡ʃɪnit͡ɕ a'lyzʰe]
to go (on foot)	**iść**	[iɕt͡ɕ]
to go for a swim	**kąpać się**	['kɔ̃pat͡ɕ ɕɛ̃]
to go out (from ...)	**wychodzić**	[vɪ'hɔd͡ʑit͡ɕ]
to guess right	**odgadnąć**	[ɔd'gadnɔ̃t͡ɕ]
to have (vt)	**mieć**	[met͡ɕ]
to have breakfast	**jeść śniadanie**	[eɕt͡ɕ ɕɲa'dane]
to have dinner	**jeść kolację**	[eɕt͡ɕ kɔ'ʎat͡sʰɛ̃]
to have lunch	**jeść obiad**	[eɕt͡ɕ 'ɔbʲat]
to hear (vt)	**słyszeć**	['swɪʃɛt͡ʃ]
to help (vt)	**pomagać**	[pɔ'magat͡ʃ]
to hide (vt)	**chować**	['hɔvat͡ʃ]
to hope (vi, vt)	**mieć nadzieję**	[met͡ɕ na'd͡ʑeɛ̃]
to hunt (vi, vt)	**polować**	[pɔ'lɔvat͡ʃ]
to hurry (vi)	**śpieszyć się**	['ɕpeʃɪt͡ɕ ɕɛ̃]

12. The most important verbs. Part 3

to inform (vt)	**informować**	[infɔr'mɔvat͡ʃ]
to insist (vi, vt)	**nalegać**	[na'legat͡ʃ]
to insult (vt)	**znieważać**	[zne'vaʒat͡ʃ]
to invite (vt)	**zapraszać**	[zap'raʃat͡ʃ]
to joke (vi)	**żartować**	[ʒar'tɔvat͡ʃ]
to keep (vt)	**zachowywać**	[zahɔ'vɪvat͡ʃ]
to keep silent	**milczeć**	['miʎt͡ʃɛt͡ʃ]
to kill (vt)	**zabijać**	[za'bijat͡ʃ]
to know (sb)	**znać**	[znat͡ʃ]
to know (sth)	**wiedzieć**	['ved͡ʑet͡ʃ]
to laugh (vi)	**śmiać się**	['ɕmʲat͡ɕ ɕɛ̃]
to liberate (city, etc.)	**wyzwalać**	[vɪz'vaʎat͡ʃ]
to like (I like ...)	**podobać się**	[pɔ'dɔbat͡ɕ ɕɛ̃]
to look for ... (search)	**szukać**	['ʃukat͡ʃ]
to love (sb)	**kochać**	['kɔhat͡ʃ]
to make a mistake	**mylić się**	['mɪlit͡ɕ ɕɛ̃]
to manage, to run	**kierować**	[ke'rɔvat͡ʃ]
to mean (signify)	**znaczyć**	['znat͡ʃɪt͡ʃ]
to mention (talk about)	**wspominać**	[fspɔ'minat͡ʃ]

to miss (school, etc.)	opuszczać	[ɔˈpuʃtʃatʃ]
to notice (see)	zauważać	[zauˈvaʒatʃ]
to object (vi, vt)	sprzeciwiać się	[spʃɛˈtʃivʲatʃ ɕɛ̃]
to observe (see)	obserwować	[ɔbsɛrˈvɔvatʃ]
to open (vt)	otwierać	[ɔtˈferatʃ]
to order (meal, etc.)	zamawiać	[zaˈmavʲatʃ]
to order (mil.)	rozkazywać	[rɔskaˈzɨvatʃ]
to own (possess)	posiadać	[pɔˈɕadatʃ]
to participate (vi)	uczestniczyć	[utʃɛstˈnitʃitʃ]
to pay (vi, vt)	płacić	[ˈpwatʃitʃ]
to permit (vt)	zezwalać	[zɛzˈvaʎatʃ]
to plan (vt)	planować	[pʎaˈnɔvatʃ]
to play (children)	grać	[gratʃ]
to pray (vi, vt)	modlić się	[ˈmɔdlitʃ ɕɛ̃]
to prefer (vt)	woleć	[ˈvɔletʃ]
to promise (vt)	obiecać	[ɔˈbetsatʃ]
to pronounce (vt)	wymawiać	[vɨˈmavʲatʃ]
to propose (vt)	proponować	[prɔpɔˈnɔvatʃ]
to punish (vt)	karać	[ˈkaratʃ]
to read (vi, vt)	czytać	[ˈtʃɨtatʃ]
to recommend (vt)	polecać	[pɔˈletsatʃ]
to refuse (vi, vt)	odmawiać	[ɔdˈmavʲatʃ]
to regret (be sorry)	żałować	[ʒaˈwɔvatʃ]
to rent (sth from sb)	wynajmować	[vɨnajˈmɔvatʃ]
to repeat (say again)	powtarzać	[pɔfˈtaʒatʃ]
to reserve, to book	rezerwować	[rɛzɛrˈvɔvatʃ]
to run (vi)	biec	[bets]

13. The most important verbs. Part 4

to save (rescue)	ratować	[raˈtɔvatʃ]
to say (~ thank you)	powiedzieć	[pɔˈvedʒetʃ]
to scold (vt)	besztać	[ˈbɛʃtatʃ]
to see (vt)	widzieć	[ˈvidʒetʃ]
to sell (vt)	sprzedawać	[spʃɛˈdavatʃ]
to send (vt)	wysyłać	[vɨˈsɨwatʃ]
to shoot (vi)	strzelać	[ˈstʃɛʎatʃ]
to shout (vi)	krzyczeć	[ˈkʃɨtʃɛtʃ]
to show (vt)	pokazywać	[pɔkaˈzɨvatʃ]
to sign (document)	podpisywać	[pɔtpiˈsɨvatʃ]
to sit down (vi)	siadać	[ˈɕadatʃ]
to smile (vi)	uśmiechać się	[uɕˈmehatʃ ɕɛ̃]
to speak (vi, vt)	rozmawiać	[rɔzˈmavʲatʃ]
to steal (money, etc.)	kraść	[kraɕtʃ]

to stop (please ~ calling me)	**przestawać**	[pʃɛs'tavatʃ]
to stop (for pause, etc.)	**zatrzymywać się**	[zatʃɪ'mɪvatʃ ɕɛ̃]
to study (vt)	**studiować**	[studʰɜvatʃ]
to swim (vi)	**pływać**	['pwɪvatʃ]
to take (vt)	**brać**	[bratʃ]
to think (vi, vt)	**myśleć**	['mɪɕlɛtʃ]
to threaten (vt)	**grozić**	['grɔʑitʃ]
to touch (with hands)	**dotykać**	[dɔ'tɪkatʃ]
to translate (vt)	**tłumaczyć**	[twu'matʃɪtʃ]
to trust (vt)	**ufać**	['ufatʃ]
to try (attempt)	**próbować**	[pru'bɔvatʃ]
to turn (~ to the left)	**skręcać**	['skrɛntsatʃ]
to underestimate (vt)	**nie doceniać**	[nedɔ'tsɛɲatʃ]
to understand (vt)	**rozumieć**	[rɔ'zumetʃ]
to unite (vt)	**łączyć**	['wɔ̃tʃɪtʃ]
to wait (vt)	**czekać**	['tʃɛkatʃ]
to want (wish, desire)	**chcieć**	[htʃetʃ]
to warn (vt)	**ostrzegać**	[ɔst'ʃɛgatʃ]
to work (vi)	**pracować**	[pra'tsɔvatʃ]
to write (vt)	**pisać**	['pisatʃ]
to write down	**zapisywać**	[zapi'sɪvatʃ]

14. Colors

color	**kolor** (m)	['kɔlɜr]
shade (tint)	**odcień** (m)	['ɔtʃeɲ]
hue	**ton** (m)	[tɔn]
rainbow	**tęcza** (f)	['tɛntʃa]
white (adj)	**biały**	['bʲawɪ]
black (adj)	**czarny**	['tʃarnɪ]
gray (adj)	**szary**	['ʃarɪ]
green (adj)	**zielony**	[ʒe'lɜnɪ]
yellow (adj)	**żółty**	['ʒuwtɪ]
red (adj)	**czerwony**	[tʃɛr'vɔnɪ]
blue (adj)	**ciemny niebieski**	['tʃɛmnɪ ne'beski]
light blue (adj)	**niebieski**	[ne'beski]
pink (adj)	**różowy**	[ru'ʒɔvɪ]
orange (adj)	**pomarańczowy**	[pɔmaraɲt'ʃɔvɪ]
violet (adj)	**fioletowy**	[fʰɜle'tɔvɪ]
brown (adj)	**brązowy**	[brɔ̃'zɔvɪ]
golden (adj)	**złoty**	['zwɔtɪ]
silvery (adj)	**srebrzysty**	[srɛb'ʒɪstɪ]

beige (adj)	beżowy	[bɛˈʒɔvɪ]
cream (adj)	kremowy	[krɛˈmɔvɪ]
turquoise (adj)	turkusowy	[turkuˈsɔvɪ]
cherry red (adj)	wiśniowy	[viɕˈnɜvɪ]
lilac (adj)	liliowy	[liˈʎjɔvɪ]
crimson (adj)	malinowy	[maliˈnɔvɪ]
light (adj)	jasny	[ˈjasnɪ]
dark (adj)	ciemny	[ˈtɕemnɪ]
bright, vivid (adj)	jasny	[ˈjasnɪ]
colored (pencils)	kolorowy	[kɔlɜˈrɔvɪ]
color (e.g., ~ film)	kolorowy	[kɔlɜˈrɔvɪ]
black-and-white (adj)	czarno-biały	[ˈtʃarnɔ ˈbʲawɪ]
plain (one-colored)	jednokolorowy	[ˈednɔkɔlɜˈrɔvɪ]
multicolored (adj)	różnokolorowy	[ˈruʒnɔkɔlɜˈrɔvɪ]

15. Questions

Who?	Kto?	[ktɔ]
What?	Co?	[ʦɔ]
Where? (at, in)	Gdzie?	[gdʑe]
Where (to)?	Dokąd?	[ˈdɔkɔ̃t]
From where?	Skąd?	[skɔ̃t]
When?	Kiedy?	[ˈkedɪ]
Why? (What for?)	Dlaczego?	[dʎatˈʃɛgɔ]
Why? (reason)	Czemu?	[ˈtʃɛmu]
What for?	Do czego?	[dɔ ˈtʃɛgɔ]
How? (in what way)	Jak?	[jak]
What? (What kind of ...?)	Jaki?	[ˈjaki]
Which?	Który?	[ˈkturɪ]
About whom?	O kim?	[ˈɔ kim]
About what?	O czym?	[ˈɔ tʃim]
With whom?	Z kim?	[s kim]
How many? How much?	Ile?	[ˈile]
Whose?	Czyj?	[tʃij]

16. Prepositions

with (accompanied by)	z	[z]
without	bez	[bɛz]
to (indicating direction)	do	[dɔ]
about (talking ~ ...)	o	[ɔ]
before (in time)	przed	[pʃɛt]
in front of ...	przed	[pʃɛt]

under (beneath, below)	**pod**	[pɔt]
above (over)	**nad**	[nat]
on (atop)	**na**	[na]
from (off, out of)	**z … , ze …**	[z], [zɛ]
of (made from)	**z … , ze …**	[z], [zɛ]
in (e.g., ~ ten minutes)	**za**	[za]
over (across the top of)	**przez**	[pʃɛs]

17. Function words. Adverbs. Part 1

Where? (at, in)	**Gdzie?**	[gdʒe]
here (adv)	**tu**	[tu]
there (adv)	**tam**	[tam]
somewhere (to be)	**gdzieś**	[gdʒeɕ]
nowhere (not anywhere)	**nigdzie**	[ˈnigdʒe]
by (near, beside)	**koło, przy**	[ˈkɔwɔ], [pʃɪ]
by the window	**przy oknie**	[pʃɪ ˈɔkne]
Where (to)?	**Dokąd?**	[ˈdɔkɔ̃t]
here (e.g., come ~!)	**tutaj**	[ˈtutaj]
there (e.g., to go ~)	**tam**	[tam]
from here (adv)	**stąd**	[stɔ̃t]
from there (adv)	**stamtąd**	[ˈstamtɔ̃t]
close (adv)	**blisko**	[ˈbliskɔ]
far (adv)	**daleko**	[daˈlɛkɔ]
near (e.g., ~ Paris)	**koło**	[ˈkɔwɔ]
nearby (adv)	**obok**	[ˈɔbɔk]
not far (adv)	**niedaleko**	[nedaˈlekɔ]
left (adj)	**lewy**	[ˈlevɪ]
on the left	**z lewej**	[z ˈlevɛj]
to the left	**w lewo**	[v ˈlevɔ]
right (adj)	**prawy**	[ˈpravɪ]
on the right	**z prawej**	[s ˈpravɛj]
to the right	**w prawo**	[f ˈpravɔ]
in front (adv)	**z przodu**	[s ˈpʃɔdu]
front (as adj)	**przedni**	[ˈpʃɛdni]
ahead (look ~)	**naprzód**	[ˈnapʃut]
behind (adv)	**z tyłu**	[s ˈtɪwu]
from behind	**od tyłu**	[ɔt ˈtɪwu]
back (towards the rear)	**do tyłu**	[dɔ ˈtɪwu]
middle	**środek** (m)	[ˈɕrɔdɛk]

in the middle	w środku	[f 'ɕrɔdku]
at the side	z boku	[z 'bɔku]
everywhere (adv)	wszędzie	['fʃɛdʒe]
around (in all directions)	dookoła	[dɔː'kɔwa]

from inside	z wewnątrz	[z 'vɛvnɔ̃tʃ]
somewhere (to go)	dokądś	['dɔkɔ̃tɕ]
straight (directly)	na wprost	['na fprɔst]
back (e.g., come ~)	z powrotem	[s pɔv'rɔtɛm]

| from anywhere | skądkolwiek | [skɔ̃t'kɔʎvek] |
| from somewhere | skądś | [skɔ̃tɕ] |

firstly (adv)	po pierwsze	[pɔ 'perfʃɛ]
secondly (adv)	po drugie	[pɔ 'druge]
thirdly (adv)	po trzecie	[pɔ 'tʃɛtʃe]

suddenly (adv)	nagle	['nagle]
at first (adv)	na początku	[na pɔt'ʃɔ̃tku]
for the first time	po raz pierwszy	[pɔ ras 'perfʃi]
long before ...	na długo przed ...	[na 'dwugɔ pʃɛt]
anew (over again)	od nowa	[ɔd 'nɔva]
for good (adv)	na zawsze	[na 'zafʃɛ]

never (adv)	nigdy	['nigdɪ]
again (adv)	znowu	['znɔvu]
now (adv)	teraz	['tɛras]
often (adv)	często	['tʃɛnstɔ]
then (adv)	wtedy	['ftɛdɪ]
urgently (quickly)	pilnie	['piʎne]
usually (adv)	zwykle	['zvɪkle]

by the way, ...	a propos	[a prɔ'pɔ]
possible (that is ~)	może, możliwe	['mɔʒɛ], [mɔʒ'live]
probably (adv)	prawdopodobnie	[pravdɔpɔ'dɔbne]
maybe (adv)	być może	[bɪtʃ 'mɔʒɛ]
besides ...	poza tym	[pɔ'za tɪm]
that's why ...	dlatego	[dʎa'tɛgɔ]
in spite of ...	mimo że ...	['mimɔ ʒɛ]
thanks to ...	dzięki	['dʒɛ̃ki]

what (pron.)	co	[tsɔ]
that (conj.)	że	[ʒɛ]
something	coś	[tsɔɕ]
anything (something)	cokolwiek	[tsɔ'kɔʎvek]
nothing	nic	[nits]

who (pron.)	kto	[ktɔ]
someone	ktoś	[ktɔɕ]
somebody	ktokolwiek	[ktɔ'kɔʎvek]
nobody	nikt	[nikt]
nowhere (a voyage to ~)	nigdzie	['nigdʒe]

nobody's	**niczyj**	['nitʃɪj]
somebody's	**czyjkolwiek**	[tʃɪj'kɔʌvek]
so (I'm ~ glad)	**tak**	[tak]
also (as well)	**także**	['tagʒɛ]
too (as well)	**też**	[tɛʃ]

18. Function words. Adverbs. Part 2

Why?	**Dlaczego?**	[dʌat'ʃɛgɔ]
for some reason	**z jakiegoś powodu**	[z ja'kegɔɕ pɔ'vɔdu]
because ...	**dlatego, że ...**	[dla'tɛgɔ], [ʒɛ]
for some purpose	**po coś**	['pɔ tsɔɕ]
and	**i**	[i]
or	**albo**	['aʌbɔ]
but	**ale**	['ale]
for (e.g., ~ me)	**dla**	[dʌa]
too (~ many people)	**zbyt**	[zbɪt]
only (exclusively)	**tylko**	['tɪʌkɔ]
exactly (adv)	**dokładnie**	[dɔk'wadne]
about (more or less)	**około**	[ɔ'kɔwɔ]
approximately (adv)	**w przybliżeniu**	[f pʃɪbli'ʒeny]
approximate (adj)	**przybliżony**	[pʃɪbli'ʒɔnɪ]
almost (adv)	**prawie**	[prave]
the rest	**reszta** (f)	['rɛʃta]
each (adj)	**każdy**	['kaʒdɪ]
any (no matter which)	**jakikolwiek**	[jaki'kɔʌvjek]
many, much (a lot of)	**dużo**	['duʒɔ]
many people	**wiele**	['vele]
all (everyone)	**wszystkie**	['ffɪstke]
in return for ...	**w zamian za ...**	[v 'zamʲan za]
in exchange (adv)	**zamiast**	['zamʲast]
by hand (made)	**ręcznie**	['rɛntʃne]
hardly (negative opinion)	**ledwo, prawie**	['ledvɔ], ['pravje]
probably (adv)	**prawdopodobnie**	[pravdɔpɔ'dɔbne]
on purpose (adv)	**celowo**	[tsɛ'lɔvɔ]
by accident (adv)	**przypadkiem**	[pʃɪ'patkem]
very (adv)	**bardzo**	['bardzɔ]
for example (adv)	**na przykład**	[na 'pʃɪkwat]
between	**między**	['mendzɪ]
among	**wśród**	[fɕrut]
so much (such a lot)	**aż tyle**	[aʒ 'tɪle]
especially (adv)	**szczególnie**	[ʃtʃɛ'guʌne]

Basic concepts. Part 2

19. Weekdays

Monday	poniedziałek (m)	[pɔneˈdʑʲawɛk]
Tuesday	wtorek (m)	[ˈftɔrɛk]
Wednesday	środa (f)	[ˈɕrɔda]
Thursday	czwartek (m)	[ˈtʃfartɛk]
Friday	piątek (m)	[pɔ̃tɛk]
Saturday	sobota (f)	[sɔˈbɔta]
Sunday	niedziela (f)	[neˈdʑeʎa]

today (adv)	dzisiaj	[ˈdʑiɕaj]
tomorrow (adv)	jutro	[ˈjutrɔ]
the day after tomorrow	pojutrze	[pɔˈjutʃɛ]
yesterday (adv)	wczoraj	[ˈftʃɔraj]
the day before yesterday	przedwczoraj	[pʃɛtftˈʃɔraj]

day	dzień (m)	[dʑeɲ]
working day	dzień (m) roboczy	[dʑeɲ rɔˈbɔtʃɨ]
public holiday	dzień (m) świąteczny	[dʑeɲ ɕfɔ̃ˈtɛtʃnɨ]
day off	dzień (m) wolny	[dʑeɲ ˈvɔʎnɨ]
weekend	weekend (m)	[uˈikɛnt]

all day long	cały dzień	[ˈtsawɨ dʑeɲ]
next day (adv)	następnego dnia	[nastɛ̃pˈnɛgɔ dɲa]
two days ago	dwa dni temu	[dva dni ˈtɛmu]
the day before	w przeddzień	[f ˈpʃɛddʑeɲ]
daily (adj)	codzienny	[tsɔˈdʑeɲɨ]
every day (adv)	codziennie	[tsɔˈdʑeɲe]

week	tydzień (m)	[ˈtɨdʑeɲ]
last week (adv)	w zeszłym tygodniu	[v ˈzɛʃwɨm tɨˈgɔdnɨ]
next week (adv)	w następnym tygodniu	[v nasˈtɛ̃pnɨm tɨˈgɔdnɨ]
weekly (adj)	tygodniowy	[tɨgɔdˈnɔvɨ]
every week (adv)	co tydzień	[tsɔ tɨˈdʑɛɲ]
twice a week	dwa razy w tygodniu	[dva ˈrazɨ v tɨˈgɔdnɨ]
every Tuesday	co wtorek	[tsɔ ˈftɔrek]

20. Hours. Day and night

morning	ranek (m)	[ˈranɛk]
in the morning	rano	[ˈranɔ]
noon, midday	południe (n)	[pɔˈwudne]

T&P Books. Polish vocabulary for English speakers - 9000 words

in the afternoon	po południu	[pɔ pɔ'wudny]
evening	wieczór (m)	['vetʃur]
in the evening	wieczorem	[vet'ʃɔrɛm]
night	noc (f)	[nɔʦ]
at night	w nocy	[v 'nɔʦɪ]
midnight	północ (f)	['puwnɔʦ]

second	sekunda (f)	[sɛ'kunda]
minute	minuta (f)	[mi'nuta]
hour	godzina (f)	[gɔ'dʒina]
half an hour	pół godziny	[puw gɔ'dʒinɪ]
quarter of an hour	kwadrans (m)	['kfadrans]
fifteen minutes	piętnaście minut	[pɛ̃t'naɕtʃe 'minut]
24 hours	doba (f)	['dɔba]

sunrise	wschód (m) słońca	[fshut 'swɔɲʦa]
dawn	świt (m)	[ɕfit]
early morning	wczesny ranek (m)	['ftʃɛsnɪ 'ranɛk]
sunset	zachód (m)	['zahut]

early in the morning	wcześnie rano	['ftʃɛɕne 'ranɔ]
this morning	dzisiaj rano	['dʒiɕaj 'ranɔ]
tomorrow morning	jutro rano	['jutrɔ 'ranɔ]

this afternoon	dzisiaj w dzień	['dʒiɕaj v dʒeɲ]
in the afternoon	po południu	[pɔ pɔ'wudny]
tomorrow afternoon	jutro popołudniu	[jutrɔ pɔpɔ'wudny]

tonight (this evening)	dzisiaj wieczorem	[dʒiɕaj vet'ʃɔrɛm]
tomorrow night	jutro wieczorem	['jutrɔ vet'ʃɔrɛm]

at 3 o'clock sharp	równo o trzeciej	['ruvnɔ ɔ 'tʃɛtʃej]
about 4 o'clock	około czwartej	[ɔ'kɔwɔ 'tʃfartɛj]
by 12 o'clock	na dwunastą	[na dvu'nastɔ̃]

in 20 minutes	za dwadzieścia minut	[za dva'dʒeɕtʃa 'minut]
in an hour	za godzinę	[za gɔ'dʒinɛ̃]
on time (adv)	na czas	[na tʃas]

a quarter of ...	za kwadrans	[za 'kfadrans]
within an hour	w ciągu godziny	[f tʃɔ̃gu gɔ'dʒinɪ]
every 15 minutes	co piętnaście minut	[ʦɔ pɛ̃t'naɕtʃe 'minut]
round the clock	całą dobę	['ʦawɔ̃ 'dɔbɛ̃]

21. Months. Seasons

January	styczeń (m)	['stɪtʃeɲ]
February	luty (m)	['lytɪ]
March	marzec (m)	['maʒɛʦ]
April	kwiecień (m)	['kfetʃeɲ]

| May | maj (m) | [maj] |
| June | czerwiec (m) | ['tʃɛrvets] |

July	lipiec (m)	['lipets]
August	sierpień (m)	['ɕerpeɲ]
September	wrzesień (m)	['vʒɛɕeɲ]
October	październik (m)	[paz'dʒernik]
November	listopad (m)	[lis'tɔpat]
December	grudzień (m)	['gruʤeɲ]

spring	wiosna (f)	['vɜsna]
in spring	wiosną	['vɜsnɔ̃]
spring (as adj)	wiosenny	[vɜ'sɛɲɪ]

summer	lato (n)	['ʎatɔ]
in summer	latem	['ʎatɛm]
summer (as adj)	letni	['letni]

fall	jesień (f)	['eɕeɲ]
in fall	jesienią	[e'ɕenɔ̃]
fall (as adj)	jesienny	[e'ɕeɲɪ]

winter	zima (f)	['ʒima]
in winter	zimą	['ʒimɔ̃]
winter (as adj)	zimowy	[ʒi'mɔvɪ]

month	miesiąc (m)	['meɕɔ̃ts]
this month	w tym miesiącu	[f tɪm me'ɕɔ̃tsu]
next month	w przyszłym miesiącu	[v 'pʃɪʃwɪm me'ɕɔ̃tsu]
last month	w zeszłym miesiącu	[v 'zɛʃwɪm me'ɕɔ̃tsu]

a month ago	miesiąc temu	['meɕɔ̃ts 'tɛmu]
in a month	za miesiąc	[za 'meɕɔ̃ts]
in two months	za dwa miesiące	[za dva me'ɕɔ̃tse]
the whole month	przez cały miesiąc	[pʃɛs 'tsawɪ 'meɕɔ̃ts]
all month long	cały miesiąc	['tsawɪ 'meɕɔ̃ts]

monthly (~ magazine)	comiesięczny	[tsɔme'ɕentʃnɪ]
monthly (adv)	comiesięcznie	[tsɔme'ɕentʃne]
every month	co miesiąc	[tsɔ 'meɕɔ̃ts]
twice a month	dwa razy w miesiącu	[dva 'razɪ v meɕɔ̃tsu]

year	rok (m)	[rɔk]
this year	w tym roku	[f tɪm 'rɔku]
next year	w przyszłym roku	[v 'pʃɪʃwɪm 'rɔku]
last year	w zeszłym roku	[v 'zɛʃwɪm 'rɔku]

a year ago	rok temu	[rɔk 'tɛmu]
in a year	za rok	[za rɔk]
in two years	za dwa lata	[za dva 'ʎata]
the whole year	cały rok	['tsawɪ rɔk]
all year long	cały rok	['tsawɪ rɔk]

ks. Polish vocabulary for English speakers - 9000 words

year	co roku	[tsɔ 'rɔku]
annual (adj)	coroczny	[tsɔ'rɔtʃnɪ]
annually (adv)	corocznie	[tsɔ'rɔtʃne]
4 times a year	cztery razy w roku	['tʃtɛrɪ 'razɪ v 'rɔku]

date (e.g., today's ~)	data (f)	['data]
date (e.g., ~ of birth)	data (f)	['data]
calendar	kalendarz (m)	[ka'lendaʃ]

half a year	pół roku	[puw 'rɔku]
six months	półrocze (n)	[puw'rɔtʃɛ]
season (summer, etc.)	sezon (m)	['sɛzɔn]
century	wiek (m)	[vek]

22. Time. Miscellaneous

time	czas (m)	[tʃas]
instant (n)	chwilka (f)	['hfiʎka]
moment	chwila (f)	['hfiʎa]
instant (adj)	błyskawiczny	[bwɪska'vitʃnɪ]
lapse (of time)	odcinek (m)	[ɔ'tʃinɛk]
life	życie (n)	['ʒɪtʃe]
eternity	wieczność (f)	['vetʃnɔctʃ]

epoch	epoka (f)	[ɛ'pɔka]
era	era (f)	['ɛra]
cycle	cykl (m)	['tsɪkʎ]
period	okres (m), czas m	['ɔkrɛs], [tʃas]
term (short-~)	termin (m)	['tɛrmin]

the future	przyszłość (f)	['pʃɪʃwɔctʃ]
future (as adj)	przyszły	['pʃɪʃwɪ]
next time	następnym razem	[nas'tɛ̃pnɪm 'razɛm]
the past	przeszłość (f)	['pʃɛʃwɔctʃ]
past (recent)	ubiegły	[u'begwɪ]
last time	ostatnim razem	[ɔs'tatnim 'razɛm]

later (adv)	później	['puʒʲnej]
after (prep.)	po	[pɔ]
nowadays (adv)	obecnie	[ɔ'bɛtsne]
now (adv)	teraz	['tɛras]
immediately (adv)	natychmiast	[na'tɪhmʲast]
soon (adv)	wkrótce	['fkruttsɛ]
in advance (beforehand)	wcześniej	['ftʃɛɕnej]

a long time ago	dawno	['davnɔ]
recently (adv)	niedawno	[ne'davnɔ]
destiny	los (m)	['lɔs]
memories (childhood ~)	pamięć (f)	['pamɛ̃tʃ]
archives	archiwum (n)	[ar'hivum]

during ...	**podczas ...**	[ˈpɔdtʃas]
long, a long time (adv)	**długo**	[ˈdwugɔ]
not long (adv)	**niedługo**	[nedˈwugɔ]
early (in the morning)	**wcześnie**	[ˈftɕɛɕne]
late (not early)	**późno**	[ˈpuʑʲnɔ]
forever (for good)	**na zawsze**	[na ˈzafʃɛ]
to start (begin)	**rozpoczynać**	[rɔspɔtˈʃinatʃ]
to postpone (vt)	**przesunąć**	[pʃɛˈsunɔ̃tʃ]
at the same time	**jednocześnie**	[ednɔtˈʃɛɕne]
permanently (adv)	**stale**	[ˈstale]
constant (noise, pain)	**ciągły**	[tɕɔ̃gwɨ]
temporary (adj)	**tymczasowy**	[tɨmtʃaˈsɔvɨ]
sometimes (adv)	**czasami**	[tʃaˈsami]
rarely (adv)	**rzadko**	[ˈʒmatkɔ]
often (adv)	**często**	[ˈtʃɛnstɔ]

23. Opposites

rich (adj)	**bogaty**	[bɔˈgatɨ]
poor (adj)	**biedny**	[ˈbednɨ]
ill, sick (adj)	**chory**	[ˈhɔrɨ]
healthy (adj)	**zdrowy**	[ˈzdrɔvɨ]
big (adj)	**duży**	[ˈduʒɨ]
small (adj)	**mały**	[ˈmawɨ]
quickly (adv)	**szybko**	[ˈʃɨpkɔ]
slowly (adv)	**wolno**	[ˈvɔʎnɔ]
fast (adj)	**szybki**	[ˈʃɨpki]
slow (adj)	**powolny**	[pɔˈvɔʎnɨ]
cheerful (adj)	**wesoły**	[vɛˈsɔwɨ]
sad (adj)	**smutny**	[ˈsmutnɨ]
together (adv)	**razem**	[ˈrazɛm]
separately (adv)	**oddzielnie**	[ɔdˈdʑeʎne]
aloud (to read)	**na głos**	[ˈna gwɔs]
silently (to oneself)	**po cichu**	[pɔ ˈtɕihu]
tall (adj)	**wysoki**	[vɨˈsɔki]
low (adj)	**niski**	[ˈniski]
deep (adj)	**głęboki**	[gwɛ̃ˈbɔki]
shallow (adj)	**płytki**	[ˈpwɨtki]

yes	**tak**	[tak]
no	**nie**	[ne]
distant (in space)	**daleki**	[da'lɛki]
nearby (adj)	**bliski**	['bliski]
far (adv)	**daleko**	[da'lɛkɔ]
nearby (adv)	**obok**	['ɔbɔk]
long (adj)	**długi**	['dwugi]
short (adj)	**krótki**	['krutki]
good (kindhearted)	**dobry**	['dɔbrɪ]
evil (adj)	**zły**	[zwɪ]
married (adj)	**żonaty**	[ʒɔ'natɪ]
single (adj)	**nieżonaty**	[neʒɔ'natɪ]
to forbid (vt)	**zakazać**	[za'kazatʃ]
to permit (vt)	**zezwolić**	[zɛz'vɔlitʃ]
end	**koniec** (m)	['kɔnets]
beginning	**początek** (m)	[pɔt'ʃɔ̃tɛk]
left (adj)	**lewy**	['levɪ]
right (adj)	**prawy**	['pravɪ]
first (adj)	**pierwszy**	['perfʃɪ]
last (adj)	**ostatni**	[ɔs'tatni]
crime	**przestępstwo** (n)	[pʃɛs'tɛ̃pstfɔ]
punishment	**kara** (f)	['kara]
to order (vt)	**rozkazać**	[rɔs'kazatʃ]
to obey (vi, vt)	**podporządkować się**	[pɔtpɔʒɔ̃d'kɔvatʃ ɕɛ̃]
straight (adj)	**prosty**	['prɔstɪ]
curved (adj)	**krzywy**	['kʃɪvɪ]
paradise	**raj** (m)	[raj]
hell	**piekło** (n)	['pekwɔ]
to be born	**urodzić się**	[u'rɔdʑitʃ ɕɛ̃]
to die (vi)	**umrzeć**	['umʒɛtʃ]
strong (adj)	**silny**	['ɕiʎnɪ]
weak (adj)	**słaby**	['swabɪ]
old (adj)	**stary**	['starɪ]
young (adj)	**młody**	['mwɔdɪ]
old (adj)	**stary**	['starɪ]
new (adj)	**nowy**	['nɔvɪ]

hard (adj)	twardy	['tfardɪ]
soft (adj)	miękki	['mɛŋki]
warm (adj)	ciepły	['ʨepwɪ]
cold (adj)	zimny	['ʑimnɪ]
fat (adj)	gruby	['grubɪ]
thin (adj)	szczupły	['ʃtʃupwɪ]
narrow (adj)	wąski	['võski]
wide (adj)	szeroki	[ʃɛ'rɔki]
good (adj)	dobry	['dɔbrɪ]
bad (adj)	zły	[zwɪ]
brave (adj)	mężny	['mɛnʒnɪ]
cowardly (adj)	tchórzliwy	[thuʒ'livɪ]

24. Lines and shapes

square	kwadrat (m)	['kfadrat]
square (as adj)	kwadratowy	[kfadra'tɔvɪ]
circle	koło (n)	['kɔwɔ]
round (adj)	okrągły	[ɔk'rõgwɪ]
triangle	trójkąt (m)	['trujkõt]
triangular (adj)	trójkątny	[truj'kõtnɪ]
oval	owal (m)	['ɔvaʎ]
oval (as adj)	owalny	[ɔ'vaʎnɪ]
rectangle	prostokąt (m)	[prɔs'tɔkõt]
rectangular (adj)	prostokątny	[prɔstɔ'kõtnɪ]
pyramid	piramida (f)	[pira'mida]
rhombus	romb (m)	[rɔmp]
trapezoid	trapez (m)	['trapɛs]
cube	sześcian (m)	['ʃɛɕʨʲan]
prism	graniastosłup (m)	[graɲas'tɔswup]
circumference	okrąg (m)	['ɔkrõk]
sphere	powierzchnia (f) kuli	[pɔ'vɛʃhɲa 'kuli]
ball (solid sphere)	kula (f)	['kuʎa]
diameter	średnica (f)	[ɕrɛd'niʦa]
radius	promień (m)	['prɔmɛɲ]
perimeter (circle's ~)	obwód (m)	['ɔbvut]
center	środek (m)	['ɕrɔdɛk]
horizontal (adj)	poziomy	[pɔ'ʒɔmɪ]
vertical (adj)	pionowy	[pɜ'nɔvɪ]
parallel (n)	równoległa (f)	[ruvnɔ'lɛgwa]
parallel (as adj)	równoległy	[ruvnɔ'lɛgwɪ]

line	**linia** (f)	['linja]
stroke	**linia** (f)	['linja]
straight line	**prosta** (f)	['prɔsta]
curve (curved line)	**krzywa** (f)	['kʃiva]
thin (line, etc.)	**cienki**	['tɕenki]
contour (outline)	**kontur** (m)	['kɔntur]

intersection	**przecięcie** (n)	[pʃɛ'tɕɛ̃tɕe]
right angle	**kąt** (m) **prosty**	[kɔ̃t 'prɔstɨ]
segment	**segment** (m)	['sɛgmɛnt]
sector	**wycinek** (m)	[vɨ'tɕinɛk]
side (of triangle)	**strona** (f)	['strɔna]
angle	**kąt** (m)	[kɔ̃t]

25. Units of measurement

weight	**ciężar** (m)	['tɕenʒar]
length	**długość** (f)	['dwugɔɕtɕ]
width	**szerokość** (f)	[ʃɛ'rɔkɔɕtɕ]
height	**wysokość** (f)	[vɨ'sɔkɔɕtɕ]
depth	**głębokość** (f)	[gwɛ̃'bɔkɔɕtɕ]
volume	**objętość** (f)	[ɔbʰ'entɔɕtɕ]
area	**powierzchnia** (f)	[pɔ'veʃhɲa]

gram	**gram** (m)	[gram]
milligram	**miligram** (m)	[mi'ligram]
kilogram	**kilogram** (m)	[ki'lɔgram]
ton	**tona** (f)	['tɔna]
pound	**funt** (m)	[funt]
ounce	**uncja** (f)	['untsʰja]

meter	**metr** (m)	[mɛtr]
millimeter	**milimetr** (m)	[mi'limɛtr]
centimeter	**centymetr** (m)	[tsɛn'tɨmɛtr]
kilometer	**kilometr** (m)	[ki'lɔmɛtr]
mile	**mila** (f)	['miʎa]

inch	**cal** (m)	[tsaʎ]
foot	**stopa** (f)	['stɔpa]
yard	**jard** (m)	['jart]

| square meter | **metr** (m) **kwadratowy** | [mɛtr kfadra'tɔvɨ] |
| hectare | **hektar** (m) | ['hɛktar] |

liter	**litr** (m)	[litr]
degree	**stopień** (m)	['stɔpeɲ]
volt	**wolt** (m)	[vɔʎt]
ampere	**amper** (m)	[am'pɛr]
horsepower	**koń** (m) **mechaniczny**	[kɔɲ mɛha'nitʃnɨ]
quantity	**ilość** (f)	['ilɔɕtɕ]

a little bit of ...	niedużo ...	[neˈduʒɔ]
half	połowa (f)	[pɔˈwɔva]
dozen	tuzin (m)	[ˈtuʒin]
piece (item)	sztuka (f)	[ˈʃtuka]

| size | rozmiar (m) | [ˈrɔzmʲar] |
| scale (map ~) | skala (f) | [ˈskaʎa] |

minimal (adj)	minimalny	[miniˈmaʎnɨ]
the smallest (adj)	najmniejszy	[najmˈnejʃɨ]
medium (adj)	średni	[ˈɕrɛdni]
maximal (adj)	maksymalny	[maksɨˈmaʎnɨ]
the largest (adj)	największy	[najˈvɛŋkʃɨ]

26. Containers

jar (glass)	słoik (m)	[ˈswɔik]
can	puszka (f)	[ˈpuʃka]
bucket	wiadro (n)	[ˈvʲadrɔ]
barrel	beczka (f)	[ˈbɛtʃka]

basin (for washing)	miednica (f)	[medˈnitsa]
tank (for liquid, gas)	zbiornik (m)	[ˈzbɜrnik]
hip flask	piersiówka (f)	[perˈɕyvka]
jerrycan	kanister (m)	[kaˈnistɛr]
cistern (tank)	cysterna (f)	[tsɨsˈtɛrna]

mug	kubek (m)	[ˈkubɛk]
cup (of coffee, etc.)	filiżanka (f)	[filiˈʒaŋka]
saucer	spodek (m)	[ˈspɔdɛk]
glass (tumbler)	szklanka (f)	[ˈʃkʎaŋka]
wineglass	kielich (m)	[ˈkelih]
saucepan	garnek (m)	[ˈgarnɛk]

| bottle (~ of wine) | butelka (f) | [buˈtɛʎka] |
| neck (of the bottle) | szyjka (f) | [ˈʃɨjka] |

carafe	karafka (f)	[kaˈrafka]
pitcher (earthenware)	dzbanek (m)	[ˈdzbanɛk]
vessel (container)	naczynie (n)	[natˈʃɨne]
pot (crock)	garnek (m)	[ˈgarnɛk]
vase	wazon (m)	[ˈvazɔn]

bottle (~ of perfume)	flakon (m)	[fʎaˈkɔn]
vial, small bottle	fiolka (f)	[fʰɜʎka]
tube (of toothpaste)	tubka (f)	[ˈtupka]

sack (bag)	worek (m)	[ˈvɔrɛk]
bag (paper ~, plastic ~)	torba (f)	[ˈtɔrba]
pack (of cigarettes, etc.)	paczka (f)	[ˈpatʃka]

box (e.g., shoebox)	pudełko (n)	[puˈdɛwkɔ]
crate	skrzynka (f)	[ˈskʃɪŋka]
basket	koszyk (m)	[ˈkɔʃɪk]

27. Materials

material	materiał (m)	[maˈtɛrʰjaw]
wood	drewno (n)	[ˈdrɛvnɔ]
wooden (adj)	drewniany	[drɛvˈɲanɪ]

| glass (n) | szkło (n) | [ʃkwɔ] |
| glass (as adj) | szklany | [ˈʃkʎanɪ] |

| stone (n) | kamień (m) | [ˈkameɲ] |
| stone (as adj) | kamienny | [kaˈmeɲɪ] |

| plastic (n) | plastik (m) | [ˈpʎastik] |
| plastic (as adj) | plastikowy | [pʎastɪˈkɔvɪ] |

| rubber (n) | guma (f) | [ˈguma] |
| rubber (as adj) | gumowy | [guˈmɔvɪ] |

| cloth, fabric (n) | tkanina (f) | [tkaˈnina] |
| fabric (as adj) | z materiału | [z matɛrʰˈjawu] |

| paper (n) | papier (m) | [ˈpaper] |
| paper (as adj) | papierowy | [papeˈrɔvɪ] |

| cardboard (n) | karton (m) | [ˈkartɔn] |
| cardboard (as adj) | kartonowy | [kartɔˈnɔvɪ] |

polyethylene	polietylen (m)	[pɔliɛˈtɪlen]
cellophane	celofan (m)	[ʦɛˈlɔfan]
plywood	sklejka (f)	[ˈsklejka]

porcelain (n)	porcelana (f)	[pɔrʦɛˈʎana]
porcelain (as adj)	porcelanowy	[pɔrʦeʎaˈnɔvɪ]
clay (n)	glina (f)	[ˈglina]
clay (as adj)	gliniany	[gliˈɲanɪ]
ceramics (n)	ceramika (f)	[ʦɛˈramika]
ceramic (as adj)	ceramiczny	[ʦɛraˈmitʃnɪ]

28. Metals

metal (n)	metal (m)	[ˈmɛtaʎ]
metal (as adj)	metalowy	[mɛtaˈlɔvɪ]
alloy (n)	stop (m)	[stɔp]
gold (n)	złoto (n)	[ˈzwɔtɔ]

gold, golden (adj)	złoty	['zwɔtɨ]
silver (n)	srebro (n)	['srɛbrɔ]
silver (as adj)	srebrny	['srɛbrnɨ]
iron (n)	żelazo (n)	[ʒɛ'ʎazɔ]
iron (adj), made of iron	żelazny	[ʒe'ʎaznɨ]
steel (n)	stal (f)	[staʎ]
steel (as adj)	stalowy	[sta'lɜvɨ]
copper (n)	miedź (f)	[metʃ]
copper (as adj)	miedziany	[me'dʒʲanɨ]
aluminum (n)	aluminium (n)	[aly'mińjym]
aluminum (as adj)	aluminiowy	[alymi'ɲjɔvɨ]
bronze (n)	brąz (m)	[brɔ̃z]
bronze (as adj)	brązowy	[brɔ̃'zɔvɨ]
brass	mosiądz (m)	['mɔɕɔ̃ts]
nickel	nikiel (m)	['nikeʎ]
platinum	platyna (f)	['pʎatɨna]
mercury	rtęć (f)	[rtɛ̃tʃ]
tin	cyna (f)	['tsɨna]
lead	ołów (m)	['ɔwuf]
zinc	cynk (m)	[tsɨŋk]

HUMAN BEING

Human being. The body

29. Humans. Basic concepts

human being	człowiek (m)	['tʃwɔvek]
man (adult male)	mężczyzna (m)	[mɛ̃ʃt'ʃizna]
woman	kobieta (f)	[kɔ'beta]
child	dziecko (n)	['dʒetskɔ]
girl	dziewczynka (f)	[dʒeft'ʃiŋka]
boy	chłopiec (m)	['hwɔpets]
teenager	nastolatek (m)	[nastɔ'ʎatɛk]
old man	staruszek (m)	[sta'ruʃɛk]
old woman	staruszka (f)	[sta'ruʃka]

30. Human anatomy

organism	organizm (m)	[ɔr'ganizm]
heart	serce (n)	['sɛrtsɛ]
blood	krew (f)	[krɛf]
artery	tętnica (f)	[tɛ̃t'nitsa]
vein	żyła (f)	['ʒiwa]
brain	mózg (m)	[musk]
nerve	nerw (m)	[nɛrf]
nerves	nerwy (pl)	['nɛrvi]
vertebra	kręg (m)	[krɛ̃k]
spine	kręgosłup (m)	[krɛ̃'gɔswup]
stomach (organ)	żołądek (m)	[ʒɔ'wõdɛk]
intestines, bowel	jelita (pl)	[e'lita]
intestine (e.g., large ~)	jelito (n)	[e'litɔ]
liver	wątroba (f)	[võt'rɔba]
kidney	nerka (f)	['nɛrka]
bone	kość (f)	[kɔɕtʃ]
skeleton	szkielet (m)	['ʃkelet]
rib	żebro (n)	['ʒɛbrɔ]
skull	czaszka (f)	['tʃaʃka]
muscle	mięsień (m)	['meɲɕɛ̃]
biceps	biceps (m)	['bitseps]

tendon	ścięgno (n)	['ɕtɕeŋɔ]
joint	staw (m)	[staf]
lungs	płuca (pl)	['pwutsa]
genitals	narządy (pl) płciowe	[na'ʒɔ̃dɪ 'pwtʃɔve]
skin	skóra (f)	['skura]

31. Head

head	głowa (f)	['gwɔva]
face	twarz (f)	[tfaʃ]
nose	nos (m)	[nɔs]
mouth	usta (pl)	['usta]

eye	oko (n)	['ɔkɔ]
eyes	oczy (pl)	['ɔtʃɪ]
pupil	źrenica (f)	[zʲre'nitsa]
eyebrow	brew (f)	[brɛf]
eyelash	rzęsy (pl)	['ʒɛnsɪ]
eyelid	powieka (f)	[pɔ'veka]

tongue	język (m)	['enzɪk]
tooth	ząb (m)	[zɔ̃mp]
lips	wargi (pl)	['vargi]
cheekbones	kości (pl) policzkowe	['kɔɕtʃi pɔlitʃ'kɔvɛ]
gum	dziąsło (n)	[dʒɔ̃swɔ]
palate	podniebienie (n)	[pɔdne'bene]

nostrils	nozdrza (pl)	['nɔzdʒa]
chin	podbródek (m)	[pɔdb'rudek]
jaw	szczęka (f)	['ʃtʃɛŋka]
cheek	policzek (m)	[pɔ'litʃɛk]

forehead	czoło (n)	['tʃɔwɔ]
temple	skroń (f)	[skrɔɲ]
ear	ucho (n)	['uhɔ]
back of the head	potylica (f)	[pɔtɪ'litsa]
neck	szyja (f)	['ʃija]
throat	gardło (n)	['gardwɔ]

hair	włosy (pl)	['vwɔsɪ]
hairstyle	fryzura (f)	[frɪ'zura]
haircut	uczesanie (n)	[utʃɛ'sane]
wig	peruka (f)	[pɛ'ruka]

mustache	wąsy (pl)	['vɔ̃sɪ]
beard	broda (f)	['brɔda]
to have (a beard, etc.)	nosić	['nɔɕitʃ]
braid	warkocz (m)	['varkɔtʃ]
sideburns	baczki (pl)	['batʃki]
red-haired (adj)	rudy	['rudɪ]

gray (hair)	**siwy**	['ɕivɪ]
bald (adj)	**łysy**	['wɪsɪ]
bald patch	**łysina** (f)	[wɪ'ɕina]
ponytail	**koński ogon** (m)	['kɔɲski 'ɔgɔn]
bangs	**grzywka** (f)	['gʒɪfka]

32. Human body

hand	**dłoń** (f)	[dwɔɲ]
arm	**ręka** (f)	['rɛŋka]
finger	**palec** (m)	['palɛts]
thumb	**kciuk** (m)	['ktʃuk]
little finger	**mały palec** (m)	['mawɪ 'palɛts]
nail	**paznokieć** (m)	[paz'nɔkɛtʃ]
fist	**pięść** (f)	[pɛ̃ctʃ]
palm	**dłoń** (f)	[dwɔɲ]
wrist	**nadgarstek** (m)	[nad'garstɛk]
forearm	**przedramię** (n)	[pʃɛd'ramɛ̃]
elbow	**łokieć** (n)	['wɔkɛtʃ]
shoulder	**ramię** (n)	['ramɛ̃]
leg	**noga** (f)	['nɔga]
foot	**stopa** (f)	['stɔpa]
knee	**kolano** (n)	[kɔ'ʎanɔ]
calf (part of leg)	**łydka** (f)	['wɪtka]
hip	**biodro** (n)	['bɜdrɔ]
heel	**pięta** (f)	['pɛnta]
body	**ciało** (n)	['tɕawɔ]
stomach	**brzuch** (m)	[bʒuh]
chest	**pierś** (f)	[pɛrɕ]
breast	**piersi** (pl)	['pɛrɕi]
flank	**bok** (m)	[bɔk]
back	**plecy** (pl)	['plɛtsɪ]
lower back	**krzyż** (m)	[kʃɪʃ]
waist	**talia** (f)	['taʎja]
navel	**pępek** (m)	['pɛ̃pɛk]
buttocks	**pośladki** (pl)	[pɔɕ'ʎatki]
bottom	**tyłek** (m)	['tɪwɛk]
beauty mark	**pieprzyk** (m)	['pɛpʃik]
birthmark	**znamię** (n)	['znamɛ̃]
tattoo	**tatuaż** (m)	[ta'tuaʃ]
scar	**blizna** (f)	['blizna]

Clothing & Accessories

33. Outerwear. Coats

clothes	**odzież** (f)	['ɔdʒeʃ]
outer clothes	**wierzchnie okrycie** (n)	['veʃhne ɔk'rɪtʃe]
winter clothes	**odzież** (f) **zimowa**	['ɔdʒeʒ ʒi'mɔva]
overcoat	**palto** (n)	['paʎtɔ]
fur coat	**futro** (n)	['futrɔ]
fur jacket	**futro** (n) **krótkie**	['futrɔ 'krɔtkɛ]
down coat	**kurtka** (f) **puchowa**	['kurtka pu'hɔva]
jacket (e.g., leather ~)	**kurtka** (f)	['kurtka]
raincoat	**płaszcz** (m)	[pwaʃtʃ]
waterproof (adj)	**nieprzemakalny**	[nepʃɛma'kaʎnɪ]

34. Men's & women's clothing

shirt	**koszula** (f)	[kɔ'ʃuʎa]
pants	**spodnie** (pl)	['spɔdne]
jeans	**dżinsy** (pl)	['dʒinsɪ]
jacket (of man's suit)	**marynarka** (f)	[marɪ'narka]
suit	**garnitur** (m)	[gar'nitur]
dress (frock)	**sukienka** (f)	[su'kenka]
skirt	**spódnica** (f)	[spud'nitsa]
blouse	**bluzka** (f)	['blyska]
knitted jacket	**sweterek** (m)	[sfɛ'tɛrɛk]
jacket (of woman's suit)	**żakiet** (m)	['ʒaket]
T-shirt	**koszulka** (f)	[kɔ'ʃuʎka]
shorts (short trousers)	**spodenki** (pl)	[spɔ'dɛŋki]
tracksuit	**dres** (m)	[drɛs]
bathrobe	**szlafrok** (m)	['ʃʎafrɔk]
pajamas	**pidżama** (f)	[pi'dʒama]
sweater	**sweter** (m)	['sfɛtɛr]
pullover	**pulower** (m)	[pu'lɔvɛr]
vest	**kamizelka** (f)	[kami'zɛʎka]
tailcoat	**frak** (m)	[frak]
tuxedo	**smoking** (m)	['smɔkiŋk]
uniform	**uniform** (m)	[u'nifɔrm]

workwear	ubranie (n) robocze	[ub'rane rɔ'bɔtʃɛ]
overalls	kombinezon (m)	[kɔmbi'nɛzɔn]
coat (e.g., doctor's smock)	kitel (m)	['kitɛʎ]

35. Clothing. Underwear

underwear	bielizna (f)	[be'lizna]
undershirt (A-shirt)	podkoszulek (m)	[pɔtkɔ'ʃulek]
socks	skarpety (pl)	[skar'pɛtɪ]

nightgown	koszula (f) nocna	[kɔ'ʃuʎa 'nɔtsna]
bra	biustonosz (m)	[bys'tɔnɔʃ]
knee highs	podkolanówki (pl)	[pɔdkɔʎa'nufki]
tights	rajstopy (pl)	[rajs'tɔpɪ]
stockings (thigh highs)	pończochy (pl)	[pɔɲt'ʃɔhɪ]
bathing suit	kostium (m) kąpielowy	['kɔstʰjum kɔ̃pelɔvɪ]

36. Headwear

hat	czapka (f)	['tʃapka]
fedora	kapelusz (m) fedora	[ka'pɛlɪʃ fɛ'dɔra]
baseball cap	bejsbolówka (f)	[bɛjsbɔ'lɪfka]
flatcap	kaszkiet (m)	['kaʃket]

beret	beret (m)	['bɛrɛt]
hood	kaptur (m)	['kaptur]
panama hat	panama (f)	[pa'nama]

| headscarf | chustka (f) | ['hustka] |
| women's hat | kapelusik (m) | [kapɛ'lɪɕik] |

hard hat	kask (m)	[kask]
garrison cap	furażerka (f)	[fura'ʒɛrka]
helmet	hełm (m)	[hɛwm]

| derby | melonik (m) | [mɛ'lɔnik] |
| top hat | cylinder (m) | [tsɪ'lindɛr] |

37. Footwear

footwear	obuwie (n)	[ɔ'buve]
ankle boots	buty (pl)	['butɪ]
shoes (low-heeled ~)	pantofle (pl)	[pan'tɔfle]
boots (cowboy ~)	kozaki (pl)	[kɔ'zaki]
slippers	kapcie (pl)	['kaptʃe]
tennis shoes	adidasy (pl)	[adi'dasɪ]

| sneakers | tenisówki (pl) | [tɛni'sufki] |
| sandals | sandały (pl) | [san'dawı] |

cobbler	szewc (m)	[ʃɛfts]
heel	obcas (m)	['ɔbtsas]
pair (of shoes)	para (f)	['para]

shoestring	sznurowadło (n)	[ʃnurɔ'vadwɔ]
to lace (vt)	sznurować	[ʃnu'rɔvatʃ]
shoehorn	łyżka (f) do butów	['wıʒka dɔ 'butuf]
shoe polish	pasta (f) do butów	['pasta dɔ 'butuf]

38. Textile. Fabrics

cotton (n)	bawełna (f)	[ba'vɛwna]
cotton (as adj)	z bawełny	[z ba'vɛwnı]
flax (n)	len (m)	[len]
flax (as adj)	z lnu	[z ʎnu]

silk (n)	jedwab (m)	['edvap]
silk (as adj)	jedwabny	[ed'vabnı]
wool (n)	wełna (f)	['vɛwna]
woolen (adj)	wełniany	[vɛw'ɲanı]

velvet	aksamit (m)	[ak'samit]
suede	zamsz (m)	[zamʃ]
corduroy	sztruks (m)	[ʃtruks]

nylon (n)	nylon (m)	['nılɔn]
nylon (as adj)	z nylonu	[z nı'lɔnu]
polyester (n)	poliester (m)	[pɔli'ɛstɛr]
polyester (as adj)	poliestrowy	[pɔliɛst'rɔvı]

leather (n)	skóra (f)	['skura]
leather (as adj)	ze skóry	[zɛ 'skurı]
fur (n)	futro (n)	['futrɔ]
fur (e.g., ~ coat)	futrzany	[fut'ʃanı]

39. Personal accessories

gloves	rękawiczki (pl)	[rěka'vitʃki]
mittens	rękawiczki (pl)	[rěka'vitʃki]
scarf (muffler)	szalik (m)	['ʃalik]

glasses	okulary (pl)	[ɔku'ʎarı]
frame (eyeglass ~)	oprawka (f)	[ɔp'rafka]
umbrella	parasol (m)	[pa'rasɔʎ]
walking stick	laska (f)	['ʎaska]

| hairbrush | szczotka (f) do włosów | ['ʃtʃotka dɔ 'vwɔsuv] |
| fan | wachlarz (m) | ['vahʎaʃ] |

necktie	krawat (m)	['kravat]
bow tie	muszka (f)	['muʃka]
suspenders	szelki (pl)	['ʃɛʎki]
handkerchief	chusteczka (f) do nosa	[hus'tɛtʃka dɔ 'nɔsa]

comb	grzebień (m)	['gʒɛbeɲ]
barrette	spinka (f)	['spiŋka]
hairpin	szpilka (f)	['ʃpiʎka]
buckle	sprzączka (f)	['spʃɔtʃka]

belt	pasek (m)	['pasɛk]
shoulder strap	pasek (m)	['pasɛk]
bag (handbag)	torba (f)	['tɔrba]
purse	torebka (f)	[tɔ'rɛpka]
backpack	plecak (m)	['pletsak]

40. Clothing. Miscellaneous

fashion	moda (f)	['mɔda]
in vogue (adj)	modny	['mɔdnı]
fashion designer	projektant (m) mody	[prɔ'ektant 'mɔdı]

collar	kołnierz (m)	['kɔwneʃ]
pocket	kieszeń (f)	['keʃɛɲ]
pocket (as adj)	kieszonkowy	[keʃɔ'ŋkɔvı]
sleeve	rękaw (m)	['rɛŋkaʃ]
hanging loop	wieszak (m)	['veʃak]
fly (on trousers)	rozporek (m)	[rɔs'pɔrɛk]

zipper (fastener)	zamek (m) błyskawiczny	['zamɛk bwıska'vitʃnı]
fastener	zapięcie (m)	[za'pɛ̃tʃe]
button	guzik (m)	['guʒik]
buttonhole	dziurką (f) na guzik	['dʒyrka na gu'ʒik]
to come off (ab. button)	urwać się	['urvatʃ ɕɛ̃]

to sew (vi, vt)	szyć	[ʃıtʃ]
to embroider (vi, vt)	haftować	[haf'tɔvatʃ]
embroidery	haft (m)	[haft]
sewing needle	igła (f)	['igwa]
thread	nitka (f)	['nitka]
seam	szew (m)	[ʃɛf]

to get dirty (vi)	wybrudzić się	[vıb'rudʒitʃ ɕɛ̃]
stain (mark, spot)	plama (f)	['pʎama]
to crease, crumple (vi)	zmiąć się	[zmɔ̃tʃ ɕɛ̃]
to tear (vt)	rozerwać	[rɔ'zɛrvatʃ]
clothes moth	mól (m)	[muʎ]

41. Personal care. Cosmetics

toothpaste	pasta (f) do zębów	['pasta dɔ 'zɛ̃buʃ]
toothbrush	szczoteczka (f) do zębów	[ʃtʃɔ'tɛtʃka dɔ 'zɛ̃buʃ]
to brush one's teeth	myć zęby	[mɨtʃ 'zɛ̃bɨ]
razor	maszynka (f) do golenia	[ma'ʃɨŋka dɔ gɔ'leɲa]
shaving cream	krem (m) do golenia	[krɛm dɔ gɔ'leɲa]
to shave (vi)	golić się	['gɔlitʃ ɕɛ̃]
soap	mydło (n)	['mɨdwɔ]
shampoo	szampon (m)	['ʃampɔn]
scissors	nożyczki (pl)	[nɔ'ʒɨtʃki]
nail file	pilnik (m) do paznokci	['pilʌnik dɔ paz'nɔktʃi]
nail clippers	cążki (pl) do paznokci	['tsɔ̃ʒki dɔ paz'nɔktʃi]
tweezers	pinceta (f)	[pin'tsɛta]
cosmetics	kosmetyki (pl)	[kɔs'mɛtɨki]
face mask	maseczka (f)	[ma'sɛtʃka]
manicure	manikiur (m)	[ma'nikɨr]
to have a manicure	robić manikiur	['rɔbitʃ ma'nikɨr]
pedicure	pedikiur (m)	[pɛ'dikɨr]
make-up bag	kosmetyczka (f)	[kɔsmɛ'tɨtʃka]
face powder	puder (m)	['pudɛr]
powder compact	puderniczka (f)	[pudɛr'nitʃka]
blusher	róż (m)	[ruʃ]
perfume (bottled)	perfumy (pl)	[pɛr'fumɨ]
toilet water (perfume)	woda (f) toaletowa	['vɔda tɔale'tɔva]
lotion	płyn (m) kosmetyczny	[pwɨn kɔsmɛ'tɨtʃnɨ]
cologne	woda (f) kolońska	['vɔda kɔ'lɔɲska]
eyeshadow	cienie (pl) do powiek	['tʃene dɔ 'pɔvek]
eyeliner	kredka (f) do oczu	['krɛtka dɔ 'ɔtʃu]
mascara	tusz (m) do rzęs	[tuʃ dɔ ʒɛ̃s]
lipstick	szminka (f)	['ʃmiŋka]
nail polish, enamel	lakier (m) do paznokci	['ʎaker dɔ paz'nɔktʃi]
hair spray	lakier (m) do włosów	['ʎaker dɔ 'vwɔsuv]
deodorant	dezodorant (m)	[dɛzɔ'dɔrant]
cream	krem (m)	[krɛm]
face cream	krem (m) do twarzy	[krɛm dɔ 'tfaʒɨ]
hand cream	krem (m) do rąk	[krɛm dɔ rɔ̃k]
day (as adj)	na dzień	['na dʒeɲ]
night (as adj)	nocny	['nɔtsnɨ]
tampon	tampon (m)	['tampɔn]
toilet paper	papier (m) toaletowy	['paper tɔale'tɔvɨ]
hair dryer	suszarka (f) do włosów	[su'ʃarka dɔ 'vwɔsuv]

42. Jewelry

jewelry	**kosztowności** (pl)	[kɔʃtɔv'nɔɕtɕi]
precious (e.g., ~ stone)	**kosztowny**	[kɔʃ'tɔvnɨ]
hallmark	**próba** (f)	['pruba]
ring	**pierścionek** (m)	[perɕ'tɕɔnɛk]
wedding ring	**obrączka** (f)	[ɔb'rɔ̃tʃka]
bracelet	**bransoleta** (f)	[bransɔ'leta]
earrings	**kolczyki** (pl)	[kɔʎt'ʃiki]
necklace (~ of pearls)	**naszyjnik** (m)	[na'ʃijnik]
crown	**korona** (f)	[kɔ'rɔna]
bead necklace	**korale** (pl)	[kɔ'rale]
diamond	**brylant** (m)	['brɨʎant]
emerald	**szmaragd** (m)	['ʃmaragd]
ruby	**rubin** (m)	['rubin]
sapphire	**szafir** (m)	['ʃafir]
pearl	**perły** (pl)	['pɛrwɨ]
amber	**bursztyn** (m)	['burʃtɨn]

43. Watches. Clocks

watch (wristwatch)	**zegarek** (m)	[zɛ'garɛk]
dial	**tarcza** (f) **zegarowa**	['tartʃa zɛga'rɔva]
hand (of clock, watch)	**wskazówka** (f)	[fska'zɔfka]
metal watch band	**bransoleta** (f)	[bransɔ'leta]
watch strap	**pasek** (m)	['pasɛk]
battery	**bateria** (f)	[ba'tɛrʲja]
to be dead (battery)	**wyczerpać się**	[vɨt'ʃɛrpatʃ ɕɛ̃]
to change a battery	**wymienić baterię**	[vɨ'menitʃ ba'tɛrʲɛ̃]
to run fast	**śpieszyć się**	['ɕpeʃɨtʃ ɕɛ̃]
to run slow	**spóźnić się**	['spuʑnitʃ ɕɛ̃]
wall clock	**zegar** (m) **ścienny**	['zɛgar 'ɕtʃenɨ]
hourglass	**klepsydra** (f)	[klɛp'sɨdra]
sundial	**zegar** (m) **słoneczny**	['zɛgar swɔ'nɛtʃnɨ]
alarm clock	**budzik** (m)	['budʑik]
watchmaker	**zegarmistrz** (m)	[zɛ'garmistʃ]
to repair (vt)	**naprawiać**	[nap'ravʲatʃ]

Food. Nutricion

44. Food

meat	mięso (n)	['mensɔ]
chicken	kurczak (m)	['kurtʃak]
young chicken	kurczak (m)	['kurtʃak]
duck	kaczka (f)	['katʃka]
goose	gęś (f)	[gɛ̃ɕ]
game	dziczyzna (f)	[dʒit'ʃɪzna]
turkey	indyk (m)	['indɪk]
pork	wieprzowina (f)	[vepʃɔ'vina]
veal	cielęcina (f)	[tʃelɛ̃'tʃina]
lamb	baranina (f)	[bara'nina]
beef	wołowina (f)	[vɔwɔ'vina]
rabbit	królik (m)	['krulik]
sausage (salami, etc.)	kiełbasa (f)	[kew'basa]
vienna sausage	parówka (f)	[pa'rufka]
bacon	boczek (m)	['bɔtʃɛk]
ham	szynka (f)	['ʃɪŋka]
gammon (ham)	szynka (f)	['ʃɪŋka]
pâté	pasztet (m)	['paʃtɛt]
liver	wątróbka (f)	[vɔ̃t'rupka]
lard	smalec (m)	['smalets]
ground beef	farsz (m)	[farʃ]
tongue	ozór (m)	['ɔzur]
egg	jajko (n)	['jajkɔ]
eggs	jajka (pl)	['jajka]
egg white	białko (n)	['bʲawkɔ]
egg yolk	żółtko (n)	['ʒuwtkɔ]
fish	ryba (f)	['rɪba]
seafood	owoce (pl) morza	[ɔ'vɔtsɛ 'mɔʒa]
caviar	kawior (m)	['kavɔr]
crab	krab (m)	[krap]
shrimp	krewetka (f)	[krɛ'vɛtka]
oyster	ostryga (f)	[ɔst'rɪga]
spiny lobster	langusta (f)	[ʎa'ŋusta]
octopus	ośmiornica (f)	[ɔɕmʲɔr'nitsa]
squid	kałamarnica (f)	[kawamar'nitsa]
sturgeon	mięso (n) jesiotra	['mensɔ e'ɕɜtra]

salmon	łosoś (m)	['wɔsɔɕ]
halibut	halibut (m)	[ha'libut]
cod	dorsz (m)	[dɔrʃ]
mackerel	makrela (f)	[mak'rɛla]
tuna	tuńczyk (m)	['tuɲtʃɪk]
eel	węgorz (m)	['vɛŋɔʃ]

trout	pstrąg (m)	[pstrɔ̃k]
sardine	sardynka (f)	[sar'dɪŋka]
pike	szczupak (m)	['ʃtʃupak]
herring	śledź (m)	[ɕletɕ]

bread	chleb (m)	[hlep]
cheese	ser (m)	[sɛr]
sugar	cukier (m)	['tsuker]
salt	sól (f)	[suʎ]

rice	ryż (m)	[rɪʃ]
pasta	makaron (m)	[ma'karɔn]
noodles	makaron (m)	[ma'karɔn]

butter	masło (n) śmietankowe	['maswɔ ɕmeta'ŋkɔvɛ]
vegetable oil	olej (m) roślinny	['ɔlej rɔɕliɲɪ]
sunflower oil	olej (m) słonecznikowy	['ɔlej swɔnɛtʃnikɔvɪ]
margarine	margaryna (f)	[marga'rɪna]
olives	oliwki (f pl)	[ɔ'lifki]
olive oil	olej (m) oliwkowy	['ɔlej ɔlif'kɔvɪ]

milk	mleko (n)	['mlekɔ]
condensed milk	mleko skondensowane	['mlekɔ skɔndɛnsɔ'vanɛ]
yogurt	jogurt (m)	[ɜgurt]
sour cream	śmietana (f)	[ɕme'tana]
cream (of milk)	śmietanka (f)	[ɕme'taŋka]

| mayonnaise | majonez (m) | [maɜnɛs] |
| buttercream | krem (m) | [krɛm] |

cereal grain (wheat, etc.)	kasza (f)	['kaʃa]
flour	mąka (f)	['mɔ̃ka]
canned food	konserwy (pl)	[kɔn'sɛrvɪ]
cornflakes	płatki (pl) kukurydziane	['pwatki kukurɪ'dʑane]
honey	miód (m)	[myt]
jam	dżem (m)	[dʒɛm]
chewing gum	guma (f) do żucia	['guma dɔ 'ʒutɕa]

45. Drinks

water	woda (f)	['vɔda]
drinking water	woda (f) pitna	['vɔda 'pitna]
mineral water	woda (f) mineralna	['vɔda minɛ'raʎna]

still (adj)	niegazowana	[nega'zɔvana]
carbonated (adj)	gazowana	[ga'zɔvana]
sparkling (adj)	gazowana	[ga'zɔvana]
ice	lód (m)	[lyt]
with ice	z lodem	[z 'lɔdɛm]
non-alcoholic (adj)	bezalkoholowy	[bɛzaʎkɔhɔ'lɔvɪ]
soft drink	napój (m) bezalkoholowy	['napuj bɛzalkɔhɔ'lɔvɪ]
cool soft drink	napój (m) orzeźwiający	['napuj ɔʒɛʑ'vjaɔ̃tsɪ]
lemonade	lemoniada (f)	[lemɔ'ɲjada]
liquor	napoje (pl) alkoholowe	[na'pɔe aʎkɔhɔ'lɔvɛ]
wine	wino (n)	['vinɔ]
white wine	białe wino (n)	['bʲawɛ 'vinɔ]
red wine	czerwone wino (n)	[tʃɛr'vɔnɛ 'vinɔ]
liqueur	likier (m)	['liker]
champagne	szampan (m)	['ʃampan]
vermouth	wermut (m)	['vɛrmut]
whisky	whisky (f)	[u'iski]
vodka	wódka (f)	['vutka]
gin	dżin (m), gin (m)	[dʒin]
cognac	koniak (m)	['kɔɲjak]
rum	rum (m)	[rum]
coffee	kawa (f)	['kava]
black coffee	czarna kawa (f)	['tʃarna 'kava]
coffee with milk	kawa (f) z mlekiem	['kava z 'mlekem]
cappuccino	cappuccino (n)	[kapu'tʃinɔ]
instant coffee	kawa (f) rozpuszczalna	['kava rɔspuʃt'ʃaʎna]
milk	mleko (n)	['mlekɔ]
cocktail	koktajl (m)	['kɔktajʎ]
milk shake	koktajl (m) mleczny	['kɔktajʎ 'mletʃnɪ]
juice	sok (m)	[sɔk]
tomato juice	sok (m) pomidorowy	[sɔk pɔmidɔ'rɔvɪ]
orange juice	sok (m) pomarańczowy	[sɔk pɔmaraɲt'ʃɔvɪ]
freshly squeezed juice	sok (m) ze świeżych owoców	[sɔk zɛ 'ɕfeʒɪh ɔvɔtsuʃ]
beer	piwo (n)	['pivɔ]
light beer	piwo (n) jasne	[pivɔ 'jasnɛ]
dark beer	piwo (n) ciemne	[pivɔ 'tɕemnɛ]
tea	herbata (f)	[hɛr'bata]
black tea	czarna herbata (f)	['tʃarna hɛr'bata]
green tea	zielona herbata (f)	[ʒe'lɔna hɛr'bata]

46. Vegetables

vegetables	warzywa (pl)	[vaˈʒɪva]
greens	włoszczyzna (f)	[vwɔʃtˈʃɪzna]
tomato	pomidor (m)	[pɔˈmidɔr]
cucumber	ogórek (m)	[ɔˈgurɛk]
carrot	marchew (f)	[ˈmarhɛf]
potato	ziemniak (m)	[ʒemˈɲak]
onion	cebula (f)	[tsɛˈbuʎa]
garlic	czosnek (m)	[ˈtʃɔsnɛk]
cabbage	kapusta (f)	[kaˈpusta]
cauliflower	kalafior (m)	[kaˈʎafʒr]
Brussels sprouts	brukselka (f)	[brukˈsɛʎka]
broccoli	brokuły (pl)	[brɔˈkuwɪ]
beetroot	burak (m)	[ˈburak]
eggplant	bakłażan (m)	[bakˈwaʒan]
zucchini	kabaczek (m)	[kaˈbatʃɛk]
pumpkin	dynia (f)	[ˈdɪɲa]
turnip	rzepa (f)	[ˈʒɛpa]
parsley	pietruszka (f)	[petˈruʃka]
dill	koperek (m)	[kɔˈpɛrɛk]
lettuce	sałata (f)	[saˈwata]
celery	seler (m)	[ˈsɛler]
asparagus	szparagi (pl)	[ʃpaˈragi]
spinach	szpinak (m)	[ˈʃpinak]
pea	groch (m)	[grɔh]
beans	bób (m)	[bup]
corn (maize)	kukurydza (f)	[kukuˈrɪdza]
kidney bean	fasola (f)	[faˈsɔʎa]
pepper	słodka papryka (f)	[ˈswɔdka papˈrɪka]
radish	rzodkiewka (f)	[ʒɔtˈkefka]
artichoke	karczoch (m)	[ˈkartʃɔh]

47. Fruits. Nuts

fruit	owoc (m)	[ˈɔvɔts]
apple	jabłko (n)	[ˈjabkɔ]
pear	gruszka (f)	[ˈgruʃka]
lemon	cytryna (f)	[tsɪtˈrɪna]
orange	pomarańcza (f)	[pɔmaˈraɲtʃa]
strawberry	truskawka (f)	[trusˈkafka]
mandarin	mandarynka (f)	[mandaˈrɪŋka]
plum	śliwka (f)	[ˈɕlifka]

peach	brzoskwinia (f)	[bʒɔskˈfiɲa]
apricot	morela (f)	[mɔˈrɛʎa]
raspberry	malina (f)	[maˈlina]
pineapple	ananas (m)	[aˈnanas]

banana	banan (m)	[ˈbanan]
watermelon	arbuz (m)	[ˈarbus]
grape	winogrona (pl)	[vinɔgˈrɔna]
sour cherry	wiśnia (f)	[ˈviɕɲa]
sweet cherry	czereśnia (f)	[tʃɛˈrɛɕɲa]
melon	melon (m)	[ˈmɛlɔn]

grapefruit	grejpfrut (m)	[ˈgrɛjpfrut]
avocado	awokado (n)	[avɔˈkadɔ]
papaya	papaja (f)	[paˈpaja]
mango	mango (n)	[ˈmaŋɔ]
pomegranate	granat (m)	[ˈgranat]

redcurrant	czerwona porzeczka (f)	[tʃɛrˈvɔna pɔˈʒɛtʃka]
blackcurrant	czarna porzeczka (f)	[ˈtʃarna pɔˈʒɛtʃka]
gooseberry	agrest (m)	[ˈagrɛst]
bilberry	borówka (f) czarna	[bɔˈrɔfka ˈtʃarna]
blackberry	jeżyna (f)	[eˈʒɪna]

raisin	rodzynek (m)	[rɔˈdzɪnɛk]
fig	figa (f)	[ˈfiga]
date	daktyl (m)	[ˈdaktɪl]

peanut	orzeszek (pl) ziemny	[ɔˈʒɛʃɛk ˈʒemnɛ]
almond	migdał (m)	[ˈmigdaw]
walnut	orzech (m) włoski	[ˈɔʒɛh ˈvwɔski]
hazelnut	orzech (m) laskowy	[ˈɔʒɛh ʎasˈkɔvɪ]
coconut	orzech (m) kokosowy	[ˈɔʒɛh kɔkɔˈsɔvɪ]
pistachios	fistaszki (pl)	[fisˈtaʃki]

48. Bread. Candy

confectionery (pastry)	wyroby (pl) cukiernicze	[vɪˈrɔbɪ tsukerˈnitʃɛ]
bread	chleb (m)	[hlep]
cookies	herbatniki (pl)	[hɛrbatˈniki]

chocolate (n)	czekolada (f)	[tʃɛkɔˈʎada]
chocolate (as adj)	czekoladowy	[tʃɛkɔʎaˈdɔvɪ]
candy	cukierek (m)	[tsuˈkerɛk]
cake (e.g., cupcake)	ciastko (n)	[ˈtɕastkɔ]
cake (e.g., birthday ~)	tort (m)	[tɔrt]

pie (e.g., apple ~)	ciasto (n)	[ˈtɕastɔ]
filling (for cake, pie)	nadzienie (n)	[naˈdʑene]
whole fruit jam	konfitura (f)	[kɔnfiˈtura]

marmalade	**marmolada** (f)	[marmɔ'ʎada]
waffle	**wafle** (pl)	['vafle]
ice-cream	**lody** (pl)	['lɔdɪ]

49. Cooked dishes

course, dish	**danie** (n)	['dane]
cuisine	**kuchnia** (f)	['kuhɲa]
recipe	**przepis** (m)	['pʃɛpis]
portion	**porcja** (f)	['pɔrtsʰja]

| salad | **sałatka** (f) | [sa'watka] |
| soup | **zupa** (f) | ['zupa] |

clear soup (broth)	**rosół** (m)	['rɔsuw]
sandwich (bread)	**kanapka** (f)	[ka'napka]
fried eggs	**jajecznica** (f)	[jaetʃ'nitsa]

cutlet (croquette)	**kotlet** (m)	['kɔtlɛt]
hamburger (beefburger)	**hamburger** (m)	[ham'burgɛr]
beefsteak	**befsztyk** (m)	['bɛfʃtɪk]
stew	**pieczeń** (f)	['petʃɛɲ]

side dish	**dodatki** (pl)	[dɔ'datki]
spaghetti	**spaghetti** (n)	[spa'gɛtti]
pizza	**pizza** (f)	['pitsa]
porridge (oatmeal, etc.)	**kasza** (f)	['kaʃa]
omelet	**omlet** (m)	['ɔmlɛt]

boiled (e.g., ~ beef)	**gotowany**	[gɔtɔ'vanɪ]
smoked (adj)	**wędzony**	[vɛ̃'dzɔnɪ]
fried (adj)	**smażony**	[sma'ʒɔnɪ]
dried (adj)	**suszony**	[su'ʃɔnɪ]
frozen (adj)	**mrożony**	[mrɔ'ʒɔnɪ]
pickled (adj)	**marynowany**	[marɪnɔ'vanɪ]

sweet (sugary)	**słodki**	['swɔtki]
salty (adj)	**słony**	['swɔnɪ]
cold (adj)	**zimny**	['ʒimnɪ]
hot (adj)	**gorący**	[gɔ'rɔ̃tsɪ]
bitter (adj)	**gorzki**	['gɔʃki]
tasty (adj)	**smaczny**	['smatʃnɪ]

to cook in boiling water	**gotować**	[gɔ'tɔvatʃ]
to cook (dinner)	**gotować**	[gɔ'tɔvatʃ]
to fry (vt)	**smażyć**	['smaʒɪtʃ]
to heat up (food)	**odgrzewać**	[ɔdg'ʒɛvatʃ]

| to salt (vt) | **solić** | ['sɔlitʃ] |
| to pepper (vt) | **pieprzyć** | ['pepʃitʃ] |

to grate (vt)	trzeć	[tʃɛtʃ]
peel (n)	skórka (f)	['skurka]
to peel (vt)	obierać	[ɔ'beratʃ]

50. Spices

salt	sól (f)	[suʎ]
salty (adj)	słony	['swɔnɪ]
to salt (vt)	solić	['sɔlitʃ]

black pepper	pieprz (m) czarny	[pepʃ 'tʃarnɪ]
red pepper	papryka (f)	[pap'rɪka]
mustard	musztarda (f)	[muʃ'tarda]
horseradish	chrzan (m)	[hʃan]

condiment	przyprawa (f)	[pʃɪp'rava]
spice	przyprawa (f)	[pʃɪp'rava]
sauce	sos (m)	[sɔs]
vinegar	ocet (m)	['ɔtset]

anise	anyż (m)	['anɪʃ]
basil	bazylia (f)	[ba'zɪʎja]
cloves	goździki (pl)	['gɔʑ'dʑiki]
ginger	imbir (m)	['imbir]
coriander	kolendra (f)	[kɔ'lendra]
cinnamon	cynamon (m)	[tsɪ'namɔn]

sesame	sezam (m)	['sɛzam]
bay leaf	liść (m) laurowy	[liɕtʃ ʎau'rɔvɪ]
paprika	papryka (f)	[pap'rɪka]
caraway	kminek (m)	['kminɛk]
saffron	szafran (m)	['ʃafran]

51. Meals

| food | jedzenie (n) | [e'dzɛne] |
| to eat (vi, vt) | jeść | [eɕtʃ] |

breakfast	śniadanie (n)	[ɕɲa'dane]
to have breakfast	jeść śniadanie	[eɕtʃ ɕɲa'dane]
lunch	obiad (m)	['ɔbʲat]
to have lunch	jeść obiad	[eɕtʃ 'ɔbʲat]
dinner	kolacja (f)	[kɔ'ʎatsʰja]
to have dinner	jeść kolację	[eɕtʃ kɔ'ʎatsʰɛ̃]

appetite	apetyt (m)	[a'pɛtɪt]
Enjoy your meal!	Smacznego!	[smatʃ'nɛgɔ]
to open (~ a bottle)	otwierać	[ɔt'feratʃ]

to spill (liquid)	rozlać	['rɔzʎatʃ]
to spill out (vi)	rozlać się	['rɔzʎatʃ ɕɛ̃]
to boil (vi)	gotować się	[gɔ'tɔvatʃ ɕɛ̃]
to boil (vt)	gotować	[gɔ'tɔvatʃ]
boiled (~ water)	gotowany	[gɔtɔ'vanɪ]
to chill, cool down (vt)	ostudzić	[ɔs'tudʑitʃ]
to chill (vi)	stygnąć	['stɪgnɔ̃tʃ]
taste, flavor	smak (m)	[smak]
aftertaste	posmak (m)	['pɔsmak]
to be on a diet	odchudzać się	[ɔd'hudzatʃ ɕɛ̃]
diet	dieta (f)	['dʰeta]
vitamin	witamina (f)	[vita'mina]
calorie	kaloria (f)	[ka'lɔrja]
vegetarian (n)	wegetarianin (m)	[vɛgɛtarʰ'janin]
vegetarian (adj)	wegetariański	[vɛgɛtarʰ'jaɲski]
fats (nutrient)	tłuszcze (pl)	['twuʃtʃɛ]
proteins	białka (pl)	['bʲawka]
carbohydrates	węglowodany (pl)	[vɛnɛ̃zvɔ'danɪ]
slice (of lemon, ham)	plasterek (m)	[pʎas'tɛrɛk]
piece (of cake, pie)	kawałek (m)	[ka'vawɛk]
crumb (of bread)	okruchek (m)	[ɔk'ruhɛk]

52. Table setting

spoon	łyżka (f)	['wɪʃka]
knife	nóż (m)	[nuʃ]
fork	widelec (m)	[vi'dɛlets]
cup (of coffee)	filiżanka (f)	[fili'ʒaŋka]
plate (dinner ~)	talerz (m)	['taleʃ]
saucer	spodek (m)	['spɔdɛk]
napkin (on table)	serwetka (f)	[sɛr'vɛtka]
toothpick	wykałaczka (f)	[vɪka'watʃka]

53. Restaurant

restaurant	restauracja (f)	[rɛstau'ratsʰja]
coffee house	kawiarnia (f)	[ka'vʲarɲa]
pub, bar	bar (m)	[bar]
tearoom	herbaciarnia (f)	[hɛrba'tʃʲarɲa]
waiter	kelner (m)	['kɛʎnɛr]
waitress	kelnerka (f)	[kɛʎ'nɛrka]
bartender	barman (m)	['barman]

menu	**menu** (n)	['menu]
wine list	**karta** (f) **win**	['karta vin]
to book a table	**zarezerwować stolik**	[zarɛzɛrvɔvatʃ 'stɔlik]
course, dish	**danie** (n)	['dane]
to order (meal)	**zamówić**	[za'muvitʃ]
to make an order	**zamówić**	[za'muvitʃ]
aperitif	**aperitif** (m)	[apɛri'tif]
appetizer	**przystawka** (f)	[pʃis'tafka]
dessert	**deser** (m)	['dɛsɛr]
check	**rachunek** (m)	[ra'hunɛk]
to pay the check	**zapłacić rachunek**	[zap'watʃitʃ ra'hunɛk]
to give change	**wydać resztę**	['vɪdatʃ 'rɛʃtɛ̃]
tip	**napiwek** (m)	[na'pivɛk]

Family, relatives and friends

54. Personal information. Forms

name, first name	**imię** (n)	['imɛ̃]
family name	**nazwisko** (n)	[naz'viskɔ]
date of birth	**data** (f) **urodzenia**	['data urɔ'dzɛɲa]
place of birth	**miejsce** (n) **urodzenia**	['mejstsɛ urɔ'dzɛɲa]
nationality	**narodowość** (f)	[narɔ'dɔvɔɕtʃ]
place of residence	**miejsce** (n) **zamieszkania**	['mejstsɛ zameʃ'kaɲa]
country	**kraj** (m)	[kraj]
profession (occupation)	**zawód** (m)	['zavut]
gender, sex	**płeć** (f)	['pwɛtʃ]
height	**wzrost** (m)	[vzrɔst]
weight	**waga** (f)	['vaga]

55. Family members. Relatives

mother	**matka** (f)	['matka]
father	**ojciec** (m)	['ɔjtʃets]
son	**syn** (m)	[sɪn]
daughter	**córka** (f)	['tsurka]
younger daughter	**młodsza córka** (f)	['mwɔtʃa 'tsurka]
younger son	**młodszy syn** (m)	['mwɔtʃɪ sɪn]
eldest daughter	**starsza córka** (f)	['starʃa 'tsurka]
eldest son	**starszy syn** (m)	['starʃɪ sɪn]
brother	**brat** (m)	[brat]
sister	**siostra** (f)	['ɕɔstra]
cousin (masc.)	**kuzyn** (m)	['kuzɪn]
cousin (fem.)	**kuzynka** (f)	[ku'zɪŋka]
mom	**mama** (f)	['mama]
dad, daddy	**tata** (m)	['tata]
parents	**rodzice** (pl)	[rɔ'dʑitsɛ]
child	**dziecko** (n)	['dʑetskɔ]
children	**dzieci** (pl)	['dʑetʃi]
grandmother	**babcia** (f)	['babtʃa]
grandfather	**dziadek** (m)	['dʑʲadɛk]
grandson	**wnuk** (m)	[vnuk]

granddaughter	wnuczka (f)	['vnutʃka]
grandchildren	wnuki (pl)	['vnuki]
uncle	wujek (m)	['vuek]
aunt	ciocia (f)	['tɕotɕʲa]
nephew	bratanek (m), siostrzeniec (m)	[bra'tanɛk, sɜst'ʃɛnets]
niece	bratanica (f), siostrzenica (f)	[brata'nitsa, sɜst'ʃɛnitsa]
mother-in-law (wife's mother)	teściowa (f)	[tɛɕ'tɕova]
father-in-law (husband's father)	teść (m)	[tɛɕtʃ]
son-in-law (daughter's husband)	zięć (m)	[ʒɛ̃tʃ]
stepmother	macocha (f)	[ma'tsɔha]
stepfather	ojczym (m)	['ɔjtʃɪm]
infant	niemowlę (n)	[ne'mɔvlɛ̃]
baby (infant)	niemowlę (n)	[ne'mɔvlɛ̃]
little boy, kid	maluch (m)	['malyh]
wife	żona (f)	['ʒɔna]
husband	mąż (m)	[mɔ̃ʃ]
spouse (husband)	małżonek (m)	[maw'ʒɔnɛk]
spouse (wife)	małżonka (f)	[maw'ʒɔŋka]
married (masc.)	żonaty	[ʒɔ'natɪ]
married (fem.)	zamężna	[za'mɛnʒna]
single (unmarried)	nieżonaty	[neʒɔ'natɪ]
bachelor	kawaler (m)	[ka'valer]
divorced (masc.)	rozwiedziony	[rɔzve'dʒɜnɪ]
widow	wdowa (f)	['vdɔva]
widower	wdowiec (m)	['vdɔvets]
relative	krewny (m)	['krɛvnɪ]
close relative	bliski krewny (m)	['bliski 'krɛvnɪ]
distant relative	daleki krewny (m)	[da'leki 'krɛvnɪ]
relatives	rodzina (f)	[rɔ'dʒina]
orphan (boy or girl)	sierota (f)	[ɕe'rɔta]
guardian (of minor)	opiekun (m)	[ɔ'pekun]
to adopt (a boy)	zaadoptować	[zaːdɔp'tɔvatʃ]
to adopt (a girl)	zaadoptować	[zaːdɔp'tɔvatʃ]

56. Friends. Coworkers

friend (masc.)	przyjaciel (m)	[pʃi'jatʃeʎ]
friend (fem.)	przyjaciółka (f)	[pʃija'tʃuwka]

| friendship | przyjaźń (f) | ['pʃijaʑjɲ] |
| to be friends | przyjaźnić się | [pʃi'jaʑjniʧ ɕɛ̃] |

buddy (masc.)	kumpel (m)	['kumpɛʎ]
buddy (fem.)	kumpela (f)	[kum'pɛʎa]
partner	partner (m)	['partnɛr]

chief (boss)	szef (m)	[ʃɛf]
superior	kierownik (m)	[ke'rɔvnik]
subordinate	podwładny (m)	[pɔdv'wadnɪ]
colleague	koleżanka (f)	[kɔle'ʒaŋka]

acquaintance (person)	znajomy (m)	[znaɜmɪ]
fellow traveler	towarzysz (m) podróży	[tɔ'vaʒɪʃ pɔd'ruʒɪ]
classmate	kolega (m) z klasy	[kɔ'lega s 'kʎasɪ]

neighbor (masc.)	sąsiad (m)	['sɔ̃ɕat]
neighbor (fem.)	sąsiadka (f)	[sɔ̃'ɕatka]
neighbors	sąsiedzi (pl)	[sɔ̃'ɕedʑi]

57. Man. Woman

woman	kobieta (f)	[kɔ'beta]
girl (young woman)	dziewczyna (f)	[ʤeft'ʃina]
bride	narzeczona (f)	[naʒɛt'ʃɔna]

beautiful (adj)	piękna	['peŋkna]
tall (adj)	wysoka	[vɪ'sɔka]
slender (adj)	zgrabna	['zgrabna]
short (adj)	niedużego wzrostu	[nedu'ʒɛgɔ 'vzrɔstu]

| blonde (n) | blondynka (f) | [blɔn'dɪŋka] |
| brunette (n) | brunetka (f) | [bru'nɛtka] |

ladies' (adj)	damski	['damski]
virgin (girl)	dziewica (f)	['ʤevitsa]
pregnant (adj)	ciężarna (f)	[ʨɛ̃'ʒarna]

man (adult male)	mężczyzna (m)	[mɛ̃ʃt'ʃizna]
blond (n)	blondyn (m)	['blɔndɪn]
brunet (n)	brunet (m)	['brunɛt]
tall (adj)	wysoki	[vɪ'sɔki]
short (adj)	niedużego wzrostu	[nedu'ʒɛgɔ 'vzrɔstu]

rude (rough)	grubiański	[gru'bjaɲski]
stocky (adj)	krępy	['krɛ̃pɪ]
robust (adj)	mocny	['mɔtsnɪ]
strong (adj)	silny	['ɕiʎnɪ]
strength	siła (f)	['ɕiwa]
stout, fat (adj)	tęgi	['tɛŋi]

swarthy (adj)	śniady	[ˈɕɲadɪ]
well-built (adj)	zgrabny	[ˈzgrabnɪ]
elegant (adj)	elegancki	[ɛleˈgantski]

58. Age

age	wiek (m)	[vek]
youth (young age)	wczesna młodość (f)	[ˈftʃɛsna ˈmwɔdɔɕtʃ]
young (adj)	młody	[ˈmwɔdɪ]

| younger (adj) | młodszy | [ˈmwɔtʃɪ] |
| older (adj) | starszy | [ˈstarʃɪ] |

young man	młodzieniec (m)	[mwɔˈdʒenets]
teenager	nastolatek (m)	[nastɔˈʎatɛk]
guy, fellow	chłopak (m)	[ˈhwɔpak]

| old man | staruszek (m) | [staˈruʃɛk] |
| old woman | staruszka (f) | [staˈruʃka] |

adult	dorosły (m)	[dɔˈrɔswɪ]
middle-aged (adj)	w średnim wieku	[f ˈɕrɛdnim ˈveku]
elderly (adj)	w podeszłym wieku	[f pɔˈdɛʃwɪm ˈveku]
old (adj)	stary	[ˈstarɪ]

retirement	emerytura (f)	[ɛmɛrɪˈtura]
to retire (from job)	przejść na emeryturę	[ˈpʃɛjɕtʃ na ɛmɛrɪˈturɛ̃]
retiree	emeryt (m)	[ɛˈmɛrɪt]

59. Children

child	dziecko (n)	[ˈdʒetskɔ]
children	dzieci (pl)	[ˈdʒetʃi]
twins	bliźniaki (pl)	[blizʲˈɲaki]

cradle	kołyska (f)	[kɔˈwɪska]
rattle	grzechotka (f)	[gʒɛˈhɔtka]
diaper	pieluszka (f)	[pʲɛˈlyʃka]

pacifier	smoczek (m)	[ˈsmɔtʃɛk]
baby carriage	wózek (m)	[ˈvuzɛk]
kindergarten	przedszkole (n)	[pʃɛtʃˈkɔle]
babysitter	opiekunka (f) do dziecka	[ɔpeˈkuɲka dɔ ˈdʒetska]

childhood	dzieciństwo (n)	[dʒeˈtʃinstfɔ]
doll	lalka (f)	[ˈʎaʎka]
toy	zabawka (f)	[zaˈbafka]
construction set	zestaw (m) konstruktor	[ˈzɛstaf kɔnstˈruktɔr]

well-bred (adj)	dobrze wychowany	['dɔbʒɛ vɪhɔ'vanɪ]
ill-bred (adj)	źle wychowany	[ʑle vɪhɔ'vanɪ]
spoiled (adj)	rozpieszczony	[rɔspeʃt'ʃɔnɪ]
to be naughty	psocić	['psɔɕitʃ]
mischievous (adj)	psotny	['psɔtnɪ]
mischievousness	psota (f)	['psɔta]
mischievous child	psotnik (m)	['psɔtnik]
obedient (adj)	posłuszny	[pɔs'wuʃnɪ]
disobedient (adj)	nieposłuszny	[nepɔs'wuʃnɪ]
docile (adj)	rozumny	[rɔ'zumnɪ]
clever (smart)	sprytny	['sprɪtnɪ]
child prodigy	cudowne dziecko (n)	[tsu'dɔvnɛ 'dʒetskɔ]

60. Married couples. Family life

to kiss (vt)	całować	[tsa'wɔvatʃ]
to kiss (vi)	całować się	[tsa'wɔvatʃ ɕɛ̃]
family (n)	rodzina (f)	[rɔ'dʒina]
family (as adj)	rodzinny	[rɔ'dʒiŋɪ]
couple	para (f)	['para]
marriage (state)	małżeństwo (n)	[maw'ʒɛɲstfɔ]
hearth (home)	ognisko domowe (n)	[ɔg'nisko dɔ'mɔvɛ]
dynasty	dynastia (f)	[dɪ'nastʰja]
date	randka (f)	['rantka]
kiss	pocałunek (m)	[pɔtsa'wunɛk]
love (for sb)	miłość (f)	['miwɔɕtʃ]
to love (sb)	kochać	['kɔhatʃ]
beloved	ukochany	[ukɔ'hanɪ]
tenderness	czułość (f)	['tʃuwɔɕtʃ]
tender (affectionate)	czuły	['tʃuwɪ]
faithfulness	wierność (f)	['vernɔɕtʃ]
faithful (adj)	wierny	['vjernɪ]
care (attention)	troska (f)	['trɔska]
caring (~ father)	troskliwy	[trɔsk'livɪ]
newlyweds	nowożeńcy (m pl)	[nɔvɔ'ʒɛɲtsɪ]
honeymoon	miesiąc (m) miodowy	['meɕɔ̃ts mɜ'dɔvɪ]
to get married (ab. woman)	wyjść za mąż	[vɪjɕtʃ 'za mɔ̃ʃ]
to get married (ab. man)	żenić się	['ʒenitʃ ɕɛ̃]
wedding	wesele (n)	[vɛ'sɛle]
golden wedding	złota rocznica (f) ślubu	['zwɔtɛ rɔtʃ'nitsa 'slubu]
anniversary	rocznica (f)	[rɔtʃ'nitsa]

lover (masc.)	kochanek (m)	[kɔ'hanɛk]
mistress	kochanka (f)	[kɔ'haŋka]
adultery	zdrada (f)	['zdrada]
to cheat on ... (commit adultery)	zdradzić	['zdradʒitɕ]
jealous (adj)	zazdrosny	[zazd'rɔsnı]
to be jealous	być zazdrosnym	[bıtɕ zazd'rɔsnım]
divorce	rozwód (m)	['rɔzvud]
to divorce (vi)	rozwieść się	['rɔzvɛɕtɕ ɕɛ̃]
to quarrel (vi)	kłócić się	['kwutɕitɕ ɕɛ̃]
to be reconciled	godzić się	['gɔdʑitɕ ɕɛ̃]
together (adv)	razem	['razɛm]
sex	seks (m)	[sɛks]
happiness	szczęście (n)	['ʃtʃɛ̃ɕtɕe]
happy (adj)	szczęśliwy	[ʃtʃɛ̃ɕ'livı]
misfortune (accident)	nieszczęście (n)	[neʃt'ʃɛ̃ɕtɕe]
unhappy (adj)	nieszczęśliwy	[neʃtʃɛ̃ɕ'livı]

Character. Feelings. Emotions

61. Feelings. Emotions

feeling (emotion)	uczucie (m)	[ut'ʃutʃe]
feelings	uczucia (pl)	[ut'ʃutʲa]
hunger	głód (m)	[gwut]
to be hungry	chcieć jeść	[htʃetʃ eɕtʃ]
thirst	pragnienie (n)	[prag'nene]
to be thirsty	chcieć pić	[htʃetʃ pitʃ]
sleepiness	senność (f)	['sɛnɔɕtʃ]
to feel sleepy	chcieć spać	[htʃetʃ spatʃ]
tiredness	zmęczenie (n)	[zmɛ̃t'ʃɛne]
tired (adj)	zmęczony	[zmɛ̃t'ʃɔnɪ]
to get tired	zmęczyć się	['zmɛntʃɪtʃ ɕɛ̃]
mood (humor)	nastrój (m)	['nastruj]
boredom	nuda (f), znudzenie (n)	['nuda], [znu'dzɛnie]
to be bored	nudzić się	['nudzitʃ ɕɛ̃]
seclusion	odosobnienie (n)	[ɔdɔsɔb'nenie]
to seclude oneself	odseparować się	[ɔtsɛpa'rɔvatʃ ɕɛ̃]
to worry (make anxious)	niepokoić	[nepɔ'kɔitʃ]
to be worried	martwić się	['martfitʃ ɕɛ̃]
worrying (n)	niepokój (m)	[ne'pɔkuj]
anxiety	trwoga (f)	['trfɔga]
preoccupied (adj)	zatroskany	[zatrɔs'kanɪ]
to be nervous	denerwować się	[dɛnɛr'vɔvatʃ ɕɛ̃]
to panic (vi)	panikować	[pani'kɔvatʃ]
hope	nadzieja (f)	[na'dʒeja]
to hope (vi, vt)	mieć nadzieję	[metʃ na'dʒeɛ̃]
certainty	pewność (f)	['pɛvnɔɕtʃ]
certain, sure (adj)	pewny	['pɛvnɪ]
uncertainty	niepewność (f)	[ne'pɛvnɔɕtʃ]
uncertain (adj)	niepewny	[ne'pɛvnɪ]
drunk (adj)	pijany	[pi'janɪ]
sober (adj)	trzeźwy	['tʃɛzʲvɪ]
weak (adj)	słaby	['swabɪ]
happy (adj)	szczęśliwy	[ʃtʃɛ̃ɕ'livɪ]
to scare (vt)	przestraszyć	[pʃɛst'raʃitʃ]
fury (madness)	wściekłość (f)	['fɕtʃekwɔɕtʃ]

rage (fury)	**furia** (f)	[ˈfurʰja]
depression	**depresja** (f)	[dɛpˈrɛsʰja]
discomfort	**dyskomfort** (m)	[dɪsˈkɔmfɔrt]
comfort	**komfort** (m)	[ˈkɔmfɔrt]
to regret (be sorry)	**żałować**	[ʒaˈwɔvatʃ]
regret	**żal** (m)	[ʒaʎ]
bad luck	**pech** (m)	[pɛh]
sadness	**smutek** (m), **smętek** (m)	[ˈsmutɛk], [ˈsmɛ̃tɛk]
shame (remorse)	**wstyd** (m)	[fstɨt]
gladness	**uciecha** (f)	[uˈtʃeha]
enthusiasm, zeal	**entuzjazm** (m)	[ɛnˈtuzʰjazm]
enthusiast	**entuzjasta** (m)	[ɛntuzʰˈjasta]
to show enthusiasm	**przejawić entuzjazm**	[pʃɛˈjavitʃ ɛnˈtuzʰjazm]

62. Character. Personality

character	**charakter** (m)	[haˈraktɛr]
character flaw	**wada** (f)	[ˈvada]
mind	**umysł** (m)	[ˈumɨsw]
reason	**rozum** (m)	[ˈrɔzum]
conscience	**sumienie** (n)	[suˈmene]
habit (custom)	**nawyk** (m)	[ˈnavɨk]
ability	**zdolność** (f)	[ˈzdɔʎnɔɕtʃ]
can (e.g., ~ swim)	**umieć**	[ˈumetʃ]
patient (adj)	**cierpliwy**	[tʃerpˈlivɨ]
impatient (adj)	**niecierpliwy**	[netʃerpˈlivɨ]
curious (inquisitive)	**ciekawy**	[tʃeˈkavɨ]
curiosity	**ciekawość** (f)	[tʃeˈkavɔɕtʃ]
modesty	**skromność** (f)	[ˈskrɔmnɔɕtʃ]
modest (adj)	**skromny**	[ˈskrɔmnɨ]
immodest (adj)	**nieskromny**	[neskˈrɔmnɨ]
laziness	**lenistwo** (n)	[leˈnistvɔ]
lazy (adj)	**leniwy**	[leˈnivɨ]
lazy person (masc.)	**leń** (m)	[leɲ]
cunning (n)	**przebiegłość** (f)	[pʃɛˈbegwɔɕtʃ]
cunning (as adj)	**przebiegły**	[pʃɛˈbegwɨ]
distrust	**nieufność** (f)	[neˈufnɔɕtʃ]
distrustful (adj)	**nieufny**	[neˈufnɨ]
generosity	**hojność** (f)	[ˈhɔjnɔɕtʃ]
generous (adj)	**hojny**	[ˈhɔjnɨ]
talented (adj)	**utalentowany**	[utalentɔˈvanɨ]
talent	**talent** (m)	[ˈtalent]
courageous (adj)	**śmiały**	[ˈɕmʲawɨ]

courage	śmiałość (f)	['ɕmʲawɔɕtʃ]
honest (adj)	uczciwy	[utʃ'tʃivɨ]
honesty	uczciwość (f)	[utʃ'tʃivɔɕtʃ]

careful (cautious)	ostrożny	[ɔst'rɔʒnɨ]
brave (courageous)	odważny	[ɔd'vaʒnɨ]
serious (adj)	poważny	[pɔ'vaʒnɨ]
strict (severe, stern)	surowy	[su'rɔvɨ]

decisive (adj)	zdecydowany	[zdɛtsɨdɔ'vanɨ]
indecisive (adj)	niezdecydowany	[nezdɛtsɨdɔ'vanɨ]
shy, timid (adj)	nieśmiały	[neɕ'mʲawɨ]
shyness, timidity	nieśmiałość (f)	[neɕ'mʲawɔɕtʃ]

confidence (trust)	zaufanie (n)	[zau'fane]
to believe (trust)	wierzyć	['veʒɨtʃ]
trusting (naïve)	ufny	['ufnɨ]

sincerely (adv)	szczerze	['ʃtʃɛʒɛ]
sincere (adj)	szczery	['ʃtʃɛrɨ]
sincerity	szczerość (f)	['ʃtʃɛrɔɕtʃ]
open (person)	otwarty	[ɔt'fartɨ]

calm (adj)	spokojny	[spɔ'kɔjnɨ]
frank (sincere)	szczery	['ʃtʃɛrɨ]
naïve (adj)	naiwny	[na'ivnɨ]
absent-minded (adj)	roztargniony	[rɔstarg'nɔnɨ]
funny (odd)	zabawny	[za'bavnɨ]

greed	chciwość (f)	['htʃivɔɕtʃ]
greedy (adj)	chciwy	['htʃivɨ]
stingy (adj)	skąpy	['skɔ̃pɨ]
evil (adj)	zły	[zwɨ]
stubborn (adj)	uparty	[u'partɨ]
unpleasant (adj)	nieprzyjemny	[nepʃɨ'emnɨ]

selfish person (masc.)	egoista (m)	[ɛgɔ'ista]
selfish (adj)	egoistyczny	[ɛgɔis'tɨtʃnɨ]
coward	tchórz (m)	[thuʃ]
cowardly (adj)	tchórzliwy	[thuʒ'livɨ]

63. Sleep. Dreams

to sleep (vi)	spać	[spatʃ]
sleep, sleeping	sen (m)	[sɛn]
dream	sen (m)	[sɛn]
to dream (in sleep)	śnić	[ɕnitʃ]
sleepy (adj)	senny	['sɛŋɨ]
bed	łóżko (n)	['wuʃkɔ]
mattress	materac (m)	[ma'tɛrats]

blanket (comforter)	kołdra (f)	['kowdra]
pillow	poduszka (f)	[pɔ'duʃka]
sheet	prześcieradło (n)	[pʃɛɕtɕe'radwɔ]

insomnia	bezsenność (f)	[bɛs'sɛŋɔɕtʃ]
sleepless (adj)	bezsenny	[bɛs'sɛŋɪ]
sleeping pill	tabletka (f) nasenna	[tab'lɛtka na'sɛna]
to take a sleeping pill	zażyć środek nasenny	['zaʒɪtʃ 'ɕrɔdɛk na'sɛŋɪ]

to feel sleepy	chcieć spać	[htɕetʃ spatʃ]
to yawn (vi)	ziewać	['ʒevatʃ]
to go to bed	iść spać	[iɕtʃ spatʃ]
to make up the bed	ścielić łóżko	['ɕtɕelitʃ 'wuʃkɔ]
to fall asleep	zasnąć	['zasnɔ̃tʃ]

nightmare	koszmar (m)	['kɔʃmar]
snoring	chrapanie (n)	[hra'pane]
to snore (vi)	chrapać	['hrapatʃ]

alarm clock	budzik (m)	['budʒik]
to wake (vt)	obudzić	[ɔ'budʒitʃ]
to wake up	budzić się	['budʒitʃ ɕɛ̃]
to get up (vi)	wstawać	['fstavatʃ]
to wash up (vi)	myć się	['mɪtʃ ɕɛ̃]

64. Humour. Laughter. Gladness

| humor (wit, fun) | humor (m) | ['humɔr] |
| sense of humor | poczucie (n) | [pɔt'ʃutɕe] |

to have fun	bawić się	['bavitʃ ɕɛ̃]
cheerful (adj)	wesoły	[vɛ'sɔwɪ]
merriment, fun	wesołość (f)	[ve'sɔwɔʃtʃ]

| smile | uśmiech (m) | ['uɕmeh] |
| to smile (vi) | uśmiechać się | [uɕ'mehatʃ ɕɛ̃] |

to start laughing	zaśmiać się	['zaɕmʲatʃ ɕɛ̃]
to laugh (vi)	śmiać się	['ɕmʲatʃ ɕɛ̃]
laugh, laughter	śmiech (m)	[ɕmeh]

anecdote	anegdota (f)	[anɛɡ'dɔta]
funny (anecdote, etc.)	śmieszny	['ɕmeʃnɪ]
funny (odd)	zabawny	[za'bavnɪ]

to joke (vi)	żartować	[ʒar'tɔvatʃ]
joke (verbal)	żart (m)	[ʒart]
joy (emotion)	radość (f)	['radɔɕtʃ]
to rejoice (vi)	cieszyć się	['tʃeʃitʃ ɕɛ̃]
glad, cheerful (adj)	radosny	[ra'dɔsnɪ]

65. Discussion, conversation. Part 1

communication	**komunikacja** (f)	[kɔmuni'katsʰja]
to communicate	**komunikować się**	[kɔmuni'kovatʃ ɕɛ̃]
conversation	**rozmowa** (f)	[rɔz'mɔva]
dialog	**dialog** (m)	['dʰjalɔg]
discussion (discourse)	**dyskusja** (f)	[dɪs'kusʰja]
debate	**spór** (m)	[spur]
to debate (vi)	**spierać się**	['speratʃ ɕɛ̃]
interlocutor	**rozmówca** (m)	[rɔz'muftsa]
topic (theme)	**temat** (m)	['tɛmat]
point of view	**punkt** (m) **widzenia**	[puŋkt vi'dzɛɲa]
opinion (viewpoint)	**zdanie** (n)	['zdane]
speech (talk)	**przemówienie** (n)	[pʃɛmu'vene]
discussion (of report, etc.)	**dyskusja** (f)	[dɪs'kusʰja]
to discuss (vt)	**omawiać**	[ɔ'mavʲatʃ]
talk (conversation)	**rozmowa** (f)	[rɔz'mɔva]
to talk (vi)	**rozmawiać**	[rɔz'mavʲatʃ]
meeting	**spotkanie** (n)	[spɔt'kane]
to meet (vi, vt)	**spotkać się**	['spɔtkatʃ ɕɛ̃]
proverb	**przysłowie** (n)	[pʃɪs'wɔve]
saying	**powiedzenie** (n)	[pɔvje'dzɛnie]
riddle (poser)	**zagadka** (f)	[za'gatka]
to ask a riddle	**zadawać zagadkę**	[za'davatʃ za'gadkɛ̃]
password	**hasło** (n)	['haswɔ]
secret	**sekret** (m)	['sɛkrɛt]
oath (vow)	**przysięga** (f)	[pʃɪ'ɕeŋa]
to swear (an oath)	**przysięgać**	[pʃɪ'ɕeŋatʃ]
promise	**obietnica** (f)	[ɔbetnitsa]
to promise (vt)	**obiecać**	[ɔ'betsatʃ]
advice (counsel)	**rada** (f)	['rada]
to advise (vt)	**radzić**	['radʑitʃ]
to listen to … (obey)	**słuchać**	['swuhatʃ]
news	**nowina** (f)	[nɔ'vina]
sensation (news)	**sensacja** (f)	[sɛn'satsʰja]
information (data)	**wiadomości** (pl)	[vʲadɔ'mɔɕtʃi]
conclusion (decision)	**wniosek** (m)	['vnɔsɛk]
voice	**głos** (m)	[gwɔs]
compliment	**komplement** (m)	[kɔmp'lemɛnt]
kind (nice)	**uprzejmy**	[up'ʃɛjmɪ]
word	**słowo** (n)	['swɔvɔ]
phrase	**fraza** (f)	['fraza]
answer	**odpowiedź** (f)	[ɔtpɔ'vetʃ]

| truth | prawda (f) | ['pravda] |
| lie | kłamstwo (n) | ['kwamstfɔ] |

thought	myśl (f)	[mɨɕʎ]
idea (inspiration)	pomysł (m)	['pɔmɨsw]
fantasy	fantazja (f)	[fan'tazʲa]

66. Discussion, conversation. Part 2

respected (adj)	szanowny	[ʃa'nɔvnɨ]
to respect (vt)	szanować	[ʃa'nɔvatʃ]
respect	szacunek (m)	[ʃa'tsunɛk]
Dear ... (letter)	Drogi ...	['drɔgi]

to introduce (present)	poznać	['pɔznatʃ]
intention	zamiar (m)	['zamʲar]
to intend (have in mind)	zamierzać	[za'mɛʒatʃ]
wish	życzenie (n)	[ʒɨt'ʃɛne]
to wish (~ good luck)	życzyć	['ʒɨtʃɨtʃ]

surprise (astonishment)	zdziwienie (n)	[zdʑi'vene]
to surprise (amaze)	dziwić	['dʑivitʃ]
to be surprised	dziwić się	['dʑivitʃ ɕɛ̃]

to give (vt)	dać	[datʃ]
to take (get hold of)	wziąć	[vʒɔ̃ʲtʃ]
to give back	zwrócić	['zvrutʃitʃ]
to return (give back)	zwrócić	['zvrutʃitʃ]

to apologize (vi)	przepraszać	[pʃɛp'raʃatʃ]
apology	przeprosiny (pl)	[pʃɛprɔ'ɕinɨ]
to forgive (vt)	przebaczać	[pʃɛ'batʃatʃ]

to talk (speak)	rozmawiać	[rɔz'mavʲatʃ]
to listen (vi)	słuchać	['swuhatʃ]
to hear out	wysłuchać	[vɨs'wuhatʃ]
to understand (vt)	zrozumieć	[zrɔ'zumetʃ]

to show (display)	pokazać	[pɔ'kazatʃ]
to look at ...	patrzeć	['patʃɛtʃ]
to call (with one's voice)	zawołać	[za'vɔwatʃ]
to disturb (vt)	przeszkadzać	[pʃɛʃ'kadzatʃ]
to pass (to hand sth)	wręczyć	['vrɛntʃɨtʃ]

demand (request)	prośba (f)	['prɔʑba]
to request (ask)	prosić	['prɔɕitʃ]
demand (firm request)	żądanie (n)	[ʒɔ̃'dane]
to demand (request firmly)	żądać	['ʒɔ̃datʃ]
to tease (nickname)	przezywać	[pʃɛ'zɨvatʃ]
to mock (make fun of)	kpić	[kpitʃ]

mockery, derision	**kpina** (f)	['kpina]
nickname	**przezwisko** (n)	[pʃɛz'viskɔ]
allusion	**aluzja** (f)	[a'lyzʰja]
to allude (vi)	**czynić aluzję**	['tʃinitʃ a'lyzʰɛ̃]
to imply (vt)	**mieć na myśli**	[metʃ na 'mɪɕli]
description	**opis** (m)	['ɔpis]
to describe (vt)	**opisać**	[ɔ'pisatʃ]
praise (compliments)	**pochwała** (f)	[pɔh'fawa]
to praise (vt)	**pochwalić**	[pɔh'falitʃ]
disappointment	**rozczarowanie** (n)	[rɔstʃarɔ'vane]
to disappoint (vt)	**rozczarować**	[rɔstʃa'rɔvatʃ]
to be disappointed	**rozczarować się**	[rɔstʃa'rɔvatʃ ɕɛ̃]
supposition	**założenie** (n)	[zawɔ'ʒene]
to suppose (assume)	**przypuszczać**	[pʃi'puʃtʃatʃ]
warning (caution)	**ostrzeżenie** (n)	[ɔstʃɛ'ʒɛne]
to warn (vt)	**ostrzec**	['ɔstʃɛts]

67. Discussion, conversation. Part 3

to talk into (convince)	**namówić**	[na'muvitʃ]
to calm down (vt)	**uspokajać**	[uspɔ'kajatʃ]
silence (~ is golden)	**milczenie** (n)	[miʎt'ʃɛne]
to keep silent	**milczeć**	['miʎtʃɛtʃ]
to whisper (vi, vt)	**szepnąć**	['ʃɛpnɔ̃tʃ]
whisper	**szept** (m)	[ʃɛpt]
frankly, sincerely (adv)	**szczerze**	['ʃtʃɛʒɛ]
in my opinion ...	**moim zdaniem**	['mɔim 'zdanem]
detail (of the story)	**szczegół** (m)	['ʃtʃɛguw]
detailed (adj)	**szczegółowy**	[ʃtʃɛgu'wɔvɪ]
in detail (adv)	**szczegółowo**	[ʃtʃɛgu'wɔvɔ]
hint, clue	**wskazówka** (f)	[fska'zɔfka]
to give a hint	**dać wskazówkę**	[datʃ fska'zɔfkɛ̃]
look (glance)	**spojrzenie** (n)	[spɔj'ʒɛne]
to have a look	**spojrzeć**	['spɔjʒɛtʃ]
fixed (look)	**nieruchomy**	[neru'hɔmɪ]
to blink (vi)	**mrugać**	['mrugatʃ]
to wink (vi)	**mrugnąć**	['mrugnɔ̃tʃ]
to nod (in assent)	**przytaknąć**	[pʃi'taknɔ̃tʃ]
sigh	**westchnienie** (n)	[vɛsth'nene]
to sigh (vi)	**westchnąć**	['vɛsthnɔ̃tʃ]

to shudder (vi)	wzdrygać się	[ˈvzdrɨgatʃ ɕɛ̃]
gesture	gest (m)	[gɛst]
to touch (one's arm, etc.)	dotknąć	[ˈdɔtknɔ̃tʃ]
to seize (by the arm)	chwytać	[ˈhfitatʃ]
to tap (on the shoulder)	klepać	[ˈklepatʃ]

Look out!	Uwaga!	[uˈvaga]
Really?	Czyżby?	[ˈtʃɨʒbɨ]
Are you sure?	Jesteś pewien?	[ˈestɛɕ ˈpɛven]
Good luck!	Powodzenia!	[pɔvɔˈdzɛɲa]
I see!	Jasne!	[ˈjasnɛ]
It's a pity!	Szkoda!	[ˈʃkɔda]

68. Agreement. Refusal

consent (agreement)	zgoda (f)	[ˈzgɔda]
to agree (say yes)	zgadzać się	[ˈzgadzatʃ ɕɛ̃]
approval	aprobata (f)	[aprɔˈbata]
to approve (vt)	zaaprobować	[zaːprɔˈbɔvatʃ]

| refusal | odmowa (f) | [ɔdˈmɔva] |
| to refuse (vi, vt) | odmawiać | [ɔdˈmavʲatʃ] |

Great!	Świetnie!	[ˈɕfetne]
All right!	Dobrze!	[ˈdɔbʒɛ]
Okay! (I agree)	Dobra!	[ˈdɔbra]

| forbidden (adj) | zakazany | [zakaˈzanɨ] |
| it's forbidden | nie wolno | [ne ˈvɔʎnɔ] |

| it's impossible | niemożliwe | [nemɔʒˈlivɛ] |
| incorrect (adj) | błędny | [ˈbwɛ̃dnɨ] |

to reject (~ a demand)	odrzucić	[ɔˈdʒutʃitʃ]
to support (cause, idea)	poprzeć	[ˈpɔpʃetʃ]
to accept (~ an apology)	przyjąć	[ˈpʃiɔ̃tʃ]

to confirm (vt)	potwierdzić	[pɔtˈferdʒitʃ]
confirmation	potwierdzenie (n)	[pɔtferˈdzɛne]
permission	pozwolenie (n)	[pɔzvɔˈlene]
to permit (vt)	zezwolić	[zɛzˈvolitʃ]

| decision | decyzja (f) | [dɛˈtsɨzʰja] |
| to say nothing | nic nie mówić | [nits nɛ ˈmɔvitʃ] |

| condition (term) | warunek (m) | [vaˈrunɛk] |
| excuse (pretext) | wymówka (f) | [vɨˈmufka] |

| praise (compliments) | pochwała (f) | [pɔhˈfawa] |
| to praise (vt) | chwalić | [ˈhfalitʃ] |

69. Success. Good luck. Failure

success	sukces (m)	['sukʦɛs]
successfully (adv)	z powodzeniem	[s pɔvɔ'dzɛnem]
successful (adj)	skuteczny	[sku'tɛtʃnɪ]
good luck	powodzenie (n)	[pɔvɔ'dzenie]
Good luck!	Powodzenia!	[pɔvɔ'dzɛɲa]
lucky (e.g., ~ day)	szczęśliwy	[ʃtʃɛɕ'livɪ]
lucky (fortunate)	fortunny	[fɔr'tuɲɪ]
failure	porażka (f)	[pɔ'raʃka]
misfortune	niepowodzenie (n)	[nepɔvɔ'dzɛne]
bad luck	pech (m)	[pɛh]
unsuccessful (adj)	nieudany	[neu'danɪ]
catastrophe	katastrofa (f)	[katast'rɔfa]
pride	duma (f)	['duma]
proud (adj)	dumny	['dumnɪ]
to be proud	być dumnym	[bɪtʃ 'dumnɪm]
winner	zwycięzca (m)	[zvɪ'tʃensʦa]
to win (vi)	zwyciężyć	[zvɪ'tʃenʒɪtʃ]
to lose (not win)	przegrać	['pʃɛgratʃ]
try	próba (f)	['pruba]
to try (vi)	próbować	[pru'bɔvatʃ]
chance (opportunity)	szansa (f)	['ʃansa]

70. Quarrels. Negative emotions

shout (scream)	krzyk (m)	[kʃik]
to shout (vi)	krzyczeć	['kʃitʃɛtʃ]
to start to cry out	krzyknąć	['kʃiknɔ̃tʃ]
quarrel	kłótnia (f)	['kwutɲa]
to quarrel (vi)	kłócić się	['kwutʃitʃ ɕɛ̃]
fight (scandal)	głośna kłótnia (f)	['gwɔʃna 'kwɔtɲa]
to have a fight	kłócić się głośno	['kwɔtʃitʃ ɕɛ̃ 'gwɔʃnɔ]
conflict	konflikt (m)	['kɔnflikt]
misunderstanding	nieporozumienie (n)	[nepɔrɔzu'mene]
insult	zniewaga (f)	[zni'evaga]
to insult (vt)	znieważać	[zne'vaʒatʃ]
insulted (adj)	obrażony	[ɔbra'ʒɔnɪ]
resentment	obraza (f)	[ɔb'raza]
to offend (vt)	obrazić	[ɔb'raʒitʃ]
to take offense	obrazić się	[ɔb'raʒitʃ ɕɛ̃]
indignation	oburzenie (n)	[ɔbu'ʒɛne]
to be indignant	oburzać się	[ɔ'buʒatʃ ɕɛ̃]

complaint	skarga (f)	['skarga]
to complain (vi, vt)	skarżyć się	['skarʒɨtʃ ɕɛ̃]
apology	przeprosiny (pl)	[pʃɛprɔ'ɕinɨ]
to apologize (vi)	przepraszać	[pʃɛp'raʃatʃ]
to beg pardon	przepraszać	[pʃɛp'raʃatʃ]
criticism	krytyka (f)	['krɨtɨka]
to criticize (vt)	krytykować	[krɨtɨ'kɔvatʃ]
accusation	oskarżenie (n)	[ɔskar'ʒɛnɛ]
to accuse (vt)	obwiniać	[ɔb'viɲatʃ]
revenge	zemsta (f)	['zɛmsta]
to revenge (vt)	mścić się	[mɕtʃitʃ ɕɛ̃]
to pay back	odpłacić	[ɔdp'watʃitʃ]
disdain	pogarda (f)	[pɔ'garda]
to despise (vt)	pogardzać	[pɔ'gardzatʃ]
hatred, hate	nienawiść (f)	[ne'naviɕtʃ]
to hate (vt)	nienawidzieć	[nena'vidʒɛtʃ]
nervous (adj)	nerwowy	[nɛr'vɔvɨ]
to be nervous	denerwować się	[dɛnɛr'vɔvatʃ ɕɛ̃]
angry (mad)	zły	[zwɨ]
to make angry	rozzłościć	[rɔzz'wɔɕtʃitʃ]
humiliation	poniżenie (n)	[pɔni'ʒɛnɛ]
to humiliate (vt)	poniżać	[pɔ'niʒatʃ]
to humiliate oneself	poniżać się	[pɔ'niʒatʃ ɕɛ̃]
shock	szok (m)	[ʃɔk]
to shock (vt)	szokować	[ʃɔ'kɔvatʃ]
trouble (annoyance)	przykrość (f)	['pʃikrɔɕtʃ]
unpleasant (adj)	nieprzyjemny	[nɛpʃi'emnɨ]
fear (dread)	strach (m)	[strah]
terrible (storm, heat)	okropny	[ɔk'rɔpnɨ]
scary (e.g., ~ story)	straszny	['straʃnɨ]
horror	przerażenie (n)	[pʃɛra'ʒɛnɛ]
awful (crime, news)	okropny	[ɔk'rɔpnɨ]
to cry (weep)	płakać	['pwakatʃ]
to start crying	zapłakać	[zap'wakatʃ]
tear	łza (f)	[wza]
fault	wina (f)	['vina]
guilt (feeling)	wina (f)	['vina]
dishonor (disgrace)	hańba (f)	['haɲba]
protest	protest (m)	['prɔtɛst]
stress	stres (m)	[strɛs]
to disturb (vt)	przeszkadzać	[pʃɛʃ'kadzatʃ]

to be furious	**złościć się**	[ˈzwɔɕtɕitʃ ɕɛ̃]
mad, angry (adj)	**zły**	[zwɪ]
to end (~ a relationship)	**zakończyć**	[zaˈkɔntʃitʃ]
to swear (at sb)	**kłócić się**	[ˈkwutʃitʃ ɕɛ̃]
to be scared	**bać się**	[batʃ ɕɛ̃]
to hit (strike with hand)	**uderzyć**	[uˈdɛʒitʃ]
to fight (vi)	**bić się**	[bitʃ ɕɛ̃]
to settle (a conflict)	**załatwić**	[zaˈwatvitʃ]
discontented (adj)	**niezadowolony**	[nezadɔvɔˈlɔnɪ]
furious (adj)	**wściekły**	[ˈfɕtʃekwɪ]
It's not good!	**Nie jest dobrze!**	[ni estʲ ˈdɔbʒɛ]
It's bad!	**To źle!**	[tɔ ʑʲle]

Medicine

71. Diseases

sickness	choroba (f)	[hɔˈrɔba]
to be sick	chorować	[hɔˈrɔvatʃ]
health	zdrowie (n)	[ˈzdrɔvɛ]

runny nose (coryza)	katar (m)	[ˈkatar]
angina	angina (f)	[aɲina]
cold (illness)	przeziębienie (n)	[pʃɛʒɛ̃ˈbene]
to catch a cold	przeziębić się	[pʃɛˈʒembitʃ ɕɛ̃]

bronchitis	zapalenie (n) oskrzeli	[zapaˈlɛne ɔskˈʃɛli]
pneumonia	zapalenie (n) płuc	[zapaˈlɛne pwuʦ]
flu, influenza	grypa (f)	[ˈgrɪpa]

near-sighted (adj)	krótkowzroczny	[krutkɔvzˈrɔtʃnɪ]
far-sighted (adj)	dalekowzroczny	[dalekɔvzˈrɔtʃnɪ]
strabismus (crossed eyes)	zez (m)	[zɛs]
cross-eyed (adj)	zezowaty	[zɛzɔˈvatɪ]
cataract	katarakta (f)	[kataˈrakta]
glaucoma	jaskra (f)	[ˈjaskra]

stroke	wylew (m)	[ˈvɪlɛf]
heart attack	zawał (m)	[ˈzavaw]
myocardial infarction	zawał (m) mięśnia sercowego	[ˈzavaw ˈmɛ̃ɕɲa sɛrʦɔˈvɛgɔ]
paralysis	paraliż (m)	[paˈraliʃ]
to paralyze (vt)	sparaliżować	[sparaliˈʒɔvatʃ]

allergy	alergia (f)	[aˈlɛrgʰja]
asthma	astma (f)	[ˈastma]
diabetes	cukrzyca (f)	[ʦukˈʃɪʦa]

toothache	ból (m) zęba	[buʎ ˈzɛ̃ba]
caries	próchnica (f)	[pruhˈniʦa]

diarrhea	rozwolnienie (n)	[rɔzvɔʎˈnene]
constipation	zaparcie (n)	[zaˈparʧe]
stomach upset	rozstrój (m) żołądka	[ˈrɔsstruj ʒɔˈwõtka]
food poisoning	zatrucie (n) pokarmowe	[zatˈruʧe pɔkarˈmɔvɛ]
to have a food poisoning	zatruć się	[ˈzatrutʃ ɕɛ̃]

arthritis	artretyzm (m)	[artˈrɛtɪzm]
rickets	krzywica (f)	[kʃɪˈviʦa]

rheumatism	reumatyzm (m)	[rɛu'matızm]
atherosclerosis	miażdżyca (f)	[mʲaʒ'dʒıtsa]
gastritis	nieżyt (m) żołądka	['neʒıt ʒɔ'wɔ̃tka]
appendicitis	zapalenie (n) wyrostka robaczkowego	[zapa'lene vı'rɔstka rɔbatʃkɔ'vɛgɔ]
ulcer	wrzód (m)	[vʒut]
measles	odra (f)	['ɔdra]
German measles	różyczka (f)	[ru'ʒıtʃka]
jaundice	żółtaczka (f)	[ʒuw'tatʃka]
hepatitis	zapalenie (n) wątroby	[zapa'lene võt'rɔbı]
schizophrenia	schizofrenia (f)	[shizɔf'rɛnʰja]
rabies (hydrophobia)	wścieklizna (f)	[vɕtʃek'lizna]
neurosis	nerwica (f)	[nɛr'vitsa]
concussion	wstrząs (m) mózgu	[fstʃõs 'muzgu]
cancer	rak (m)	[rak]
sclerosis	stwardnienie (n)	[stvard'nenie]
multiple sclerosis	stwardnienie (n) rozsiane	[stfard'nene rɔz'ɕanɛ]
alcoholism	alkoholizm (m)	[aʎkɔ'hɔlizm]
alcoholic (n)	alkoholik (m)	[aʎkɔ'hɔlik]
syphilis	syfilis (m)	[sı'filis]
AIDS	AIDS (m)	[ɛjts]
tumor	nowotwór (m)	[nɔ'vɔtfur]
malignant (adj)	złośliwa	[zwɔɕ'liva]
benign (adj)	niezłośliwa	[nezwɔɕ'liva]
fever	febra (f)	['fɛbra]
malaria	malaria (f)	[ma'ʎarʰja]
gangrene	gangrena (f)	[gaŋ'rɛna]
seasickness	choroba (f) morska	[hɔ'rɔba 'mɔrska]
epilepsy	padaczka (f)	[pa'datʃka]
epidemic	epidemia (f)	[ɛpi'dɛmʰja]
typhus	tyfus (m)	['tıfus]
tuberculosis	gruźlica (f)	[gruʑ'litsa]
cholera	cholera (f)	[hɔ'lera]
plague (bubonic ~)	dżuma (f)	['dʒuma]

72. Symptoms. Treatments. Part 1

symptom	objaw (m)	['ɔbʰjaf]
temperature	temperatura (f)	[tɛmpɛra'tura]
high temperature	gorączka (f)	[gɔ'rõtʃka]
pulse	puls (m)	[puʎs]
giddiness	zawrót (m) głowy	['zavrut 'gwɔvı]

hot (adj)	gorący	[gɔ'rɔ̃tsɪ]
shivering	dreszcz (m)	['drɛʃtʃ]
pale (e.g., ~ face)	blady	['bɫadɪ]

cough	kaszel (m)	['kaʃɛʎ]
to cough (vi)	kaszleć	['kaʃletʃ]
to sneeze (vi)	kichać	['kihatʃ]
faint	omdlenie (n)	[ɔmd'lene]
to faint (vi)	zemdleć	['zɛmdletʃ]

bruise (hématome)	siniak (m)	['ɕiɲak]
bump (lump)	guz (m)	[gus]
to bruise oneself	uderzyć się	[u'dɛʒɪtʃ ɕɛ̃]
bruise (contusion)	stłuczenie (n)	[stwutʃ'ʃɛne]
to get bruised	potłuc się	['pɔtwuts ɕɛ̃]

to limp (vi)	kuleć	['kuletʃ]
dislocation	zwichnięcie (n)	[zvih'nɛ̃tʃe]
to dislocate (vt)	zwichnąć	['zvihnɔ̃tʃ]
fracture	złamanie (n)	[zwa'mane]
to have a fracture	otrzymać złamanie	[ɔt'ʃɪmatʃ zwa'mane]

cut (e.g., paper ~)	skaleczenie (n)	[skaletʃ'ʃɛne]
to cut oneself	skaleczyć się	[ska'letʃɪtʃ ɕɛ̃]
bleeding	krwotok (m)	['krfɔtɔk]

burn (injury)	oparzenie (n)	[ɔpa'ʒɛne]
to scald oneself	poparzyć się	[pɔ'paʒɪtʃ ɕɛ̃]

to prick (vt)	ukłuć	['ukwutʃ]
to prick oneself	ukłuć się	['ukwutʃ ɕɛ̃]
to injure (vt)	uszkodzić	[uʃ'kɔdʑitʃ]
injury	uszkodzenie (n)	[uʃkɔ'dzɛne]
wound	rana (f)	['rana]
trauma	uraz (m)	['uras]

to be delirious	bredzić	['brɛdʑitʃ]
to stutter (vi)	jąkać się	[ɔ̃katʃ ɕɛ̃]
sunstroke	udar (m) słoneczny	['udar swɔ'netʃnɪ]

73. Symptoms. Treatments. Part 2

pain	ból (m)	[buʎ]
splinter (in foot, etc.)	drzazga (f)	['dʒazga]

sweat (perspiration)	pot (m)	[pɔt]
to sweat (perspire)	pocić się	['pɔtʃitʃ ɕɛ̃]
vomiting	wymiotowanie (n)	[vɪmɔtɔ'vane]
convulsions	drgawki (pl)	['drgavki]
pregnant (adj)	ciężarna (f)	[tʃɛ̃'ʒarna]

to be born	urodzić się	[u'rɔdʑitʃ ɕɛ̃]
delivery, labor	poród (m)	['pɔrut]
to deliver (~ a baby)	rodzić	['rɔdʑitʃ]
abortion	aborcja (f)	[a'bɔrtsʰja]

breathing, respiration	oddech (m)	['ɔddɛh]
inhalation	wdech (m)	[vdɛh]
exhalation	wydech (m)	['vɪdɛh]
to exhale (vi)	zrobić wydech	['zrɔbitʃ 'vɪdɛh]
to inhale (vi)	zrobić wdech	['zrɔbitʃ vdɛh]

disabled person	niepełnosprawny (m)	[nepɛwnɔsp'ravnɪ]
cripple	kaleka (m, f)	[ka'leka]
drug addict	narkoman (m)	[nar'kɔman]

deaf (adj)	niesłyszący, głuchy	[neswɪ'ʃɔ̃tsɪ], ['gwuhɪ]
dumb, mute	niemy	['nemɪ]
deaf-and-dumb (adj)	głuchoniemy	[gwuhɔ'nemɪ]

mad, insane (adj)	zwariowany	[zvarʰɜ'vanɪ]
madman	wariat (m)	['varʰjat]
madwoman	wariatka (f)	[varʰ'jatka]
to go insane	stracić rozum	['stratʃitʃ rɔzum]

gene	gen (m)	[gɛn]
immunity	odporność (f)	[ɔt'pɔrnɔctʃ]
hereditary (adj)	dziedziczny	[dʒe'dʒitʃnɪ]
congenital (adj)	wrodzony	[vrɔ'dzɔnɪ]

virus	wirus (m)	['virus]
microbe	mikrob (m)	['mikrɔb]
bacterium	bakteria (f)	[bak'tɛrʰja]
infection	infekcja (f)	[in'fɛktsʰja]

74. Symptoms. Treatments. Part 3

| hospital | szpital (m) | ['ʃpitaʎ] |
| patient | pacjent (m) | ['patsʰent] |

diagnosis	diagnoza (f)	[dʰjag'nɔza]
cure	leczenie (n)	[let'ʃɛne]
medical treatment	leczenie (n)	[let'ʃɛne]
to get treatment	leczyć się	['letʃitʃ ɕɛ̃]
to treat (vt)	leczyć	['letʃitʃ]
to nurse (look after)	opiekować się	[ɔpe'kɔvatʃ ɕɛ̃]
care (nursing ~)	opieka (f)	[ɔ'peka]

operation, surgery	operacja (f)	[ɔpɛ'ratsʰja]
to bandage (head, limb)	opatrzyć	[ɔ'patʃitʃ]
bandaging	opatrunek (m)	[ɔpat'runɛk]

vaccination	szczepionka (m)	[ʧʃɛˈpɔŋka]
to vaccinate (vt)	szczepić	[ˈʃʧɛpiʧ]
injection, shot	zastrzyk (m)	[ˈzastʃɪk]
to give an injection	robić zastrzyk	[ˈrɔbiʧ ˈzastʃɪk]

amputation	amputacja (f)	[ampuˈtatsʰja]
to amputate (vt)	amputować	[ampuˈtɔvaʧ]
coma	śpiączka (f)	[ɕpɔ̃ʧka]
to be in a coma	być w śpiączce	[bɪʧ f ɕpɔ̃ʧtsɛ]
intensive care	reanimacja (f)	[rɛaniˈmatsʰja]

to recover (~ from flu)	wracać do zdrowia	[ˈvratsaʧ dɔ ˈzdrɔvʲa]
state (patient's ~)	stan (m)	[stan]
consciousness	przytomność (f)	[pʃɪˈtɔmnɔɕʧ]
memory (faculty)	pamięć (f)	[ˈpamɛ̃ʧ]

to extract (tooth)	usuwać	[uˈsuvaʧ]
filling	plomba (f)	[ˈplɔmba]
to fill (a tooth)	plombować	[plɔmˈbɔvaʧ]

| hypnosis | hipnoza (f) | [hipˈnɔza] |
| to hypnotize (vt) | hipnotyzować | [hipnɔtɪˈzɔvaʧ] |

75. Doctors

doctor	lekarz (m)	[ˈlɛkaʃ]
nurse	pielęgniarka (f)	[pɛlɛ̃gˈɲarka]
private physician	lekarz (m) prywatny	[lɛkaʒ prɪˈvatnɪ]

dentist	dentysta (m)	[dɛnˈtɪsta]
ophthalmologist	okulista (m)	[ɔkuˈlista]
internist	internista (m)	[intɛrˈnista]
surgeon	chirurg (m)	[ˈhirurk]

psychiatrist	psychiatra (m)	[psɪhʰˈatra]
pediatrician	pediatra (m)	[pɛdʰˈatra]
psychologist	psycholog (m)	[psɪˈhɔlɔg]
gynecologist	ginekolog (m)	[ginɛˈkɔlɔk]
cardiologist	kardiolog (m)	[kardʰɜˈlɔk]

76. Medicine. Drugs. Accessories

medicine, drug	lekarstwo (n)	[lɛˈkarstfɔ]
remedy	środek (m)	[ˈɕrɔdɛk]
to prescribe (vt)	zapisać	[zaˈpisaʧ]
prescription	recepta (f)	[rɛˈtsɛpta]
tablet, pill	tabletka (f)	[tabˈlɛtka]
ointment	maść (f)	[maɕʧ]

ampule	**ampułka** (f)	[am'puwka]
mixture	**mikstura** (f)	[miks'tura]
syrup	**syrop** (m)	['sırɔp]
pill	**pigułka** (f)	[pi'guwka]
powder	**proszek** (m)	['prɔʃɛk]
bandage	**bandaż** (m)	['bandaʃ]
cotton wool	**wata** (f)	['vata]
iodine	**jodyna** (f)	[ʒ'dına]
Band-Aid	**plaster** (m)	['pʎaster]
eyedropper	**zakraplacz** (m)	[zak'rapʎatʃ]
thermometer	**termometr** (m)	[tɛr'mɔmɛtr]
syringe	**strzykawka** (f)	[stʃı'kafka]
wheelchair	**wózek** (m) **inwalidzki**	['vɔzɛk inva'lidzki]
crutches	**kule** (pl)	['kule]
painkiller	**środek** (m) **przeciwbólowy**	['ɕrɔdɛk pʃɛtʃifbɔlɔvı]
laxative	**środek** (m) **przeczyszczający**	['ɕrɔdɛk pʃɛtʃıʃtʃaɔ̃tsı]
spirit (ethanol)	**spirytus** (m)	[spi'rıtus]
medicinal herbs	**zioła** (pl) **lecznicze**	[ʒi'ɔla lɛtʃ'nitʃɛ]
herbal (~ tea)	**ziołowy**	[ʒɔ'wɔvı]

77. Smoking. Tobacco products

tobacco	**tytoń** (m)	['tıtɔɲ]
cigarette	**papieros** (m)	[pa'perɔs]
cigar	**cygaro** (n)	[ʦı'garɔ]
pipe	**fajka** (f)	['fajka]
pack (of cigarettes)	**paczka** (f)	['patʃka]
matches	**zapałki** (pl)	[za'pawki]
matchbox	**pudełko** (n) **zapałek**	[pu'dɛwkɔ za'pawɛk]
lighter	**zapalniczka** (f)	[zapaʎ'nitʃka]
ashtray	**popielniczka** (f)	[pɔpeʎ'nitʃka]
cigarette case	**papierośnica** (f)	[paperɔɕ'nitsa]
cigarette holder	**ustnik** (m)	['ustnik]
filter (cigarette tip)	**filtr** (m)	[fiʎtr]
to smoke (vi, vt)	**palić**	['palitʃ]
to light a cigarette	**zapalić**	[za'palitʃ]
smoking	**palenie** (n)	[pa'lene]
smoker	**palacz** (m)	['paʎatʃ]
stub, butt (of cigarette)	**niedopałek** (m)	[nedɔ'pawɛk]
smoke, fumes	**dym** (m)	[dım]
ash	**popiół** (m)	['pɔpyw]

HUMAN HABITAT

City

78. City. Life in the city

city, town	miasto (n)	[ˈmʲastɔ]
capital city	stolica (f)	[stɔˈlitsa]
village	wieś (f)	[vɛɕ]

city map	plan (m) miasta	[pʎan ˈmʲasta]
downtown	centrum (n) miasta	[ˈtsɛntrum ˈmʲasta]
suburb	dzielnica (f) podmiejska	[dʒɛʎˈnitsa pɔdˈmejska]
suburban (adj)	podmiejski	[pɔdˈmejski]

outskirts	peryferie (pl)	[pɛrɪˈfɛrʰe]
environs (suburbs)	okolice (pl)	[ɔkɔˈlitsɛ]
city block	osiedle (n)	[ɔˈɕedle]
residential block	osiedle (n) mieszkaniowe	[ɔˈɕedle meʃkaˈnɜvɛ]

traffic	ruch (m) uliczny	[ruh uˈlitʃnɪ]
traffic lights	światła (pl)	[ˈɕfʲatwa]
public transportation	komunikacja (f) publiczna	[kɔmuniˈkatsʰja pubˈlitʃna]
intersection	skrzyżowanie (n)	[skʃɪʒɔˈvane]

crosswalk	przejście (n)	[ˈpʃɛjɕtʃe]
pedestrian underpass	przejście (n) podziemne	[ˈpʃɛjɕtʃe pɔˈdʒemnɛ]
to cross (vt)	przechodzić	[pʃɛˈhɔdʒitʃ]
pedestrian	pieszy (m)	[ˈpeʃi]
sidewalk	chodnik (m)	[ˈhɔdnik]

bridge	most (m)	[mɔst]
bank (riverbank)	nadbrzeże (n)	[nadbˈʒɛʒɛ]
fountain	fontanna (f)	[fɔnˈtaɲa]

allée	aleja (f)	[aˈleja]
park	park (m)	[park]
boulevard	bulwar (m)	[ˈbuʎvar]
square	plac (m)	[pʎats]
avenue (wide street)	aleja (f)	[aˈleja]
street	ulica (f)	[uˈlitsa]
side street	zaułek (m)	[zaˈuwɛk]
dead end	ślepa uliczka (f)	[ˈɕlepa uˈlitʃka]
house	dom (m)	[dɔm]
building	budynek (m)	[buˈdɪnɛk]

skyscraper	wieżowiec (m)	[vɛ'ʒɔvɛts]
facade	fasada (f)	[fa'sada]
roof	dach (m)	[dah]
window	okno (n)	['ɔknɔ]
arch	łuk (m)	[wuk]
column	kolumna (f)	[kɔ'lymna]
corner	róg (m)	[ruk]

store window	witryna (f)	[vit'rɨna]
store sign	szyld (m)	[ʃɨʌt]
poster	afisz (m)	['afiʃ]
advertising poster	plakat (m) reklamowy	['pʎakat rɛkʎa'mɔvɨ]
billboard	billboard (m)	['biʎbɔrt]

garbage, trash	śmiecie (pl)	['ɕmɛtɕɛ]
garbage can	kosz (m) na śmieci	[kɔʃ na 'ɕmɛtɕi]
to litter (vi)	śmiecić	['ɕmɛtɕitɕ]
garbage dump	wysypisko (n) śmieci	[vɨsɨpiskɔ 'ɕmɛtɕi]

phone booth	budka (f) telefoniczna	['butka tɛlɛfɔ'nitʃna]
lamppost	słup (m) oświetleniowy	[swup ɔɕvɛtlɛ'nɜvɨ]
bench (park ~)	ławka (f)	['wafka]

police officer	policjant (m)	[pɔ'litsʰjant]
police	policja (f)	[pɔ'litsʰja]
beggar	żebrak (m)	['ʒɛbrak]
homeless, bum	bezdomny (m)	[bɛz'dɔmnɨ]

79. Urban institutions

store	sklep (m)	[sklɛp]
drugstore, pharmacy	apteka (f)	[ap'tɛka]
optical store	optyk (m)	['ɔptɨk]
shopping mall	centrum (n) handlowe	['tsɛntrum hand'lɜvɛ]
supermarket	supermarket (m)	[supɛr'markɛt]

bakery	sklep (m) z pieczywem	[sklɛp s pet'ʃɨvɛm]
baker	piekarz (m)	['pɛkaʃ]
candy store	cukiernia (f)	[tsu'kɛrɲa]
grocery store	sklep (m) spożywczy	[sklɛp spɔ'ʒɨvtʃi]
butcher shop	sklep (m) mięsny	[sklɛp 'mɛnsnɨ]

produce store	warzywniak (m)	[va'ʒɨvɲak]
market	targ (m)	[tark]

coffee house	kawiarnia (f)	[ka'vʲarɲa]
restaurant	restauracja (f)	[rɛstau'ratsʰja]
pub	piwiarnia (f)	[pi'vʲarɲa]
pizzeria	pizzeria (f)	[pi'tsɛrʰja]
hair salon	salon (m) fryzjerski	['salɔn frɨzʰ'ɛrski]

T&P Books. Polish vocabulary for English speakers - 9000 words

post office	poczta (f)	['pɔtʃta]
dry cleaners	pralnia (f) chemiczna	['praʎɲa hɛ'mitʃna]
photo studio	zakład (m) fotograficzny	['zakwat fɔtɔgra'fitʃnɨ]

shoe store	sklep (m) obuwniczy	[sklep ɔbuv'nitʃɨ]
bookstore	księgarnia (f)	[kɕɛ̃'garɲa]
sporting goods store	sklep (m) sportowy	[sklep spɔr'tɔvɨ]

clothes repair	reperacja (f) odzieży	[rɛpɛ'ratsʰja ɔ'dʒeʒɨ]
formal wear rental	wypożyczanie (n) strojów okazjonalnych	[vɨpɔʒɨ'tʃane strɔ'juv ɔkazʲɔ'naʎnɨh]
movie rental store	wypożyczalnia (f) filmów	[vɨpɔʒɨt'ʃaʎɲa 'fiʎmuf]

circus	cyrk (m)	[tsɨrk]
zoo	zoo (n)	['zɔː]
movie theater	kino (n)	['kinɔ]
museum	muzeum (n)	[mu'zɛum]
library	biblioteka (f)	[biblʲɔ'tɛka]

theater	teatr (m)	['tɛatr]
opera	opera (f)	['ɔpɛra]
nightclub	klub nocny (m)	[klyp 'nɔtsnɨ]
casino	kasyno (n)	[ka'sɨnɔ]

mosque	meczet (m)	['mɛtʃɛt]
synagogue	synagoga (f)	[sɨna'gɔga]
cathedral	katedra (f)	[ka'tɛdra]

temple	świątynia (f)	[ɕfɔ̃'tɨɲa]
church	kościół (m)	['kɔʃtɕow]

college	instytut (m)	[ins'tɨtut]
university	uniwersytet (m)	[uni'vɛrsɨtɛt]
school	szkoła (f)	['ʃkɔwa]

prefecture	urząd (m) dzielnicowy	['uʒɔ̃d dʑeʎnitsɔvɨ]
city hall	urząd (m) miasta	['uʒɔ̃t 'mʲasta]

hotel	hotel (m)	['hɔtɛʎ]
bank	bank (m)	[baŋk]

embassy	ambasada (f)	[amba'sada]
travel agency	agencja (f) turystyczna	[a'gɛntsʰja turɨs'tɨtʃna]

information office	informacja (f)	[infɔr'matsʰja]
money exchange	kantor (m)	['kantɔr]

subway	metro (n)	['mɛtrɔ]
hospital	szpital (m)	['ʃpitaʎ]

gas station	stacja (f) benzynowa	['statsʰja bɛnzɨ'nɔva]
parking lot	parking (m)	['parkiŋk]

80. Signs

store sign	szyld (m)	[ʃıɫt]
notice (written text)	napis (m)	['napis]
poster	plakat (m)	['pɫakat]
direction sign	drogowskaz (m)	[drɔ'gɔfskas]
arrow (sign)	strzałka (f)	['stʃawka]
caution	ostrzeżenie (n)	[ɔstʃɛ'ʒɛne]
warning sign	przestroga (f)	[pʃɛst'rɔga]
to warn (vt)	ostrzegać	[ɔst'ʃɛgatʃ]
day off	dzień (m) wolny	[dʑeɲ 'vɔʎnı]
timetable (schedule)	rozkład (m) jazdy	['rɔskwad 'jazdı]
opening hours	godziny (pl) pracy	[gɔ'dʑinı 'pratsı]
WELCOME!	WITAMY!	[vi'tamı]
ENTRANCE	WEJŚCIE	['vɛjɕtʃe]
EXIT	WYJŚCIE	['vıjɕtʃe]
PUSH	PCHAĆ	[phatʃ]
PULL	CIĄGNĄĆ	[tʃɔ̃gnɔɲtʃ]
OPEN	OTWARTE	[ɔt'fartɛ]
CLOSED	ZAMKNIĘTE	[zamk'nentɛ]
WOMEN	DLA PAŃ	[dʎa paɲ]
MEN	DLA MĘŻCZYZN	[dʎa 'mɛ̃ʒtʃızn]
DISCOUNTS	ZNIŻKI	['niʃki]
SALE	WYPRZEDAŻ	[vıp'ʃedaʃ]
NEW!	NOWOŚĆ!	['nɔvɔɕtʃ]
FREE	GRATIS	['gratis]
ATTENTION!	UWAGA!	[u'vaga]
NO VACANCIES	BRAK MIEJSC	[brak mejsts]
RESERVED	REZERWACJA	[rɛzɛr'vatsʰja]
ADMINISTRATION	ADMINISTRACJA	[administ'ratsʰja]
STAFF ONLY	WEJŚCIE SŁUŻBOWE	['vɛjɕtʃe swuʒ'bɔvɛ]
BEWARE OF THE DOG!	UWAGA! ZŁY PIES	[u'vaga zwı pes]
NO SMOKING	ZAKAZ PALENIA!	['zakas pa'leɲa]
DO NOT TOUCH!	NIE DOTYKAĆ!	[ne dɔ'tıkatʃ]
DANGEROUS	NIEBEZPIECZNY	[nebɛs'petʃnı]
DANGER	NIEBEZPIECZEŃSTWO	[nebɛspetʃɛɲstfɔ]
HIGH TENSION	WYSOKIE NAPIĘCIE	[vısɔke napɛ̃tʃe]
NO SWIMMING!	KĄPIEL WZBRONIONA	[kɔmpeʎ vzbrɔɲɔ̃a]
OUT OF ORDER	NIECZYNNE	[netʃınɛ]
FLAMMABLE	ŁATWOPALNE	[vatvɔ'paʎnɛ]
FORBIDDEN	ZAKAZ	['zakas]

| NO TRESPASSING! | ZAKAZ PRZEJŚCIA | ['zakas 'pʃɛjɕtʃʲa] |
| WET PAINT | ŚWIEŻO MALOWANE | ['ɕfeʒɔ malɜ'vanɛ] |

81. Urban transportation

bus	autobus (m)	[au'tɔbus]
streetcar	tramwaj (m)	['tramvaj]
trolley	trolejbus (m)	[trɔ'lejbus]
route (of bus)	trasa (f)	['trasa]
number (e.g., bus ~)	numer (m)	['numɛr]

to go by ...	jechać w ...	['ehatʃ v]
to get on (~ the bus)	wsiąść	[fɕɔ̃ɕtʃ]
to get off ...	zsiąść z ...	[zɕɔ̃ɕtʃ z]

stop (e.g., bus ~)	przystanek (m)	[pʃis'tanɛk]
next stop	następny przystanek (m)	[nas'tɛ̃pnɪ pʃis'tanɛk]
terminus	stacja (f) końcowa	['statsʰʲa kɔɲ'tsɔva]
schedule	rozkład (m) jazdy	['rɔskwad 'jazdɪ]
to wait (vt)	czekać	['tʃɛkatʃ]

ticket	bilet (m)	['bilet]
fare	cena (f) biletu	['tsɛna bi'letu]
cashier (ticket seller)	kasjer (m), kasjerka (f)	['kasʰer], [kasʰ'erka]
ticket inspection	kontrola (f) biletów	[kɔnt'rɔʎa bi'letɔf]
conductor	kontroler (m) biletów	[kɔnt'rɔler bi'letɔf]

to be late (for ...)	spóźniać się	['spuʑʲnatʃ ɕɛ̃]
to miss (~ the train, etc.)	spóźnić się	['spuʑʲnitʃ ɕɛ̃]
to be in a hurry	śpieszyć się	['ɕpeʃitʃ ɕɛ̃]

taxi, cab	taksówka (f)	[tak'sufka]
taxi driver	taksówkarz (m)	[tak'sufkaʃ]
by taxi	taksówką	[tak'sufkɔ̃]
taxi stand	postój (m) taksówek	['pɔstuj tak'suvɛk]
to call a taxi	wezwać taksówkę	['vɛzvatʃ tak'sufkɛ̃]
to take a taxi	wziąć taksówkę	[vʑɔ̃tʃ tak'sufkɛ̃]

traffic	ruch (m) uliczny	[ruh u'litʃnɪ]
traffic jam	korek (m)	['kɔrɛk]
rush hour	godziny (pl) szczytu	[gɔ'dʑinɪ 'ʃtʃitu]
to park (vi)	parkować	[par'kɔvatʃ]
to park (vt)	parkować	[par'kɔvatʃ]
parking lot	parking (m)	['parkiŋk]

subway	metro (n)	['mɛtrɔ]
station	stacja (f)	['statsʰʲa]
to take the subway	jechać metrem	['ehatʃ 'mɛtrɛm]
train	pociąg (m)	['pɔtʃɔ̃k]
train station	dworzec (m)	['dvɔʒɛts]

82. Sightseeing

monument	pomnik (m)	['pɔmnik]
fortress	twierdza (f)	['tferdza]
palace	pałac (m)	['pawats]
castle	zamek (m)	['zamɛk]
tower	wieża (f)	['veʒa]
mausoleum	mauzoleum (n)	[mauzɔ'leum]
architecture	architektura (f)	[arhitɛk'tura]
medieval (adj)	średniowieczny	[ɕrɛdnɜ'vetʃni]
ancient (adj)	zabytkowy	[zabɪt'kɔvi]
national (adj)	narodowy	[narɔ'dɔvi]
well-known (adj)	znany	['znani]
tourist	turysta (m)	[tu'rista]
guide (person)	przewodnik (m)	[pʃɛ'vɔdnik]
excursion, guided tour	wycieczka (f)	[vɪ'tʃetʃka]
to show (vt)	pokazywać	[pɔka'zɪvatʃ]
to tell (vt)	opowiadać	[ɔpɔ'vʲadatʃ]
to find (vt)	znaleźć	['znalɛɕtʃ]
to get lost (lose one's way)	zgubić się	['zgubitʃ ɕɛ̃]
map (e.g., subway ~)	plan (m)	[pʎan]
map (e.g., city ~)	plan (m)	[pʎan]
souvenir, gift	pamiątka (f)	[pamɔ̃tka]
gift shop	sklep (m) z upominkami	[sklep s upɔmi'ŋkami]
to take pictures	robić zdjęcia	['rɔbitʃ 'zdʰɛ̃tʃa]
to be photographed	fotografować się	[fɔtɔgra'fɔvatʃ ɕɛ̃]

83. Shopping

to buy (purchase)	kupować	[ku'pɔvatʃ]
purchase	zakup (m)	['zakup]
to go shopping	robić zakupy	['rɔbitʃ za'kupi]
shopping	zakupy (pl)	[za'kupi]
to be open (ab. store)	być czynnym	[bitʃ 'tʃɪŋɪm]
to be closed	być nieczynnym	[bitʃ net'ʃɪŋɪm]
footwear	obuwie (n)	[ɔ'buve]
clothes, clothing	odzież (f)	['ɔdʒeʃ]
cosmetics	kosmetyki (pl)	[kɔs'mɛtiki]
food products	artykuły (pl) spożywcze	[arti'kuwɨ spɔ'ʒiftʃɛ]
gift, present	prezent (m)	['prɛzɛnt]
salesman	ekspedient (m)	[ɛks'pɛdʰent]
saleswoman	ekspedientka (f)	[ɛkspedʰ'entka]

88

check out, cash desk	kasa (f)	['kasa]
mirror	lustro (n)	['lystrɔ]
counter (in shop)	lada (f)	['ʎada]
fitting room	przymierzalnia (f)	[pʃime'ʒaʎɲa]

to try on	przymierzyć	[pʃi'meʒɪtʃ]
to fit (ab. dress, etc.)	pasować	[pa'sɔvatʃ]
to like (I like ...)	podobać się	[pɔ'dɔbatʃ ɕɛ̃]

price	cena (f)	['tsɛna]
price tag	metka (f)	['mɛtka]
to cost (vt)	kosztować	[kɔʃ'tɔvatʃ]
How much?	Ile kosztuje?	['ile kɔʃ'tue]
discount	zniżka (f)	['zniʃka]

inexpensive (adj)	niedrogi	[ned'rɔgi]
cheap (adj)	tani	['tani]
expensive (adj)	drogi	['drɔgi]
It's expensive	To dużo kosztuje	[tɔ 'duʒɔ kɔʃ'tue]

rental (n)	wypożyczalnia (f)	[vɪpɔʒɪt'ʃaʎɲa]
to rent (~ a tuxedo)	wypożyczyć	[vɪpɔ'ʒɪtʃitʃ]
credit	kredyt (m)	['krɛdɪt]
on credit (adv)	na kredyt	[na 'krɛdɪt]

84. Money

money	pieniądze (pl)	[pɛɲɔ̃dzɛ]
currency exchange	wymiana (f)	[vɪ'mʲana]
exchange rate	kurs (m)	[kurs]
ATM	bankomat (m)	[ba'ŋkɔmat]
coin	moneta (f)	[mɔ'nɛta]

| dollar | dolar (m) | ['dɔʎar] |
| euro | euro (m) | ['ɛurɔ] |

lira	lir (m)	[lir]
Deutschmark	marka (f)	['marka]
franc	frank (m)	[fraŋk]
pound sterling	funt szterling (m)	[funt 'ʃtɛrliŋk]
yen	jen (m)	[en]

debt	dług (m)	[dwuk]
debtor	dłużnik (m)	['dwuʒnik]
to lend (money)	pożyczyć	[pɔ'ʒɪtʃitʃ]
to borrow (vi, vt)	pożyczyć od ...	[pɔ'ʒɪtʃitʃ ɔt]

bank	bank (m)	[baŋk]
account	konto (n)	['kɔntɔ]
to deposit into the account	wpłacić na konto	['vpwatʃitʃ na 'kɔntɔ]

to withdraw (vt)	podjąć z konta	['pɔdʰɔʧ s 'kɔnta]
credit card	karta (f) kredytowa	['karta krɛdɪ'tɔva]
cash	gotówka (f)	[gɔ'tufka]
check	czek (m)	[ʧɛk]
to write a check	wystawić czek	[vɪs'tavɪʧ ʧɛk]
checkbook	książeczka (f) czekowa	[kɕɔ̃'ʒɛʧka ʧɛ'kɔva]
wallet	portfel (m)	['pɔrtfɛʎ]
change purse	portmonetka (f)	[pɔrtmɔ'nɛtka]
billfold	portmonetka (f)	[pɔrtmɔ'nɛtka]
safe	sejf (m)	[sɛjf]
heir	spadkobierca (m)	[spatkɔ'bertsa]
inheritance	spadek (m)	['spadɛk]
fortune (wealth)	majątek (m)	[maɔ̃tɛk]
lease, rent	dzierżawa (f)	[dʒer'ʒava]
rent money	czynsz (m)	[ʧɪnʃ]
to rent (sth from sb)	wynajmować	[vɪnaj'mɔvaʧ]
price	cena (f)	['tsɛna]
cost	wartość (f)	['vartɔɕʧ]
sum	suma (f)	['suma]
to spend (vt)	wydawać	[vɪ'davaʧ]
expenses	wydatki (pl)	[vɪ'datki]
to economize (vi, vt)	oszczędzać	[ɔʃ'ʃɛndzaʧ]
economical	ekonomiczny	[ɛkɔnɔ'miʧnɪ]
to pay (vi, vt)	płacić	['pwaʧɪʧ]
payment	opłata (f)	[ɔp'wata]
change (give the ~)	reszta (f)	['rɛʃta]
tax	podatek (m)	[pɔ'datɛk]
fine	kara (f)	['kara]
to fine (vt)	karać grzywną	['karaʧ 'gʒɪvnɔ̃]

85. Post. Postal service

post office	poczta (f)	['pɔʧta]
mail (letters, etc.)	poczta (f)	['pɔʧta]
mailman	listonosz (m)	[lis'tɔnɔʃ]
opening hours	godziny (pl) pracy	[gɔ'dʒinɪ 'pratsɪ]
letter	list (m)	[list]
registered letter	list (m) polecony	[list pɔle'tsɔnɪ]
postcard	pocztówka (f)	[pɔʧ'tufka]
telegram	telegram (m)	[tɛ'legram]
parcel	paczka (f)	['paʧka]
money transfer	przekaz (m) pieniężny	['pʃɛkas pe'nenʒnɪ]

to receive (vt)	odebrać	[ɔ'dɛbratʃ]
to send (vt)	wysłać	['vɪswatʃ]
sending	wysłanie (n)	[vɪs'wane]

address	adres (m)	['adrɛs]
ZIP code	kod (m) pocztowy	[kɔt pɔtʃ'tɔvɪ]
sender	nadawca (m)	[na'daftsa]
receiver, addressee	odbiorca (m)	[ɔd'bɜrtsa]

| name | imię (n) | ['imɛ̃] |
| family name | nazwisko (n) | [naz'viskɔ] |

rate (of postage)	taryfa (f)	[ta'rɪfa]
standard (adj)	zwykła	['zvɪkwa]
economical (adj)	oszczędna	[ɔʃt'ʃɛndna]

weight	ciężar (m)	['tʃenʒar]
to weigh up (vt)	ważyć	['vaʒɪtʃ]
envelope	koperta (f)	[kɔ'pɛrta]
postage stamp	znaczek (m)	['znatʃɛk]
to stamp an envelope	naklejać znaczek	[nak'lejatʃ 'znatʃɛk]

T&P Books. Polish vocabulary for English speakers - 9000 words

Dwelling. House. Home

86. House. Dwelling

house	**dom** (m)	[dɔm]
at home (adv)	**w domu**	[v 'dɔmu]
courtyard	**podwórko** (n)	[pɔd'vurkɔ]
fence	**ogrodzenie** (n)	[ɔgrɔ'dzɛne]

brick (n)	**cegła** (f)	['tsɛgwa]
brick (as adj)	**z cegły**	[s 'tsegwɨ]
stone (n)	**kamień** (m)	['kameɲ]
stone (as adj)	**kamienny**	[ka'meɲɨ]
concrete (n)	**beton** (m)	['bɛtɔn]
concrete (as adj)	**betonowy**	[bɛtɔ'nɔvɨ]

new (new-built)	**nowy**	['nɔvɨ]
old (adj)	**stary**	['starɨ]
decrepit (house)	**rozwalający się**	[rɔzvala'jɔ̃tsɨ ɕɛ̃]
modern (adj)	**nowoczesny**	[nɔvɔt'ʃɛsnɨ]
multistory (adj)	**wielopiętrowy**	[vɛlɔpɛ̃t'rɔvɨ]
high (adj)	**wysoki**	[vɨ'sɔki]

floor, story	**piętro** (n)	['pentrɔ]
single-story (adj)	**parterowy**	[partɛ'rɔvɨ]
ground floor	**dolne piętro** (n)	['dɔʎnɛ 'pentrɔ]
top floor	**górne piętro** (n)	['gurnɛ 'pentrɔ]

roof	**dach** (m)	[dah]
chimney (stack)	**komin** (m)	['kɔmin]
roof tiles	**dachówka** (f)	[da'hufka]
tiled (adj)	**z dachówki**	[z da'hufki]
loft (attic)	**strych** (m)	[strɨh]

window	**okno** (n)	['ɔknɔ]
glass	**szkło** (n)	[ʃkwɔ]
window ledge	**parapet** (m)	[pa'rapɛt]
shutters	**okiennice** (pl)	[ɔke'ɲitsɛ]

wall	**ściana** (f)	['ɕtɕ'ana]
balcony	**balkon** (m)	['baʎkɔn]
downspout	**rynna** (m)	['rɨŋa]
upstairs (to be ~)	**na górze**	[na 'guʒɛ]
to go upstairs	**wchodzić**	['fhɔdʑitɕ]
to come down	**schodzić**	['shɔdʑitɕ]
to move (to new premises)	**przeprowadzać się**	[pʃɛprɔ'vadzatɕ ɕɛ̃]

92

87. House. Entrance. Lift

entrance	wejście (n)	['vɛjɕtɕe]
stairs (stairway)	schody (pl)	['shɔdɪ]
steps	stopnie (pl)	['stɔpnɛ]
banisters	poręcz (f)	['pɔrɛ̃tʃ]
lobby (hotel ~)	hol (m)	[hɔʎ]
mailbox	skrzynka (f) pocztowa	['skʃɪŋka pɔtʃ'tɔva]
trash container	pojemnik (m) na śmieci	[pɔ'emnik na 'ɕmetɕi]
trash chute	zsyp (m) na śmieci	[ssɪp na 'ɕmetɕi]
elevator	winda (f)	['vinda]
freight elevator	winda (f) towarowa	['vinda tɔva'rɔva]
elevator cage	kabina (f)	[ka'bina]
to take the elevator	jechać windą	['ehatʃ 'vindɔ̃]
apartment	mieszkanie (n)	[meʃ'kane]
residents, inhabitants	mieszkańcy (pl)	[meʃ'kaɲtsɪ]
neighbor (masc.)	sąsiad (m)	['sɔ̃ɕat]
neighbor (fem.)	sąsiadka (f)	[sɔ̃'ɕatka]
neighbors	sąsiedzi (pl)	[sɔ̃'ɕedʑi]

88. House. Electricity

electricity	elektryczność (f)	[ɛlekt'rɪtʃnɔɕtʃ]
light bulb	żarówka (f)	[ʒa'rufka]
switch	wyłącznik (m)	[vɪ'wɔ̃tʃnik]
fuse	korki (pl)	['kɔrki]
cable, wire (electric ~)	przewód (m)	['pʃɛvut]
wiring	instalacja (f) elektryczna	[insta'ʎatsʰja ɛlekt'rɪtʃna]
electricity meter	licznik (m) prądu	['litʃnik 'prɔ̃du]
readings	odczyt (m)	['ɔdtʃɪt]

89. House. Doors. Locks

door	drzwi (f)	[dʒvi]
vehicle gate	brama (f)	['brama]
handle, doorknob	klamka (f)	['kʎamka]
to unlock (unbolt)	otworzyć	[ɔt'fɔʒɪtʃ]
to open (vt)	otwierać	[ɔt'feratʃ]
to close (vt)	zamykać	[za'mɪkatʃ]
key	klucz (m)	[klytʃ]
bunch (of keys)	pęk (m)	[pɛ̃k]
to creak (door hinge)	skrzypieć	['skʃɪpetʃ]

creak	skrzypnięcie (n)	[skʃɪp'nɛ̃tʃe]
hinge (of door)	zawias (m)	['zavʲas]
doormat	wycieraczka (f)	[vɪtʃe'ratʃka]

door lock	zamek (m)	['zamɛk]
keyhole	dziurka (f) od klucza	['dʒyrka ɔt 'klytʃa]
bolt (sliding bar)	rygiel (m)	['rɪgeʎ]
door latch	zasuwka (f)	[za'sufka]
padlock	kłódka (f)	['kwutka]

to ring (~ the door bell)	dzwonić	['dzvɔnitʃ]
ringing (sound)	dzwonek (m)	['dzvɔnɛk]
doorbell	dzwonek (m)	['dzvɔnɛk]
doorbell button	guzik (m)	['guʒik]
knock (at the door)	pukanie (n)	[pu'kane]
to knock (vi)	pukać	['pukatʃ]

code	szyfr (m)	[ʃifr]
code lock	zamek (m) szyfrowy	['zamɛk ʃif'rɔvɪ]
door phone	domofon (m)	[dɔ'mɔfɔn]
number (on the door)	numer (m)	['numɛr]
doorplate	tabliczka (f)	[tab'litʃka]
peephole	wizjer (m)	['vizʰer]

90. Country house

village	wieś (f)	[veɕ]
vegetable garden	ogród (m)	['ɔgrut]
fence	płot (m)	[pwɔt]

| picket fence | ogrodzenie (n) | [ɔgrɔ'dzene] |
| wicket gate | furtka (f) | ['furtka] |

| granary | spichlerz (m) | ['spihleʃ] |
| cellar | piwnica (f) | [piv'nitsa] |

| shed (in garden) | szopa (f) | ['ʃopa] |
| well (water) | studnia (f) | ['studɲa] |

| stove (wood-fired ~) | piec (f) | [pets] |
| to stoke the stove | palić w piecu | ['palitʃ f 'petsu] |

| firewood | drewno (n) | ['drɛvnɔ] |
| log (firewood) | polano (n) | [pɔ'ʎanɔ] |

| veranda, stoop | weranda (f) | [vɛ'randa] |
| terrace (patio) | taras (m) | ['taras] |

| front steps | ganek (m) | ['ganɛk] |
| swing (hanging seat) | huśtawka (f) | [huɕ'tafka] |

91. Villa. Mansion

country house	dom (m) za miastem	[dɔm za 'mʲastɛm]
villa (by sea)	willa (f)	['viʎa]
wing (of building)	skrzydło (n)	['skʃidwɔ]
garden	ogród (m)	['ɔgrut]
park	park (m)	[park]
tropical greenhouse	szklarnia (f)	['ʃkʎarɲa]
to look after (garden, etc.)	pielęgnować	[pelɛg'nɔvatʃ]
swimming pool	basen (m)	['basɛn]
gym	sala (f) gimnastyczna	['saʎa gimnas'tɨtʃna]
tennis court	kort (m) tenisowy	[kɔrt tɛni'sɔvɨ]
home theater room	pokój TV (m)	['pɔkɔj tɛ 'fau]
garage	garaż (m)	['garaʃ]
private property	własność (f) prywatna	['vwasnɔɕtʃ prɨ'vatna]
private land	posesja (f) prywatna	[pɔ'sɛsʰja prɨ'vatna]
warning (caution)	ostrzeżenie (n)	[ɔstʃɛ'ʒɛne]
warning sign	tabliczka (f) ostrzegawcza	[tab'litʃka ɔstʃɛ'gaftʃa]
security	ochrona (f)	[ɔh'rɔna]
security guard	ochroniarz (m)	[ɔh'rɔɲaʃ]
burglar alarm	alarm (m)	['aʎarm]

92. Castle. Palace

castle	zamek (m)	['zamɛk]
palace	pałac (m)	['pawats]
fortress	twierdza (f)	['tferdza]
wall (round castle)	mur (m)	[mur]
tower	wieża (f)	['veʒa]
keep, donjon	główna wieża (f)	['gwuvna 'veʒa]
portcullis	brona (f)	['brɔna]
underground passage	tunel (m) podziemny	['tunɛʎ pɔ'dʒemnɛ]
moat	fosa (f)	['fɔsa]
chain	łańcuch (m)	['waɲtsuh]
arrow loop	otwór (m) strzelniczy	['ɔtfɔr stʃɛʎ'nitsɨ]
magnificent (adj)	wspaniały	[fspa'ɲawɨ]
majestic (adj)	majestatyczny	[maesta'tɨtʃnɨ]
impregnable (adj)	nie do zdobycia	[ne dɔ zdɔbɨtʃa]
medieval (adj)	średniowieczny	[ɕrɛdɲɔ'vetʃnɨ]

93. Apartment

apartment	mieszkanie (n)	[meʃ'kaɲe]
room	pokój (m)	['pɔkuj]
bedroom	sypialnia (f)	[sɪ'pʲaʎɲa]
dining room	jadalnia (f)	[ja'daʎɲa]
living room	salon (m)	['salɔn]
study (home office)	gabinet (m)	[ga'binɛt]
entry room	przedpokój (m)	[pʃɛt'pɔkuj]
bathroom	łazienka (f)	[wa'ʒeŋka]
half bath	toaleta (f)	[tɔa'leta]
ceiling	sufit (m)	['sufit]
floor	podłoga (f)	[pɔd'wɔga]
corner	kąt (m)	[kɔ̃t]

94. Apartment. Cleaning

to clean (vi, vt)	sprzątać	['spʃɔ̃tatʃ]
to put away (to stow)	wynosić	[vɪ'nɔʃitʃ]
dust	kurz (m)	[kuʃ]
dusty (adj)	zakurzony	[zaku'ʒɔnɪ]
to dust (vt)	ścierać kurz	['ɕtʃeratʃ kuʃ]
vacuum cleaner	odkurzacz (m)	[ɔt'kuʒatʃ]
to vacuum (vt)	odkurzać	[ɔt'kuʒatʃ]
to sweep (vi, vt)	zamiatać	[za'mʲatatʃ]
sweepings	śmiecie (pl)	['ɕmetʃe]
order	porządek (m)	[pɔ'ʒɔ̃dɛk]
disorder, mess	nieporządek (m)	[nepɔ'ʒɔ̃dɛk]
mop	szczotka (f) podłogowa	['ʃtʃɔtka pɔdwɔ'gɔva]
dust cloth	ścierka (f)	['ɕtʃerka]
broom	miotła (f)	['mɜtwa]
dustpan	szufelka (f)	[ʃu'fɛʎka]

95. Furniture. Interior

furniture	meble (pl)	['mɛble]
table	stół (m)	[stɔw]
chair	krzesło (n)	['kʃɛswɔ]
bed	łóżko (n)	['wuʃkɔ]
couch, sofa	kanapa (f)	[ka'napa]
armchair	fotel (m)	['fɔtɛʎ]
bookcase	biblioteczka (f)	[bibʎjɔ'tɛtʃka]
shelf	półka (f)	['puwka]

set of shelves	etażerka (f)	[ɛta'ʒɛrka]
wardrobe	szafa (f) ubraniowa	['ʃafa ubra'nɔva]
coat rack	wieszak (m)	['vɛʃak]
coat stand	wieszak (m)	['vɛʃak]
dresser	komoda (f)	[kɔ'mɔda]
coffee table	stolik (m) kawowy	['stɔlik ka'vɔvɪ]
mirror	lustro (n)	['lystrɔ]
carpet	dywan (m)	['dɪvan]
rug, small carpet	dywanik (m)	[dɪ'vanik]
fireplace	kominek (m)	[kɔ'minɛk]
candle	świeca (f)	['ɕfetsa]
candlestick	świecznik (m)	['ɕfetʃnik]
drapes	zasłony (pl)	[zas'wɔnɪ]
wallpaper	tapety (pl)	[ta'pɛtɪ]
blinds (jalousie)	żaluzje (pl)	[ʒa'lyzʰe]
table lamp	lampka (f) na stół	['ʎampka na stɔw]
wall lamp (sconce)	lampka (f)	['ʎampka]
floor lamp	lampa (f) stojąca	['ʎampa stɔ:tsa]
chandelier	żyrandol (m)	[ʒɪ'randɔʎ]
leg (of chair, table)	noga (f)	['nɔga]
armrest	poręcz (f)	['pɔrɛ̃tʃ]
back (backrest)	oparcie (n)	[ɔ'partʃe]
drawer	szuflada (f)	[ʃuf'ʎada]

96. Bedding

bedclothes	pościel (f)	['pɔɕtʃeʎ]
pillow	poduszka (f)	[pɔ'duʃka]
pillowcase	poszewka (f)	[pɔ'ʃɛfka]
blanket (comforter)	kołdra (f)	['kɔwdra]
sheet	prześcieradło (n)	[pʃɛɕtʃe'radwɔ]
bedspread	narzuta (f)	[na'ʒuta]

97. Kitchen

kitchen	kuchnia (f)	['kuhɲa]
gas	gaz (m)	[gas]
gas cooker	kuchenka (f) gazowa	[ku'hɛŋka ga'zɔva]
electric cooker	kuchenka (f) elektryczna	[ku'hɛŋka ɛlekt'rɪtʃna]
oven	piekarnik (m)	[pe'karnik]
microwave oven	mikrofalówka (f)	[mikrɔfa'lyfka]
refrigerator	lodówka (f)	[lɔ'dufka]

| freezer | zamrażarka (f) | [zamra'ʒarka] |
| dishwasher | zmywarka (f) do naczyń | [zmɪ'varka dɔ 'natʃɪŋ] |

meat grinder	maszynka (f) do mięsa	[ma'ʃɪŋka dɔ 'mensa]
juicer	sokowirówka (f)	[sɔkɔvi'rufka]
toaster	toster (m)	['tɔstɛr]
mixer	mikser (m)	['miksɛr]

coffee maker	ekspres (m) do kawy	['ɛksprɛs dɔ 'kavɪ]
coffee pot	dzbanek (m) do kawy	['dzbanɛk dɔ 'kavɪ]
coffee grinder	młynek (m) do kawy	['mwɪnɛk dɔ 'kavɪ]

kettle	czajnik (m)	['tʃajnik]
teapot	czajniczek (m)	[tʃaj'nitʃɛk]
lid	pokrywka (f)	[pɔk'rɪfka]
tea strainer	sitko (n)	['ɕitkɔ]

spoon	łyżka (f)	['wɪʃka]
teaspoon	łyżeczka (f)	[wɪ'ʒɛtʃka]
tablespoon	łyżka (f) stołowa	['wɪʃka stɔ'wɔva]
fork	widelec (m)	[vi'dɛlɛts]
knife	nóż (m)	[nuʃ]
tableware (dishes)	naczynia (pl)	[nat'ʃɪna]
plate (dinner ~)	talerz (m)	['talɛʃ]
saucer	spodek (m)	['spɔdɛk]

shot glass	kieliszek (m)	[ke'liʃɛk]
glass (~ of water)	szklanka (f)	['ʃkʎaŋka]
cup	filiżanka (f)	[fili'ʒaŋka]

sugar bowl	cukiernica (f)	[tsuker'nitsa]
salt shaker	solniczka (f)	[sɔʎ'nitʃka]
pepper shaker	pieprzniczka (f)	[pepʃ'nitʃka]
butter dish	maselniczka (f)	[masɛʎ'nitʃka]

saucepan	garnek (m)	['garnɛk]
frying pan	patelnia (f)	[pa'tɛʎna]
ladle	łyżka (f) wazowa	['wɪʃka va'zɔva]
colander	durszlak (m)	['durʃʎak]
tray	taca (f)	['tatsa]

bottle	butelka (f)	[bu'tɛʎka]
jar (glass)	słoik (m)	['swɔik]
can	puszka (f)	['puʃka]

bottle opener	otwieracz (m) do butelek	[ɔt'feratʃ dɛ bu'tɛlek]
can opener	otwieracz (m) do puszek	[ɔt'feratʃ dɛ 'puʃɛk]
corkscrew	korkociąg (m)	[kɔr'kɔtʃɔ̃k]
filter	filtr (m)	[fiʎtr]
to filter (vt)	filtrować	[fiʎt'rɔvatʃ]
trash	odpadki (pl)	[ɔt'patki]
trash can	kosz (m) na śmieci	[kɔʃ na 'ɕmetʃi]

98. Bathroom

bathroom	łazienka (f)	[wa'ʒeŋka]
water	woda (f)	['vɔda]
tap, faucet	kran (m)	[kran]
hot water	gorąca woda (f)	[gɔ'rɔ̃tsa 'vɔda]
cold water	zimna woda (f)	['ʒimna 'vɔda]
toothpaste	pasta (f) do zębów	['pasta dɔ 'zɛ̃buf]
to brush one's teeth	myć zęby	[mɨtʃ 'zɛ̃bɨ]
to shave (vi)	golić się	['gɔlitʃ ɕɛ̃]
shaving foam	pianka (f) do golenia	['pʲaŋka dɔ gɔ'lɛɲa]
razor	maszynka (f) do golenia	[ma'ʃɨŋka dɔ gɔ'lɛɲa]
to wash (one's hands, etc.)	myć	[mɨtʃ]
to take a bath	myć się	['mɨtʃ ɕɛ̃]
shower	prysznic (m)	['prɨʃnits]
to take a shower	brać prysznic	[bratʃ 'prɨʃnits]
bathtub	wanna (f)	['vaŋa]
toilet (toilet bowl)	sedes (m)	['sɛdɛs]
sink (washbasin)	zlew (m)	[zlef]
soap	mydło (n)	['mɨdwɔ]
soap dish	mydelniczka (f)	[mɨdɛʎ'nitʃka]
sponge	gąbka (f)	['gɔ̃pka]
shampoo	szampon (m)	['ʃampɔn]
towel	ręcznik (m)	['rɛntʃnik]
bathrobe	szlafrok (m)	['ʃʎafrɔk]
laundry (process)	pranie (n)	['pranɛ]
washing machine	pralka (f)	['praʎka]
to do the laundry	prać	[pratʃ]
laundry detergent	proszek (m) do prania	['prɔʃɛk dɔ 'praɲa]

99. Household appliances

TV set	telewizor (m)	[tɛlɛ'vizɔr]
tape recorder	magnetofon (m)	[magnɛ'tɔfɔn]
video, VCR	magnetowid (m)	[magnɛ'tɔvid]
radio	odbiornik (m)	[ɔd'bɔrnik]
player (CD, MP3, etc.)	odtwarzacz (m)	[ɔtt'vaʒatʃ]
video projector	projektor (m) wideo	[prɔ'ɛktɔr vi'dɛɔ]
home movie theater	kino (n) domowe	['kinɔ dɔ'mɔvɛ]
DVD player	odtwarzacz DVD (m)	[ɔtt'vaʒatʃ di vi di]
amplifier	wzmacniacz (m)	['vzmatsɲatʃ]

video game console	**konsola** (f) **do gier**	[kɔn'sɔʎa dɔ ger]
video camera	**kamera** (f) **wideo**	[ka'mɛra vi'dɛɔ]
camera (photo)	**aparat** (m) **fotograficzny**	[a'parat fɔtɔgra'fitʃnɪ]
digital camera	**aparat** (m) **cyfrowy**	[a'parat tsɪf'rɔvɪ]

vacuum cleaner	**odkurzacz** (m)	[ɔt'kuʒatʃ]
iron (e.g., steam ~)	**żelazko** (n)	[ʒɛ'ʎaskɔ]
ironing board	**deska** (f) **do prasowania**	['dɛska dɔ prasɔ'vaɲa]

telephone	**telefon** (m)	[tɛ'lefɔn]
mobile phone	**telefon** (m) **komórkowy**	[tɛ'lefɔn kɔmur'kɔvɪ]
typewriter	**maszyna** (f) **do pisania**	[ma'ʃina dɔ pi'saɲa]
sewing machine	**maszyna** (f) **do szycia**	[ma'ʃina dɔ 'ʃɪtʃa]

microphone	**mikrofon** (m)	[mik'rɔfɔn]
headphones	**słuchawki** (pl)	[swu'hafki]
remote control (TV)	**pilot** (m)	['pilɔt]

CD, compact disc	**płyta CD** (f)	['pwɪta si'di]
cassette	**kaseta** (f)	[ka'sɛta]
vinyl record	**płyta** (f)	['pwɪta]

100. Repairs. Renovation

renovations	**remont** (m)	['rɛmɔnt]
to renovate (vt)	**robić remont**	['rɔbitʃ 'rɛmɔnt]
to repair (vt)	**remontować**	[rɛmɔn'tɔvatʃ]
to put in order	**doprowadzać do porządku**	[dɔprɔ'vadzatʃ dɔ pɔ'ʒɔ̃tku]
to redo (do again)	**przerabiać**	[pʃɛ'rabjatʃ]

paint	**farba** (f)	['farba]
to paint (~ a wall)	**malować**	[ma'lɔvatʃ]
house painter	**malarz** (m)	['maʎaʃ]
paintbrush	**pędzel** (m)	['pɛndzɛʎ]

whitewash	**wapno** (n)	['vapnɔ]
to whitewash (vt)	**bielić**	['belitʃ]

wallpaper	**tapety** (pl)	[ta'pɛtɪ]
to wallpaper (vt)	**wytapetować**	[vɪtapɛ'tɔvatʃ]
varnish	**lakier** (m)	['ʎaker]
to varnish (vt)	**lakierować**	[ʎake'rɔvatʃ]

101. Plumbing

water	**woda** (f)	['vɔda]
hot water	**gorąca woda** (f)	[gɔ'rɔ̃tsa 'vɔda]

cold water	zimna woda (f)	[ˈʒimna ˈvɔda]
tap, faucet	kran (m)	[kran]

drop (of water)	kropla (f)	[ˈkrɔpʎa]
to drip (vi)	kapać	[ˈkapatʃ]
to leak (ab. pipe)	cieknąć	[ˈtʃeknɔ̃tʃ]
leak (pipe ~)	przeciek (m)	[ˈpʃɛtʃek]
puddle	kałuża (f)	[kaˈwuʒa]

pipe	rura (f)	[ˈrura]
stop valve	zawór (m)	[ˈzavur]
to be clogged up	zapchać się	[ˈzaphatʃ ɕɛ̃]

tools	narzędzia (pl)	[naˈʒɛ̃dʑʲa]
adjustable wrench	klucz (m) nastawny	[klytʃ nasˈtavnɪ]
to unscrew, untwist (vt)	odkręcić	[ɔtkˈrɛ̃tʃitʃ]
to screw (tighten)	zakręcić	[zakˈrɛ̃tʃitʃ]

to unclog (vt)	przeczyszczać	[pʃɛtˈʃiʃtʃatʃ]
plumber	hydraulik (m)	[hɪdˈraulik]
basement	piwnica (f)	[pivˈnitsa]
sewerage (system)	kanalizacja (f)	[kanaliˈzatsʰja]

102. Fire. Conflagration

fire (to catch ~)	ogień (m)	[ˈɔgeɲ]
flame	płomień (m)	[ˈpwɔmeɲ]
spark	iskra (f)	[ˈiskra]
smoke (from fire)	dym (m)	[dɪm]
torch (flaming stick)	pochodnia (f)	[pɔˈhɔdɲa]
campfire	ognisko (n)	[ɔgˈniskɔ]

gas, gasoline	benzyna (f)	[bɛnˈzɪna]
kerosene (for aircraft)	nafta (f)	[ˈnafta]
flammable (adj)	łatwopalny	[watfɔˈpaʎnɪ]
explosive (adj)	wybuchowy	[vɪbuˈhɔvɪ]
NO SMOKING	ZAKAZ PALENIA!	[ˈzakas paˈleɲa]

safety	bezpieczeństwo (n)	[bɛspetˈʃɛɲstfɔ]
danger	niebezpieczeństwo (n)	[nebɛspetˈʃɛɲstfɔ]
dangerous (adj)	niebezpieczny	[nebɛsˈpetʃnɪ]

to catch fire	zapalić się	[zaˈpalitʃ ɕɛ̃]
explosion	wybuch (m)	[ˈvɪbuh]
to set fire	podpalić	[pɔtˈpalitʃ]
incendiary (arsonist)	podpalacza (m)	[pɔtˈpalatʃa]
arson	podpalenie (n)	[pɔtpaˈlene]

to blaze (vi)	płonąć	[ˈpwɔ̃ɔ̃ntʃ]
to burn (be on fire)	palić się	[ˈpalitʃ ɕɛ̃]

to burn down	**spłonąć**	[ˈspwɔ̃ɔɲtʃ]
fireman	**strażak** (m)	[ˈstraʒak]
fire truck	**wóz** (m) **strażacki**	[vus straˈʒatski]
fire department	**jednostka** (f) **straży pożarnej**	[edˈnɔstka stˈraʒɨ pɔˈʒarnɛj]
fire truck ladder	**drabina** (f) **wozu strażackiego**	[draˈbina ˈvɔzu straˈʒatskɛgɔ]

fire hose	**wąż** (m)	[vɔ̃ʃ]
fire extinguisher	**gaśnica** (f)	[gaɕˈnitsa]
helmet	**kask** (m)	[kask]
siren	**syrena** (f)	[sɨˈrɛna]

to call out	**krzyczeć**	[ˈkʃɨtʃɛtʃ]
to call for help	**wzywać pomocy**	[ˈvzɨvatʃ pɔˈmɔtsɨ]
rescuer	**ratownik** (m)	[raˈtɔvnik]
to rescue (vt)	**ratować**	[raˈtɔvatʃ]

to arrive (vi)	**przyjechać**	[pʃɨˈehatʃ]
to extinguish (vt)	**gasić**	[ˈgaɕitʃ]
water	**woda** (f)	[ˈvɔda]
sand	**piasek** (m)	[ˈpʲasɛk]

ruins (destruction)	**zgliszcza** (pl)	[ˈzgliʃtʃa]
to collapse (building, etc.)	**runąć**	[ˈrunɔ̃tʃ]
to fall down (vi)	**zawalić się**	[zaˈvalitʃ ɕɛ̃]
to cave in (ceiling, floor)	**runąć**	[ˈrunɔ̃tʃ]

| piece of wreckage | **odłamek** (m) | [ɔdˈwamɛk] |
| ash | **popiół** (m) | [ˈpɔpyw] |

| to suffocate (die) | **udusić się** | [uˈduɕitʃ ɕɛ̃] |
| to be killed (perish) | **zginąć** | [ˈzginɔ̃tʃ] |

HUMAN ACTIVITIES

Job. Business. Part 1

103. Office. Working in the office

office (of firm)	biuro (n)	['byrɔ]
office (of director, etc.)	biuro (n)	['byrɔ]
secretary	sekretarka (f)	[sɛkrɛ'tarka]
director	dyrektor (m)	[dɪ'rɛktɔr]
manager	menedżer (m)	[mɛ'nɛdʒɛr]
accountant	księgowy (m)	[kɕɛ̃'gɔvɪ]
employee	pracownik (f)	[pra'tsɔvnik]
furniture	meble (pl)	['mɛble]
desk	biurko (n)	['byrkɔ]
desk chair	fotel (m)	['fɔtɛʎ]
chest of drawers	kontener (m)	[kɔn'tɛnɛr]
coat stand	wieszak (m)	['vɛʃak]
computer	komputer (m)	[kɔm'putɛr]
printer	drukarka (f)	[dru'karka]
fax machine	faks (m)	[faks]
photocopier	kserokopiarka (f)	[ksɛrɔkɔ'pʲarka]
paper	papier (m)	['papɛr]
office supplies	materiały (pl) biurowe	[matɛrʰ'jawɪ by'rɔvɛ]
mouse pad	podkładka (f) pod myszkę	[pɔtk'watka pɔd 'mɪʃkɛ]
sheet (of paper)	kartka (f)	['kartka]
folder, binder	teczka (f)	['tɛtʃka]
catalog	katalog (m)	[ka'talɔk]
phone book (directory)	informator (m)	[infɔr'matɔr]
documentation	dokumentacja (f)	[dɔkumɛn'tatsʰja]
brochure (e.g., 12 pages ~)	broszura (f)	[brɔ'ʃura]
leaflet	ulotka (f)	[u'lɔtka]
sample	próbka (f)	['prɔbka]
training meeting	szkolenie (n)	[ʃkɔ'lene]
meeting (of managers)	narada (f)	[na'rada]
lunch time	przerwa (f) obiadowa	['pʃɛrva ɔbʲa'dɔva]
to make a copy	kopiować	[kɔ'pʲɔvatʃ]
to make copies	skopiować	[skɔ'pʲɔvatʃ]

| to receive a fax | dostawać faks | [dɔs'tavatʃ 'faks] |
| to send a fax | wysyłać faks | [vɪ'sɪwatʃ faks] |

to call (by phone)	zadzwonić	[zadz'vɔnitʃ]
to answer (vt)	odpowiedzieć	[ɔtpɔ'vedʒetʃ]
to put through	połączyć	[pɔ'wõtʃitʃ]

to arrange, to set up	umówić	[u'muvitʃ]
to demonstrate (vt)	przedstawiać	[pʃɛts'tavʲatʃ]
to be absent	być nieobecnym	[bitʃ neɔ'bɛtsnɪm]
absence	nieobecność (f)	[neɔ'bɛtsnɔɕtʃ]

104. Business processes. Part 1

occupation	zajęcie (n)	[za'ɛ̃tʃɛ]
firm	firma (f)	['firma]
company	spółka (f)	['spuwka]
corporation	korporacja (f)	[kɔrpɔ'ratsʰja]
enterprise	przedsiębiorstwo (n)	[pʃɛtɕɛ̃'bɔrstfɔ]
agency	agencja (f)	[a'gɛntsʰja]

agreement (contract)	umowa (f)	[u'mɔva]
contract	kontrakt (m)	['kɔntrakt]
deal	umowa (f)	[u'mɔva]
order (to place an ~)	zamówienie (n)	[zamu'vene]
term (of contract)	warunek (m)	[va'runɛk]

wholesale (adv)	hurtem	['hurtɛm]
wholesale (adj)	hurtowy	[hur'tɔvɪ]
wholesale (n)	sprzedaż (f) hurtowa	['spʃɛdaʃ hur'tɔva]
retail (adj)	detaliczny	[dɛta'litʃnɪ]
retail (n)	sprzedaż (f) detaliczna	['spʃɛdaʃ dɛta'litʃna]

competitor	konkurent (m)	[kɔ'ŋkurɛnt]
competition	konkurencja (f)	[kɔŋku'rɛntsʰja]
to compete (vi)	konkurować	[kɔŋku'rɔvatʃ]

| partner (associate) | wspólnik (m) | ['fspuʎnik] |
| partnership | partnerstwo (n) | [part'nɛrstfɔ] |

crisis	kryzys (m)	['krɪzɪs]
bankruptcy	bankructwo (n)	[baŋk'rutstfɔ]
to go bankrupt	zbankrutować	[zbaŋkru'tɔvatʃ]
difficulty	trudności (pl)	[trud'nɔɕtʃi]
problem	problem (m)	['prɔblem]
catastrophe	katastrofa (f)	[katast'rɔfa]

economy	gospodarka (f)	[gɔspɔ'darka]
economic (~ growth)	gospodarczy	[gɔspɔ'dartʃi]
economic recession	recesja (f)	[rɛ'tsɛsʰja]

| goal (aim) | cel (m) | [tsɛʎ] |
| task | zadanie (n) | [za'dane] |

to trade (vi)	handlować	[hand'lɔvatʃ]
network (distribution ~)	sieć (f)	[ɕetʃ]
inventory (stock)	skład (m)	[skwat]
assortment	asortyment (m)	[asɔr'tɪmɛnt]

leader (leading company)	lider (m)	['lidɛr]
large (~ company)	duży	['duʒɪ]
monopoly	monopol (m)	[mɔ'nɔpɔʎ]

theory	teoria (f)	[tɛ'ɔrʰja]
practice	praktyka (f)	['praktɪka]
experience (in my ~)	doświadczenie (n)	[dɔɕvʲatt'ʃɛne]
trend (tendency)	tendencja (f)	[tɛn'dɛntsʰja]
development	rozwój (m)	['rɔzvuj]

105. Business processes. Part 2

| benefit, profit | korzyści (pl) | [kɔ'ʒɪɕtʃi] |
| profitable (adj) | korzystny | [kɔ'ʒɪstnɪ] |

delegation (group)	delegacja (f)	[dɛle'gatsʰja]
salary	pensja (f)	['pɛnsʰja]
to correct (an error)	naprawiać	[nap'ravʲatʃ]
business trip	wyjazd (m) służbowy	['vɪjast swuʒ'bɔvɪ]
commission	komisja (f)	[kɔ'misʰja]

to control (vt)	kontrolować	[kɔntrɔ'lɔvatʃ]
conference	konferencja (f)	[kɔnfɛ'rɛntsʰja]
license	licencja (f)	[li'tsɛntsʰja]
reliable (~ partner)	pewny	['pɛvnɪ]

initiative (undertaking)	przedsięwzięcie (n)	[pʃɛdɕɛnv'ʒɛntʃe]
norm (standard)	norma (f)	['nɔrma]
circumstance	okoliczność (f)	[ɔkɔ'litʃnɔɕtʃ]
duty (of employee)	obowiązek (m)	[ɔbovɔ̃zɛk]

organization (company)	organizacja (m)	[ɔrgani'zatsja]
organization (process)	organizacja (m)	[ɔrgani'zatsja]
organized (adj)	zorganizowany	[zɔrganizɔ'vanɪ]
cancellation	odwołanie (n)	[ɔdvɔ'wane]
to cancel (call off)	odwołać	[ɔd'vɔwatʃ]
report (official ~)	sprawozdanie (n)	[spravɔz'dane]

patent	patent (m)	['patɛnt]
to patent (obtain patent)	opatentować	[ɔpatɛn'tɔvatʃ]
to plan (vt)	planować	[pʎa'nɔvatʃ]
bonus (money)	premia (f)	['prɛmʰja]

T&P Books. Polish vocabulary for English speakers - 9000 words

| professional (adj) | profesjonalny | [prɔfɛsʰɜ'naʎnı] |
| procedure | procedura (f) | [prɔtsɛ'dura] |

to examine (contract, etc.)	rozpatrzyć	[rɔs'patʃitʃ]
calculation	wyliczenie (n)	[vılı'tʃɛnie]
reputation	reputacja (f)	[rɛpu'tatsʰja]
risk	ryzyko (n)	['rızıkɔ]

to manage, to run	kierować	[ke'rɔvatʃ]
information	wiadomości (pl)	[vʲadɔ'mɔɕtʃi]
property	własność (f)	['vwasnɔɕtʃ]
union	związek (m)	[zvɔ̃zɛk]

life insurance	ubezpieczenie (n) na życie	[ubɛspet'ʃɛne na 'ʒıtʃe]
to insure (vt)	ubezpieczać	[ubɛs'petʃatʃ]
insurance	ubezpieczenie (n)	[ubɛspet'ʃɛne]

auction (~ sale)	przetarg (m)	['pʃɛtark]
to notify (inform)	powiadomić	[pɔvʲa'dɔmitʃ]
management (process)	zarządzanie (n)	[zaʒɔ̃'dzane]
service (~ industry)	usługa (f)	[us'wuga]

forum	forum (n)	['fɔrum]
to function (vi)	funkcjonować	[fuŋkʦʰɜ'nɔvatʃ]
stage (phase)	etap (m)	['ɛtap]
legal (~ services)	prawny	['pravnı]
lawyer (legal expert)	prawnik (m)	['pravnik]

106. Production. Works

plant	zakład (m)	['zakwat]
factory	fabryka (f)	['fabrıka]
workshop	cech (m)	[ʦɛh]
works, production site	zakład (m)	['zakwat]

industry	przemysł (m)	['pʃɛmısw]
industrial (adj)	przemysłowy	[pʃɛmıs'wɔvı]
heavy industry	przemysł (m) ciężki	['pʃɛmısw 'ʧenʃki]
light industry	przemysł (m) lekki	['pʃɛmısw 'lekki]

products	produkcja (f)	[prɔ'duktsʰja]
to produce (vt)	produkować	[prɔdu'kɔvatʃ]
raw materials	surowiec (m)	[su'rɔvets]

foreman	brygadzista (m)	[brıga'dʒista]
workers team	brygada (m)	[brı'gada]
worker	robotnik (m)	[rɔ'bɔtnik]
working day	dzień (m) roboczy	[dʒeɲ rɔ'bɔtʃı]
pause	przerwa (f)	['pʃɛrva]

meeting	zebranie (n)	[zɛb'ranɛ]
to discuss (vt)	omawiać	[ɔ'mavʲatʃ]
plan	plan (m)	[pʎan]
to fulfill the plan	wykonywać plan	[vɪkɔ'nɪvatʃ pʎan]
rate of output	norma (f)	['nɔrma]
quality	jakość (f)	['jakɔɕtʃ]
checking (control)	kontrola (f)	[kɔnt'rɔʎa]
quality control	kontrola (f) jakości	[kɔnt'rɔʎa ja'kɔɕtʃi]
work safety	bezpieczeństwo (n) pracy	[bɛspet'ʃɛɲstfɔ 'pratsɪ]
discipline	dyscyplina (f)	[dɪstsɪp'lina]
violation	naruszenie (n)	[naru'ʃɛnɛ]
(of safety rules, etc.)		
to violate (rules)	naruszać	[na'ruʃatʃ]
strike	strajk (m)	[strajk]
striker	strajkujący (m)	[strajkuɔ̃tsɪ]
to be on strike	strajkować	[straj'kɔvatʃ]
labor union	związek (m) zawodowy	[zvɔ̃zɛk zavɔ'dɔvɪ]
to invent (machine, etc.)	wynalazać	[vɪna'ʎazatʃ]
invention	wynalazek (m)	[vɪna'ʎazɛk]
research	badanie (f)	[ba'danɛ]
to improve (make better)	udoskonalać	[udɔskɔ'naʎatʃ]
technology	technologia (f)	[tɛhnɔ'lɔgʰja]
technical drawing	rysunek (m) techniczny	[rɪ'sunɛk tɛh'nitʃnɛ]
load, cargo	ładunek (m)	[wa'dunɛk]
loader (person)	ładowacz (m)	[wa'dɔvatʃ]
to load (vehicle, etc.)	ładować	[wa'dɔvatʃ]
loading (process)	załadunek (m)	[zawa'dunɛk]
to unload (vi, vt)	rozładowywać	[rɔzwadɔ'vɪvatʃ]
unloading	rozładunek (m)	[rɔzwa'dunɛk]
transportation	transport (m)	['transpɔrt]
transportation company	firma (f) transportowa	['firma transpɔr'tɔva]
to transport (vt)	przewozić	[pʃɛ'vɔʑitʃ]
freight car	wagon (m) towarowy	['vagɔn tɔva'rɔvɪ]
cistern	cysterna (f)	[tsɪs'tɛrna]
truck	ciężarówka (f)	[tʃɛ̃ʒa'rufka]
machine tool	obrabiarka (f)	[ɔbra'bʲarka]
mechanism	mechanizm (m)	[mɛ'hanizm]
industrial waste	odpady (pl)	[ɔt'padɪ]
packing (process)	pakowanie (n)	[pakɔ'vanɛ]
to pack (vt)	zapakować	[zapa'kɔvatʃ]

107. Contract. Agreement

contract	kontrakt (m)	['kɔntrakt]
agreement	umowa (f)	[u'mɔva]
addendum	załącznik (m)	[za'wɔ̃tʃnik]
to sign a contract	zawrzeć kontrakt	['zavʒɛtʃ 'kɔntrakt]
signature	podpis (m)	['pɔdpis]
to sign (vt)	podpisać	[pɔd'pisatʃ]
stamp (seal)	pieczęć (f)	[pet'ʃɛ̃tʃ]
subject of contract	przedmiot (m) umowy	['pʃɛdmɔt u'mɔvɪ]
clause	punkt (m)	[puŋkt]
parties (in contract)	strony (pl)	['strɔnɪ]
legal address	adres (m) prawny	['adrɛs 'pravnɪ]
to break the contract	naruszyć kontrakt	[na'ruʃitʃ 'kɔntrakt]
commitment	zobowiązanie (n)	[zɔbɔvɔ̃'zane]
responsibility	odpowiedzialność (f)	[ɔtpɔve'dʒ'aʎnɔɕtʃ]
force majeure	siła (f) wyższa	['ɕiwa 'vɪʃa]
dispute	spór (m)	[spur]
penalties	sankcje (pl) karne	['saŋktsʰe 'karnɛ]

108. Import & Export

import	import (m)	['impɔrt]
importer	importer (m)	[im'pɔrtɛr]
to import (vt)	importować	[impɔr'tɔvatʃ]
import (e.g., ~ goods)	importowany	[impɔrtɔ'vanɪ]
exporter	eksporter (m)	[ɛks'pɔrtɛr]
to export (vi, vt)	eksportować	[ɛkspɔr'tɔvatʃ]
goods	towar (m)	['tɔvar]
consignment, lot	partia (f) towaru	['partʰja tɔ'varu]
weight	waga (f)	['vaga]
volume	objętość (f)	[ɔbʰ'entɔɕtʃ]
cubic meter	metr (m) sześcienny	[mɛtr ʃɛɕ'tʃenɪ]
manufacturer	producent (m)	[prɔ'dutsɛnt]
transportation company	firma (f) transportowa	['firma transpɔr'tɔva]
container	kontener (m)	[kɔn'tɛnɛr]
border	granica (f)	[gra'nitsa]
customs	urząd (m) celny	['uʒɔ̃t 'tsɛʎnɪ]
customs duty	cło (n)	[tswɔ]
customs officer	celnik (m)	['tsɛʎnik]
smuggling	przemyt (m)	['pʃɛmɪt]
contraband (goods)	kontrabanda (f)	[kɔntra'banda]

109. Finances

stock (share)	akcja (f)	[ˈaktsʰja]
bond (certificate)	obligacja (f)	[ɔbliˈgatsʰja]
bill of exchange	weksel (m)	[ˈvɛksɛʎ]
stock exchange	giełda (f) finansowa	[ˈgewda finanˈsɔva]
stock price	notowania (pl) akcji	[nɔtɔˈvaɲa ˈaktsʰi]
to go down	stanieć	[ˈstanetʃ]
to go up	zdrożeć	[ˈzdrɔʒɛtʃ]
shareholding	udział (m)	[ˈudʑaw]
controlling interest	pakiet (m) kontrolny	[ˈpaket kɔntˈrɔʎnɪ]
investment	inwestycje (pl)	[invɛsˈtɪtsʰe]
to invest (vt)	inwestować	[invɛsˈtɔvatʃ]
percent	procent (m)	[ˈprɔtsɛnt]
interest (on investment)	procenty (pl)	[prɔˈtsɛntɪ]
profit	zysk (m)	[zɪsk]
profitable (adj)	dochodowy	[dɔhɔˈdɔvɪ]
tax	podatek (m)	[pɔˈdatɛk]
currency (foreign ~)	waluta (f)	[vaˈlyta]
national (adj)	narodowy	[narɔˈdɔvɪ]
exchange (currency ~)	wymiana (f)	[vɪˈmʲana]
accountant	księgowy (m)	[kɕɛ̃ˈgɔvɪ]
accounting	księgowość (f)	[kɕɛ̃ˈgɔvɔɕtʃ]
bankruptcy	bankructwo (n)	[baŋkˈrutstfɔ]
collapse, crash	krach (m)	[krah]
ruin	upadłość (f)	[uˈpadwɔɕtʃ]
to be ruined	rujnować się	[ruiˈnɔvatʃ ɕɛ̃]
inflation	inflacja (f)	[infˈʎatsʰja]
devaluation	dewaluacja (f)	[dɛvalyˈatsʰja]
capital	kapitał (m)	[kaˈpitaw]
income	dochód (m)	[ˈdɔhut]
turnover	obrót (m)	[ˈɔbrut]
resources	zasoby (pl)	[zaˈsɔbɪ]
monetary resources	środki (pl) pieniężne	[ˈɕrɔtki peˈnenʒnɛ]
to reduce (expenses)	obniżyć	[ɔbˈniʒɪtʃ]

110. Marketing

marketing	marketing (m)	[marˈkɛtiŋk]
market	rynek (m)	[ˈrɪnɛk]

market segment	segment (m) rynku	['sɛgmɛnt 'rɨŋku]
product	produkt (m)	['prɔdukt]
goods	towar (m)	['tɔvar]

trademark	marka (f) handlowa	['marka hand'lɔva]
logotype	znak (m) firmowy	[znak fir'mɔvɨ]
logo	logo (n)	['lɔgɔ]

demand	popyt (m)	['pɔpɨt]
supply	podaż (f)	['pɔdaʃ]
need	potrzeba (f)	[pɔt'ʃɛba]
consumer	konsument (m)	[kɔn'sumɛnt]

analysis	analiza (f)	[ana'liza]
to analyze (vt)	analizować	[anali'zɔvatʃ]
positioning	pozycjonowanie (n)	[pɔzɨtsʰɔnɔ'vane]
to position (vt)	pozycjonować	[pɔzɨtsʰɔ'nɔvatʃ]

price	cena (f)	['tsɛna]
pricing policy	polityka (f) cenowa	[pɔ'litɨka tsɛ'nɔva]
formation of price	kształtowanie (n) cen	[kʃtawtɔ'vane tsɛn]

111. Advertising

advertising	reklama (f)	[rɛk'ʎama]
to advertise (vt)	reklamować	[rɛkʎa'mɔvatʃ]
budget	budżet (m)	['budʒɛt]

ad, advertisement	reklama (f)	[rɛk'ʎama]
TV advertising	reklama (f) telewizyjna	[rɛk'ʎama tɛlevi'zɨjna]
radio advertising	reklama (f) radiowa	[rɛk'ʎama radʰɔva]
outdoor advertising	reklama (f) zewnętrzna	[rɛk'ʎama zɛv'nɛntʃna]

mass media	środki (pl) masowego przekazu	['ɕrɔtki masɔ'vɛgɔ pʃɛ'kazu]
periodical (n)	periodyk (m)	[pɛrʰɔdɨk]
image (public appearance)	wizerunek (m)	[vizɛ'runɛk]

| slogan | slogan (m) | ['slɔgan] |
| motto (maxim) | hasło (n) | ['haswɔ] |

campaign	kampania (f)	[kam'panja]
advertising campaign	kampania (f) reklamowa	[kam'panja rɛkʎa'mɔva]
target group	odbiorca (m) docelowy	[ɔd'bɔrtsa dɔtsɛ'lɔvɨ]

business card	wizytówka (f)	[vizɨ'tufka]
leaflet	ulotka (f)	[u'lɔtka]
brochure (e.g., 12 pages ~)	broszura (f)	[brɔ'ʃura]
pamphlet	folder (m)	['fɔʎdɛr]

newsletter	biuletyn (m)	[by'letın]
store sign	szyld (m)	[ʃıʎt]
poster	plakat (m)	['pʎakat]
billboard	billboard (m)	['biʎbɔrt]

112. Banking

| bank | bank (m) | [baŋk] |
| branch (of bank, etc.) | filia (f) | ['fiʎja] |

| bank clerk, consultant | konsultant (m) | [kɔn'suʎtant] |
| manager (director) | kierownik (m) | [ke'rɔvnik] |

banking account	konto (n)	['kɔntɔ]
account number	numer (m) konta	['numɛr 'kɔnta]
checking account	rachunek (m) bieżący	[ra'hunɛk be'ʒɔ̃tsı]
savings account	rachunek (m) oszczędnościowy	[ra'hunɛk ɔʃtʃɛndnɔɕtʃɔvı]

to open an account	założyć konto	[za'wɔʒıtʃ 'kɔntɔ]
to close the account	zamknąć konto	['zamknɔɲtʃ 'kɔ̃tɔ]
to deposit into the account	wpłacić na konto	['vpwatɕitʃ na 'kɔntɔ]
to withdraw (vt)	podjąć z konta	['pɔdʰɔ̃tʃ s 'kɔnta]

deposit	wkład (m)	[fkwat]
to make a deposit	dokonać wpłaty	[dɔ'kɔnatʃ 'fpwatı]
wire transfer	przelew (m)	['pʃɛlev]
to wire, to transfer	dokonać przelewu	[dɔ'kɔnatʃ pʃɛ'levu]

| sum | suma (f) | ['suma] |
| How much? | Ile? | ['ile] |

| signature | podpis (m) | ['pɔdpis] |
| to sign (vt) | podpisać | [pɔd'pisatʃ] |

credit card	karta (f) kredytowa	['karta krɛdı'tɔva]
code	kod (m)	[kɔd]
credit card number	numer (m) karty kredytowej	['numɛr 'kartı krɛdı'tɔvɛj]
ATM	bankomat (m)	[ba'ŋkɔmat]

check	czek (m)	[tʃɛk]
to write a check	wystawić czek	[vıs'tavitʃ tʃɛk]
checkbook	książeczka (f) czekowa	[kɕɔ̃'ʒɛtʃka tʃɛ'kɔva]

loan (bank ~)	kredyt (m)	['krɛdıt]
to apply for a loan	wystąpić o kredyt	[vıs'tɔ̃pitʃ ɔ 'krɛdıt]
to get a loan	brać kredyt	[bratʃ 'krɛdıt]
to give a loan	udzielać kredytu	[u'dʑeʎatʃ krɛ'dıtu]
guarantee	gwarancja (f)	[gva'rantsʰja]

113. Telephone. Phone conversation

telephone	telefon (m)	[tɛ'lefɔn]
mobile phone	telefon (m) komórkowy	[tɛ'lefɔn kɔmur'kɔvɪ]
answering machine	sekretarka (f)	[sɛkrɛ'tarka]
to call (telephone)	dzwonić	['dzvɔnitʃ]
phone call	telefon (m)	[tɛ'lefɔn]
to dial a number	wybrać numer	['vɪbratʃ 'numɛr]
Hello!	Halo!	['halɜ]
to ask (vt)	zapytać	[za'pɪtatʃ]
to answer (vi, vt)	odpowiedzieć	[ɔtpɔ'vedʒetʃ]
to hear (vt)	słyszeć	['swɪʃɛtʃ]
well (adv)	dobrze	['dɔbʒɛ]
not well (adv)	źle	[zʲle]
noises (interference)	zakłócenia (pl)	[zakwu'tsɛɲa]
receiver	słuchawka (f)	[swu'hafka]
to pick up (~ the phone)	podnieść słuchawkę	['pɔdnɛɕtʃ swu'hafkɛ̃]
to hang up (~ the phone)	odłożyć słuchawkę	[ɔd'wɔʒɪtʃ swu'hafkɛ̃]
busy (adj)	zajęty	[za'entɪ]
to ring (ab. phone)	dzwonić	['dzvɔnitʃ]
telephone book	książka (f) telefoniczna	[kɕɔ̃ʃka tɛlefɔ'nitʃna]
local (adj)	miejscowy	[mejs'tsɔvɪ]
long distance (~ call)	międzymiastowy	[mɛ̃dzɪmʲas'tɔvɪ]
international (adj)	międzynarodowy	[mɛ̃dzɪnarɔ'dɔvɪ]

114. Mobile telephone

mobile phone	telefon (m) komórkowy	[tɛ'lefɔn kɔmur'kɔvɪ]
display	wyświetlacz (m)	[vɪɕ'fetʎatʃ]
button	klawisz (m)	['kʎaviʃ]
SIM card	karta (f) SIM	['karta sim]
battery	bateria (f)	[ba'tɛrʰja]
to be dead (battery)	rozładować się	[rɔzwa'dɔvatʃ ɕɛ̃]
charger	ładowarka (f)	[wadɔ'varka]
menu	menu (n)	['menu]
settings	ustawienia (pl)	[usta'veɲa]
tune (melody)	melodia (f)	[mɛ'lɜdʰja]
to select (vt)	wybrać	['vɪbratʃ]
calculator	kalkulator (m)	[kaʎku'ʎatɔr]
voice mail	sekretarka (f)	[sɛkrɛ'tarka]

alarm clock	budzik (m)	['budʒik]
contacts	kontakty (pl)	[kɔn'taktɪ]
SMS (text message)	SMS (m)	[ɛs ɛm ɛs]
subscriber	abonent (m)	[a'bɔnɛnt]

115. Stationery

ballpoint pen	długopis (m)	[dwu'gɔpis]
fountain pen	pióro (n)	['pyrɔ]
pencil	ołówek (m)	[ɔ'wuvɛk]
highlighter	marker (m)	['markɛr]
felt-tip pen	flamaster (m)	[fʎa'mastɛr]
notepad	notes (m)	['nɔtɛs]
agenda (diary)	kalendarz (m)	[ka'lendaʃ]
ruler	linijka (f)	[li'nijka]
calculator	kalkulator (m)	[kaʎku'ʎatɔr]
eraser	gumka (f)	['gumka]
thumbtack	pinezka (f)	[pi'nɛska]
paper clip	spinacz (m)	['spinatʃ]
glue	klej (m)	[klej]
stapler	zszywacz (m)	['sʃɪvatʃ]
hole punch	dziurkacz (m)	['dʒyrkatʃ]
pencil sharpener	temperówka (f)	[tɛmpɛ'rufka]

116. Various kinds of documents

account (report)	sprawozdanie (n)	[spravɔz'dane]
agreement	umowa (f)	[u'mɔva]
application form	zgłoszenie (n)	[zgwɔ'ʃɛne]
authentic (adj)	oryginalny	[ɔrigi'naʎnɪ]
badge (identity tag)	plakietka (f)	[pʎa'ketka]
business card	wizytówka (f)	[vizɪ'tufka]
certificate (~ of quality)	certyfikat (m)	[tsɛrtɪ'fikat]
check (e.g., draw a ~)	czek (m)	[tʃɛk]
check (in restaurant)	rachunek (m)	[ra'hunɛk]
constitution	konstytucja (f)	[kɔnstɪ'tutsʰja]
contract	umowa (f)	[u'mɔva]
copy	kopia (f)	['kɔpʰja]
copy (of contract, etc.)	egzemplarz (m)	[ɛg'zɛmpʎaʃ]
customs declaration	deklaracja (f)	[dɛkʎa'ratsʰja]
document	dokument (m)	[dɔ'kumɛnt]

T&P Books. Polish vocabulary for English speakers - 9000 words

driver's license	prawo (n) jazdy	['pravɔ 'jazdɪ]
addendum	załącznik (m)	[zaˈwɔ̃tʃnik]
form	ankieta (f)	[aˈŋketa]

identity card, ID	dowód (m) osobisty	['dɔvɔt ɔsɔ'bistɪ]
inquiry (request)	zapytanie (n)	[zapɪ'tane]
invitation card	zaproszenie (n)	[zaprɔ'ʃɛne]
invoice	rachunek (m)	[ra'hunɛk]

law	ustawa (f)	[us'tava]
letter (mail)	list (m)	[list]
letterhead	formularz (m)	[fɔr'muʎaʃ]
list (of names, etc.)	lista (f)	['lista]
manuscript	rękopis (m)	[rɛ̃'kɔpis]
newsletter	biuletyn (m)	[by'letɪn]
note (short message)	notatka (f)	[nɔ'tatka]

pass (for worker, visitor)	przepustka (f)	[pʃɛ'pustka]
passport	paszport (m)	['paʃpɔrt]
permit	zezwolenie (n)	[zɛzvɔ'lene]
résumé	CV (n), życiorys (m)	[tsɛ 'fau], [ʒɪ'tʃɔris]
debt note, IOU	weksel (m)	['vɛksɛʎ]
receipt (for purchase)	pokwitowanie (n)	[pɔkfitɔ'vane]
sales slip, receipt	paragon (m)	[pa'ragɔn]
report	raport (m)	['rapɔrt]

to show (ID, etc.)	okazywać	[ɔka'zɪvatʃ]
to sign (vt)	podpisać	[pɔd'pisatʃ]
signature	podpis (m)	['pɔdpis]
stamp (seal)	pieczęć (f)	[pet'ʃɛ̃tʃ]
text	tekst (m)	[tɛkst]
ticket (for entry)	bilet (m)	['bilet]

to cross out	skreślić	['skrɛɕlitʃ]
to fill out (~ a form)	wypełnić	[vɪ'pɛwnitʃ]

waybill	list (m) przewozowy	[list pʃɛvɔ'zɔvɪ]
will (testament)	testament (m)	[tɛs'tamɛnt]

117. Kinds of business

accounting services	usługi (pl) księgowe	[us'wugi kɕɛ̃'gɔvɛ]
advertising	reklama (f)	[rɛk'ʎama]
advertising agency	agencja (f) reklamowa	[a'gɛntsʰja rɛkʎamɔva]
air-conditioners	klimatyzatory (pl)	[klimatɪza'tɔrɪ]
airline	linie (pl) lotnicze	['linje lɔt'nitʃɛ]

alcoholic drinks	napoje (pl) alkoholowe	[na'pɔe aʎkɔhɔ'lɔvɛ]
antiquities	antykwariat (m)	[antɪk'varʰjat]
art gallery	galeria (f) sztuki	[ga'lɛrʰja 'ʃtuki]

114

audit services	usługi (pl) audytorskie	[us'wugi audɪ'tɔrskie]
banks	bankowość (f)	[ba'ŋkɔvɔɕtʃ]
bar	bar (m)	[bar]
beauty parlor	salon (m) piękności	[sa'lɔn pʲɛk'nɔʃtʃi]
bookstore	księgarnia (f)	[kɕɛ̃'garɲa]
brewery	browar (m)	['brɔvar]
business center	centrum (n) biznesowe	['ʦɛntrum biznɛ'sɔvɛ]
business school	szkoła (f) biznesu	['ʃkɔwa biz'nɛsu]
casino	kasyno (n)	[ka'sɪnɔ]
construction	budownictwo (n)	[budɔv'nitstvɔ]
consulting	konsultacje (f)	[kɔnsuʎ'taʦie]
dental clinic	stomatologia (f)	[stɔmatɔ'lɔgʰja]
design	wzornictwo (n)	[vzɔr'nitstfɔ]
drugstore, pharmacy	apteka (f)	[ap'tɛka]
dry cleaners	pralnia (f) chemiczna	['praʎɲa hɛ'mitʃna]
employment agency	firma (f) rekrutacyjna	['firma rɛkruta'ʦɪjna]
financial services	usługi (pl) finansowe	[us'wugi finan'sɔvɛ]
food products	artykuły (pl) żywnościowe	[artɪ'kuwɪ ʒɪvnɔɕ'tʃɔvɛ]
funeral home	zakład (m) pogrzebowy	['zakwat pɔgʒɛ'bɔvɪ]
furniture (e.g., house ~)	meble (pl)	['mɛble]
garment	odzież (f)	['ɔdʒeʃ]
hotel	hotel (m)	['hɔtɛʎ]
ice-cream	lody (pl)	['lɔdɪ]
industry	przemysł (m)	['pʃɛmɪsw]
insurance	ubezpieczenie (n)	[ubɛspet'ʃɛne]
Internet	Internet (m)	[in'tɛrnɛt]
investment	inwestycje (pl)	[invɛs'tɪʦʰe]
jeweler	jubiler (m)	[ju'biler]
jewelry	wyroby (pl) jubilerskie	[vɪ'rɔbɪ jubi'lerske]
laundry (shop)	pralnia (f)	['praʎɲa]
legal advisor	usługi (pl) prawne	[us'wugi 'pravnɛ]
light industry	przemysł (m) lekki	['pʃɛmɪsw 'lekki]
magazine	czasopismo (n)	[tʃasɔ'pismɔ]
mail-order selling	sprzedaż (f) wysyłkowa	['spʃɛdaʃ vɪsɪw'kɔva]
medicine	medycyna (f)	[mɛdɪ'ʦɪna]
movie theater	kino (n)	['kinɔ]
museum	muzeum (n)	[mu'zɛum]
news agency	agencja (f) prasowa	[a'gɛnʦʰja pra'sɔva]
newspaper	gazeta (f)	[ga'zɛta]
nightclub	klub (m) nocny	[klyp 'nɔʦnɪ]
oil (petroleum)	ropa (f) naftowa	['rɔpa naf'tɔva]
parcels service	usługi (pl) kurierskie	[us'wugi kurʰ'erske]
pharmaceuticals	farmacja (f)	[far'maʦʰja]
printing (industry)	poligrafia (f)	[pɔlig'rafʰja]

publishing house	wydawnictwo (n)	[vɪdav'niʦtfɔ]
radio (~ station)	radio (n)	['radʰɜ]
real estate	nieruchomość (f)	[neru'hɔmɔɕʧ]
restaurant	restauracja (f)	[rɛstau'raʦʰja]

security agency	agencja (f) ochrony	[a'gɛnʦʰja ɔh'rɔnɪ]
sports	sport (m)	[spɔrt]
stock exchange	giełda (f) finansowa	['gewda finan'sɔva]
store	sklep (m)	[sklep]
supermarket	supermarket (m)	[supɛr'markɛt]
swimming pool	basen (m)	['basɛn]

tailors	atelier (n)	[atɛ'ʎje]
television	telewizja (f)	[tɛle'vizʰja]
theater	teatr (m)	['tɛatr]
trade	handel (m)	['handɛʎ]
transportation	przewozy (pl)	[pʃɛ'vɔzɪ]
travel	podróż (f)	['pɔdruʃ]

veterinarian	weterynarz (m)	[vɛtɛ'rɪnaʃ]
warehouse	magazyn (m)	[ma'gazɪn]
waste collection	wywóz (m) śmieci	['vɪvus 'ɕmeʧi]

Job. Business. Part 2

118. Show. Exhibition

exhibition, show	wystawa (f)	[vɪsˈtava]
trade show	wystawa (f) handlowa	[vɪsˈtava handˈlɜva]
participation	udział (m)	[ˈudʑʲaw]
to participate (vi)	uczestniczyć	[utʃɛstˈnitʃitʃ]
participant (exhibitor)	uczestnik (m)	[utˈʃɛstnik]
director	dyrektor (m)	[dɪˈrɛktɔr]
organizer's office	dyrekcja (f)	[dɪˈrɛktsʰʲa]
organizer	organizator (m)	[ɔrganiˈzatɔr]
to organize (vt)	organizować	[ɔrganiˈzɔvatʃ]
participation form	zgłoszenie (n) udziału	[zgwɔˈʃɛne uˈdʑʲawu]
to fill out (vt)	wypełnić	[vɪˈpɛwnitʃ]
details	detale (pl)	[dɛˈtale]
information	informacja (f)	[infɔrˈmatsʰʲa]
price	cena (f)	[ˈtsɛna]
including	inkluzja	[iŋkˈlyzija]
to include (vt)	wliczać	[ˈvlitʃatʃ]
to pay (vi, vt)	płacić	[ˈpwatʃitʃ]
registration fee	wpisowe (n)	[fpiˈsɔvɛ]
entrance	wejście (n)	[ˈvɛjɕtʃe]
pavilion, hall	pawilon (m)	[paˈvilɜn]
to register (vt)	rejestrować	[rɛestˈrɔvatʃ]
badge (identity tag)	plakietka (f)	[pʎaˈketka]
booth, stand	stoisko (n)	[stɔˈiskɔ]
to reserve, to book	rezerwować	[rɛzɛrˈvɔvatʃ]
display case	witryna (f)	[vitˈrɪna]
spotlight	lampka (f)	[ˈʎampka]
design	wzornictwo (n)	[vzɔrˈnitstfɔ]
to place (put, set)	umieszczać	[uˈmeʃtʃatʃ]
distributor	dystrybutor (m)	[dɪstrɪˈbutɔr]
supplier	dostawca (m)	[dɔsˈtafsa]
country	kraj (m)	[kraj]
foreign (adj)	zagraniczny	[zagraˈnitʃnɪ]
product	produkt (m)	[ˈprɔdukt]

English	Polish	Pronunciation
association	stowarzyszenie (n)	[stɔvaʒɪ'ʃɛne]
conference hall	sala (f) konferencyjna	['saʎa kɔnfɛrɛn'tsɪjna]
congress	kongres (m)	['kɔŋrɛs]
contest (competition)	konkurs (m)	['kɔŋkurs]
visitor	zwiedzający (m)	[zvedzaɔ̃tsɪ]
to visit (attend)	zwiedzać	['zvedzatʃ]
customer	zamawiający (m)	[zamavjaɔ̃tsɪ]

119. Mass Media

English	Polish	Pronunciation
newspaper	gazeta (f)	[ga'zɛta]
magazine	czasopismo (n)	[tʃasɔ'pismɔ]
press (printed media)	prasa (f)	['prasa]
radio	radio (n)	['radʰɜ]
radio station	stacja (f) radiowa	['statsʰja radʰɜva]
television	telewizja (f)	[tɛle'vizʰja]
presenter, host	prezenter (m)	[prɛ'zɛntɛr]
newscaster	spiker (m)	['spikɛr]
commentator	komentator (m)	[kɔmɛn'tatɔr]
journalist	dziennikarz (m)	[dʒe'ɲikaʃ]
correspondent (reporter)	korespondent (m)	[kɔrɛs'pɔndɛnt]
press photographer	fotoreporter (m)	[fɔtɔrɛ'pɔrtɛr]
reporter	reporter (m)	[rɛ'pɔrtɛr]
editor	redaktor (m)	[rɛ'daktɔr]
editor-in-chief	redaktor (m) naczelny	[rɛ'daktɔr nat'ʃɛʎnɪ]
to subscribe (to ...)	zaprenumerować	[zaprɛnumɛ'rɔvatʃ]
subscription	prenumerata (f)	[prɛnumɛ'rata]
subscriber	prenumerator (m)	[prɛnumɛ'ratɔr]
to read (vi, vt)	czytać	['tʃɪtatʃ]
reader	czytelnik (m)	[tʃɪ'tɛʎnik]
circulation (of newspaper)	nakład (m)	['nakwat]
monthly (adj)	comiesięczny	[tsɔme'ɕentʃnɪ]
weekly (adj)	cotygodniowy	[tsɔtɪgɔd'nɜvɪ]
issue (edition)	numer (m)	['numɛr]
new (~ issue)	najnowszy	[naj'nɔʃʃɪ]
headline	nagłówek (m)	[nag'wuvɛk]
short article	notatka (f) prasowa	[nɔ'tatka pra'sɔva]
column (regular article)	rubryka (f)	['rubrɪka]
article	artykuł (m)	[ar'tɪkuw]
page	strona (f)	['strɔna]
reportage, report	reportaż (m)	[rɛ'pɔrtaʃ]
event (happening)	wydarzenie (n)	[vɪda'ʒɛne]

sensation (news)	**sensacja** (f)	[sɛn'satsʰja]
scandal	**skandal** (m)	['skandaʎ]
scandalous (adj)	**skandaliczny**	[skanda'litʃnɪ]
great (~ scandal)	**głośny**	['gwɔɕnɪ]
program	**program** (m) **telewizyjny**	['prɔgram tɛlevi'zɪjnɪ]
interview	**wywiad** (m)	['vɪvʲat]
live broadcast	**bezpośrednia transmisja**	[bɛspɔɕ'rɛdɲa trans'misʰja]
channel	**kanał** (m) **telewizyjny**	['kanaw tɛlevi'zɪjnɪ]

120. Agriculture

agriculture	**rolnictwo** (n)	[rɔʎ'nitstfɔ]
peasant (masc.)	**rolnik** (m)	['rɔʎnik]
peasant (fem.)	**rolniczka** (f)	[rɔʎ'nitʃka]
farmer	**farmer** (m)	['farmɛr]
tractor	**traktor** (m)	['traktɔr]
combine, harvester	**kombajn** (m)	['kɔmbajn]
plow	**pług** (m)	[pwuk]
to plow (vi, vt)	**orać**	['ɔratʃ]
plowland	**rola** (f)	['rɔʎa]
furrow (in field)	**bruzda** (f)	['bruzda]
to sow (vi, vt)	**siać**	[ɕatʃ]
seeder	**siewnik** (m)	['ɕevnik]
sowing (process)	**zasiew** (m)	['zaɕef]
scythe	**kosa** (f)	['kɔsa]
to mow, to scythe	**kosić**	['kɔɕitʃ]
spade (tool)	**łopata** (f)	[wɔ'pata]
to dig (to till)	**kopać**	['kɔpatʃ]
hoe	**motyka** (f)	[mɔ'tɪka]
to hoe, to weed	**plewić**	['plevitʃ]
weed (plant)	**chwast** (m)	[hfast]
watering can	**konewka** (f)	[kɔ'nɛfka]
to water (plants)	**podlewać**	[pɔd'levatʃ]
watering (act)	**podlewanie** (n)	[pɔdle'vane]
pitchfork	**widły** (pl)	['vidwɪ]
rake	**grabie** (pl)	['grabe]
fertilizer	**nawóz** (m)	['navus]
to fertilize (vt)	**nawozić**	[na'vɔʒitʃ]
manure (fertilizer)	**obornik** (m)	[ɔ'bɔrnik]
field	**pole** (n)	['pɔle]

meadow	**łąka** (f)	['wɔ̃ka]
vegetable garden	**ogród** (m)	['ɔgrut]
orchard (e.g., apple ~)	**sad** (m)	[sat]
to pasture (vt)	**paść**	[paɕtʃ]
herdsman	**pastuch** (m)	['pastuh]
pastureland	**pastwisko** (n)	[past'fiskɔ]
cattle breeding	**hodowla** (f) **zwierząt**	[hɔ'dɔvʎa 'zvʲeʒɔ̃t]
sheep farming	**hodowla** (f) **owiec**	[hɔ'dɔvʎa 'ɔvʲets]
plantation	**plantacja** (f)	[pʎan'tatsʰja]
row (garden bed ~s)	**grządka** (f)	['gʒɔ̃tka]
hothouse	**inspekt** (m)	['inspɛkt]
drought (lack of rain)	**susza** (f)	['suʃa]
dry (~ summer)	**suchy**	['suhɪ]
cereal crops	**rośliny** (pl) **zbożowe**	[rɔɕ'linɪ zbɔ'ʒɔvɛ]
to harvest, to gather	**zbierać plony**	['zberatʃ 'plɔnɪ]
miller (person)	**młynarz** (m)	['mwɪnaʃ]
mill (e.g., gristmill)	**młyn** (m)	[mwɪn]
to grind (grain)	**mleć zboże**	[mlɛtʃ 'zbɔʒɛ]
flour	**mąka** (f)	['mɔ̃ka]
straw	**słoma** (f)	['swɔma]

121. Building. Building process

construction site	**budowa** (f)	[bu'dɔva]
to build (vt)	**budować**	[bu'dɔvatʃ]
construction worker	**budowniczy** (m)	[budɔv'nitʃɪ]
project	**projekt** (m)	['prɔekt]
architect	**architekt** (m)	[ar'hitɛkt]
worker	**robotnik** (m)	[rɔ'bɔtnik]
foundation (of building)	**fundament** (m)	[fun'damɛnt]
roof	**dach** (m)	[dah]
foundation pile	**pal** (m)	[paʎ]
wall	**ściana** (f)	['ɕtʃana]
reinforcing bars	**zbrojenie** (n)	[zbrɔ'ene]
scaffolding	**rusztowanie** (n)	[ruʃtɔ'vane]
concrete	**beton** (m)	['bɛtɔn]
granite	**granit** (m)	['granit]
stone	**kamień** (m)	['kamʲeɲ]
brick	**cegła** (f)	['tsɛgwa]
sand	**piasek** (m)	['pʲasɛk]

cement	**cement** (m)	[ˈtsɛmɛnt]
plaster (for walls)	**tynk** (m)	[tɪŋk]
to plaster (vt)	**tynkować**	[tɪˈŋkɔvatʃ]
paint	**farba** (f)	[ˈfarba]
to paint (~ a wall)	**malować**	[maˈlɔvatʃ]
barrel	**beczka** (f)	[ˈbɛtʃka]
crane	**dźwig** (m)	[dʒʲvik]
to lift (vt)	**podnosić**	[pɔdˈnɔɕitʃ]
to lower (vt)	**opuszczać**	[ɔˈpuʃtʃatʃ]
bulldozer	**spychacz** (m)	[ˈspɪhatʃ]
excavator	**koparka** (f)	[kɔˈparka]
scoop, bucket	**łyżka** (f)	[ˈwɪʃka]
to dig (excavate)	**kopać**	[ˈkɔpatʃ]
hard hat	**kask** (m)	[kask]

122. Science. Research. Scientists

science	**nauka** (f)	[naˈuka]
scientific (adj)	**naukowy**	[nauˈkɔvɪ]
scientist	**naukowiec** (m)	[nauˈkɔvets]
theory	**teoria** (f)	[tɛˈɔrʰja]
axiom	**aksjomat** (m)	[aksˈjɔmat]
analysis	**analiza** (f)	[anaˈliza]
to analyze (vt)	**analizować**	[analiˈzɔvatʃ]
argument (strong ~)	**argument** (m)	[arˈgumɛnt]
substance (matter)	**substancja** (f)	[supsˈtantsʰja]
hypothesis	**hipoteza** (f)	[hipɔˈtɛza]
dilemma	**dylemat** (m)	[dɪˈlemat]
dissertation	**rozprawa** (f)	[rɔspˈrava]
dogma	**dogmat** (m)	[ˈdɔgmat]
doctrine	**doktryna** (f)	[dɔktˈrɪna]
research	**badanie** (f)	[baˈdane]
to do research	**badać**	[ˈbadatʃ]
testing	**testowanie** (n)	[tɛstɔˈvane]
laboratory	**laboratorium** (n)	[ʎabɔraˈtɔrʰjum]
method	**metoda** (f)	[mɛˈtɔda]
molecule	**molekuła** (f)	[mɔleˈkuwa]
monitoring	**monitorowanie** (n)	[mɔnitɔrɔˈvane]
discovery (act, event)	**odkrycie** (n)	[ɔtkˈrɪtʃe]
postulate	**postulat** (m)	[pɔsˈtuʎat]
principle	**zasada** (f)	[zaˈsada]
forecast	**prognoza** (f)	[prɔgˈnɔza]
prognosticate (vt)	**prognozować**	[prɔgnɔˈzɔvatʃ]

synthesis	**synteza** (f)	[sɪn'tɛza]
trend (tendency)	**tendencja** (f)	[tɛn'dɛnʦʰja]
theorem	**teoremat** (m)	[tɛɔ'rɛmat]
teachings	**nauczanie** (n)	[nautʃane]
fact	**fakt** (m)	[fakt]
expedition	**ekspedycja** (f)	[ɛkspɛ'dɪʦʰja]
experiment	**eksperyment** (m)	[ɛkspɛ'rɪmɛnt]
academician	**akademik** (m)	[aka'dɛmik]
bachelor (e.g., ~ of Arts)	**bakałarz** (m)	[ba'kawaʃ]
doctor (PhD)	**doktor** (m)	['dɔktɔr]
Associate Professor	**docent** (m)	['dɔʦɛnt]
Master (e.g., ~ of Arts)	**magister** (m)	[ma'gistɛr]
professor	**profesor** (m)	[prɔ'fɛsɔr]

Professions and occupations

123. Job search. Dismissal

job	praca (f)	['pratsa]
staff (work force)	etat (m)	['ɛtat]
career	kariera (f)	[karʰ'era]
prospects	perspektywa (f)	[pɛrspɛk'tɪva]
skills (mastery)	profesjonalizm (m)	[prɔfɛsʰɜ'nalizm]
selection (screening)	wybór (m)	['vɪbur]
employment agency	agencja (f) rekrutacyjna	[a'gɛntsʰja rɛkruta'tsɪjna]
résumé	CV (n), życiorys (m)	[tsɛ 'fau], [ʒɪ'tʂɔrɪs]
interview (for job)	rozmowa (f) kwalifikacyjna	[rɔz'mɔva kfalifika'tsɪjna]
vacancy, opening	wakat (m)	['vakat]
salary, pay	pensja (f)	['pɛnsʰja]
fixed salary	stałe wynagrodzenie (n)	['stawɛ vɪnagrɔ'dzɛne]
pay, compensation	opłata (f)	[ɔp'wata]
position (job)	stanowisko (n)	[stanɔ'viskɔ]
duty (of employee)	obowiązek (m)	[ɔbɔvɔ̃zɛk]
range of duties	zakres (m) obowiazkow	['zakrɛs ɔbɔ'vʲazkɔf]
busy (I'm ~)	zajęty	[za'entɪ]
to fire (dismiss)	zwolnić	['zvɔʎnitʃ]
dismissal	zwolnienie (n)	[zvɔʎ'nene]
unemployment	bezrobocie (n)	[bɛzrɔ'bɔtʃe]
unemployed (n)	bezrobotny (m)	[bɛzrɔ'bɔtnɪ]
retirement	emerytura (f)	[ɛmɛrɪ'tura]
to retire (from job)	przejść na emeryturę	['pʂɛjɕtʃ na ɛmɛrɪ'turɛ̃]

124. Business people

director	dyrektor (m)	[dɪ'rɛktɔr]
manager (director)	kierownik (m)	[ke'rɔvnik]
boss	szef (m)	[ʃɛf]
superior	kierownik (m)	[ke'rɔvnik]
superiors	kierownictwo (n)	[kerɔv'nitstfɔ]
president	prezes (m)	['prɛzɛs]

T&P Books. Polish vocabulary for English speakers - 9000 words

chairman	przewodniczący (m)	[pʃɛvɔdnit'ʃɔ̃tsɪ]
deputy (substitute)	zastępca (m)	[zas'tɛ̃ptsa]
assistant	pomocnik (m)	[pɔ'mɔtsnik]
secretary	sekretarka (f)	[sɛkrɛ'tarka]
personal assistant	sekretarz (m) osobisty	[sɛk'rɛtaʃ ɔsɔ'bistɪ]

businessman	biznesmen (m)	['biznɛsmɛn]
entrepreneur	przedsiębiorca (m)	[pʃɛdɕɛ̃'bɜrtsa]
founder	założyciel (m)	[zawɔ'ʒɪtʃeʎ]
to found (vt)	założyć	[za'wɔʒɪtʃ]

incorporator	wspólnik (m)	['fspɔʎnik]
partner	partner (m)	['partnɛr]
stockholder	akcjonariusz (m)	[aktsʰɜ'narʰjuʃ]

millionaire	milioner (m)	[mi'ʎjɔnɛr]
billionaire	miliarder (m)	[mi'ʎjardɛr]
owner, proprietor	właściciel (m)	[vwaɕ'tʃitʃeʎ]
landowner	właściciel (m) ziemski	[vwaɕ'tʃitʃeʎ 'ʒemski]

client	klient (m)	['klient]
regular client	stały klient (m)	['stawɪ 'klient]
buyer (customer)	kupujący (m)	[kupuɔ̃tsɪ]
visitor	zwiedzający (m)	[zvedzaɔ̃tsɪ]

professional (n)	profesjonalista (m)	[prɔfɛsʰɜna'lista]
expert	ekspert (m)	['ɛkspɛrt]
specialist	specjalista (m)	[spɛtsʰja'lista]

banker	bankier (m)	['baŋker]
broker	broker (m)	['brɔkɛr]

cashier, teller	kasjer (m), kasjerka (f)	['kasʰer], [kasʰ'erka]
accountant	księgowy (m)	[kɕɛ̃'gɔvɪ]
security guard	ochroniarz (m)	[ɔh'rɔɲaʃ]

investor	inwestor (m)	[in'vɛstɔr]
debtor	dłużnik (m)	['dwuʒnik]
creditor	kredytodawca (m)	[krɛdɪtɔ'daftsa]
borrower	pożyczkobiorca (m)	[pɔʒɪtʃkɔ'bɜrtsa]

importer	importer (m)	[im'pɔrtɛr]
exporter	eksporter (m)	[ɛks'pɔrtɛr]

manufacturer	producent (m)	[prɔ'dutsɛnt]
distributor	dystrybutor (m)	[dɪstrɪ'butɔr]
middleman	pośrednik (m)	[pɔɕ'rɛdnik]
consultant	konsultant (m)	[kɔn'suʎtant]
sales representative	przedstawiciel (m)	[pʃɛtsta'vitʃeʎ]
agent	agent (m)	['agɛnt]
insurance agent	agent (m) ubezpieczeniowy	['agɛnt ubɛspetʃɛnɜvɪ]

125. Service professions

cook	kucharz (m)	['kuhaʃ]
chef (kitchen chef)	szef (m) kuchni	[ʃɛf 'kuhni]
baker	piekarz (m)	['pekaʃ]
bartender	barman (m)	['barman]
waiter	kelner (m)	['kɛʎnɛr]
waitress	kelnerka (f)	[kɛʎ'nɛrka]
lawyer, attorney	adwokat (m)	[ad'vɔkat]
lawyer (legal expert)	prawnik (m)	['pravnik]
notary	notariusz (m)	[nɔ'tarʲjuʃ]
electrician	elektryk (m)	[ɛ'lektrɪk]
plumber	hydraulik (m)	[hɪd'raulik]
carpenter	cieśla (m)	['ʨeɕʎa]
masseur	masażysta (m)	[masa'ʒɪsta]
masseuse	masażystka (f)	[masa'ʒɪstka]
doctor	lekarz (m)	['lekaʃ]
taxi driver	taksówkarz (m)	[tak'sufkaʃ]
driver	kierowca (m)	[ke'rɔftsa]
delivery man	kurier (m)	['kurʰer]
chambermaid	pokojówka (f)	[pɔkɔ'jufka]
security guard	ochroniarz (m)	[ɔh'rɔɲaʃ]
flight attendant	stewardessa (f)	[stʰjuar'dɛsa]
teacher (in primary school)	nauczyciel (m)	[naut'ʃɪʧeʎ]
librarian	bibliotekarz (m)	[bibʎɔ'tɛkaʃ]
translator	tłumacz (m)	['twumatʃ]
interpreter	tłumacz (m)	['twumatʃ]
guide	przewodnik (m)	[pʃɛ'vɔdnik]
hairdresser	fryzjer (m)	['frɪzʰer]
mailman	listonosz (m)	[lis'tɔnɔʃ]
salesman (store staff)	sprzedawca (m)	[spʃɛ'daftsa]
gardener	ogrodnik (m)	[ɔg'rɔdnik]
domestic servant	służący (m)	[swu'ʒɔ̃tsɪ]
maid	służąca (f)	[swu'ʒɔ̃tsa]
cleaner (cleaning lady)	sprzątaczka (f)	[spʃɔ̃'tatʃka]

126. Military professions and ranks

private	szeregowy (m)	[ʃɛrɛ'gɔvɪ]
sergeant	sierżant (m)	['ɕerʒant]

| lieutenant | podporucznik (m) | [pɔtpɔ'rutʃnik] |
| captain | kapitan (m) | [ka'pitan] |

major	major (m)	['majɔr]
colonel	pułkownik (m)	[puw'kɔvnik]
general	generał (m)	[gɛ'nɛraw]
marshal	marszałek (m)	[mar'ʃawɛk]
admiral	admirał (m)	[ad'miraw]

military man	wojskowy (m)	[vɔjs'kɔvɪ]
soldier	żołnierz (m)	['ʒɔwneʃ]
officer	oficer (m)	[ɔ'fitsɛr]
commander	dowódca (m)	[dɔ'vuttsa]

border guard	pogranicznik (m)	[pɔgra'nitʃnik]
radio operator	radiooperator (m)	[radʰɔ:pɛ'ratɔr]
scout (searcher)	zwiadowca (m)	[zvʲa'dɔftsa]
pioneer (sapper)	saper (m)	['sapɛr]
marksman	strzelec (m)	['stʃɛlets]
navigator	nawigator (m)	[navi'gatɔr]

127. Officials. Priests

| king | król (m) | [kruʎ] |
| queen | królowa (f) | [kru'lɜva] |

| prince | książę (m) | [kɕɔ̃ʒɛ̃] |
| princess | księżniczka (f) | [kɕɛ̃ʒ'nitʃka] |

| tsar, czar | car (m) | [tsar] |
| czarina | caryca (f) | [tsa'rɪtsa] |

president	prezydent (m)	[prɛ'zɪdɛnt]
Secretary (~ of State)	minister (m)	[mi'nistɛr]
prime minister	premier (m)	['prɛmʰer]
senator	senator (m)	[sɛ'natɔr]

diplomat	dyplomata (m)	[dɪplɜ'mata]
consul	konsul (m)	['kɔnsuʎ]
ambassador	ambasador (m)	[amba'sadɔr]
advisor (military ~)	doradca (m)	[dɔ'rattsa]

official (civil servant)	pracownik (m)	[pra'tsɔvnik]
prefect	burmistrz (m) dzielnicy	['burmistʃ dʒeʎ'nitsɪ]
mayor	mer (m)	[mɛr]

judge	sędzia (m)	['sɛ̃dʒʲa]
district attorney (prosecutor)	prokurator (m)	[prɔku'ratɔr]
missionary	misjonarz (m)	[misʰɜnaʃ]

monk	zakonnik (m)	[zaˈkɔɲik]
abbot	opat (m)	[ˈɔpat]
rabbi	rabin (m)	[ˈrabin]
vizier	wezyr (m)	[ˈvɛzɪr]
shah	szach (m)	[ʃah]
sheikh	szejk (m)	[ʃɛjk]

128. Agricultural professions

beekeeper	pszczelarz (m)	[ˈpʃtʃɛʎaʃ]
herder, shepherd	pastuch (m)	[ˈpastuh]
agronomist	agronom (m)	[agˈrɔnɔm]
cattle breeder	hodowca (m) zwierząt	[hɔˈdɔfsa ˈzvezɔ̃t]
veterinarian	weterynarz (m)	[vɛtɛˈrɪnaʃ]
farmer	farmer (m)	[ˈfarmɛr]
winemaker	winiarz (m)	[ˈviɲaʃ]
zoologist	zoolog (m)	[zɔˈɔlɔk]
cowboy	kowboj (m)	[ˈkɔvbɔj]

129. Art professions

actor	aktor (m)	[ˈaktɔr]
actress	aktorka (f)	[akˈtɔrka]
singer (masc.)	śpiewak (m)	[ˈɕpevak]
singer (fem.)	śpiewaczka (f)	[ɕpeˈvatʃka]
dancer (masc.)	tancerz (m)	[ˈtantsɛʃ]
dancer (fem.)	tancerka (f)	[tanˈtsɛrka]
performing artist (masc.)	artysta (m)	[arˈtɪsta]
performing artist (fem.)	artystka (f)	[arˈtɪstka]
musician	muzyk (m)	[ˈmuzɪk]
pianist	pianista (m)	[pʰjaˈnista]
guitar player	gitarzysta (m)	[gitaˈʒɪsta]
conductor (orchestra ~)	dyrygent (m)	[dɪˈrɪgɛnt]
composer	kompozytor (m)	[kɔmpɔˈzɪtɔr]
impresario	impresario (m)	[imprɛˈsarʰɔ]
movie director	reżyser (m)	[rɛˈʒɪsɛr]
producer	producent (m)	[prɔˈdutsɛnt]
scriptwriter	scenarzysta (m)	[stsɛnaˈʒɪsta]
critic	krytyk (m)	[ˈkrɪtɪk]
writer	pisarz (m)	[ˈpisaʃ]

poet	poeta (m)	[pɔ'ɛta]
sculptor	rzeźbiarz (m)	['ʒɛʑˈbʲaʃ]
artist (painter)	malarz (m)	['maʎaʃ]

juggler	żongler (m)	['ʒɔŋler]
clown	klown (m)	['kʎaun]
acrobat	akrobata (m)	[akrɔ'bata]
magician	sztukmistrz (m)	['ʃtukmistʃ]

130. Various professions

doctor	lekarz (m)	['lekaʃ]
nurse	pielęgniarka (f)	[pelɛ̃g'ɲarka]
psychiatrist	psychiatra (m)	[psihʰ'atra]
dentist	dentysta (m)	[dɛn'tısta]
surgeon	chirurg (m)	['hirurk]

| astronaut | astronauta (m) | [astrɔ'nauta] |
| astronomer | astronom (m) | [ast'rɔnɔm] |

driver (of taxi, etc.)	kierowca (m)	[ke'rɔftsa]
engineer (train driver)	maszynista (m)	[maʃı'nista]
mechanic	mechanik (m)	[mɛ'hanik]

miner	górnik (m)	['gurnik]
worker	robotnik (m)	[rɔ'bɔtnik]
metalworker	ślusarz (m)	['ɕlysaʃ]
joiner (carpenter)	stolarz (m)	['stɔʎaʃ]
turner	tokarz (m)	['tɔkaʃ]
construction worker	budowniczy (m)	[budɔv'nitʃı]
welder	spawacz (m)	['spavatʃ]

professor (title)	profesor (m)	[prɔ'fɛsɔr]
architect	architekt (m)	[ar'hitɛkt]
historian	historyk (m)	[his'tɔrık]
scientist	naukowiec (m)	[nau'kɔvets]
physicist	fizyk (m)	['fizık]
chemist (scientist)	chemik (m)	['hɛmik]

archeologist	archeolog (m)	[arhɛ'ɔlɔk]
geologist	geolog (m)	[gɛ'ɔlɔk]
researcher	badacz (m)	['badatʃ]

| babysitter | opiekunka (f) do dziecka | [ɔpe'kuŋka dɔ 'dʑetska] |
| teacher, educator | pedagog (m) | [pɛ'dagɔk] |

editor	redaktor (m)	[rɛ'daktɔr]
editor-in-chief	redaktor (m) naczelny	[rɛ'daktɔr natʃ'ɛʎnı]
correspondent	korespondent (m)	[kɔrɛs'pɔndɛnt]
typist (fem.)	maszynistka (f)	[maʃı'nistka]

designer	projektant (m)	[prɔ'ektant]
computer expert	komputerowiec (m)	[kɔmputɛ'rɔvets]
programmer	programista (m)	[prɔgra'mista]
engineer (designer)	inżynier (m)	[in'ʒɪner]
sailor	marynarz (m)	[ma'rɪnaʃ]
seaman	marynarz (m)	[ma'rɪnaʃ]
rescuer	ratownik (m)	[ra'tɔvnik]
fireman	strażak (m)	['straʒak]
policeman	policjant (m)	[pɔ'litsʰjant]
watchman	stróż (m)	[struʃ]
detective	detektyw (m)	[dɛ'tɛktɪv]
customs officer	celnik (m)	['tsɛʎnik]
bodyguard	ochroniarz (m)	[ɔh'rɔɲaʃ]
prison guard	nadzorca (m)	[na'dzɔrtsa]
inspector	inspektor (m)	[ins'pɛktɔr]
sportsman	sportowiec (m)	[spɔr'tɔvets]
trainer, coach	trener (m)	['trɛnɛr]
butcher	rzeźnik (m)	['ʒɛzʲnik]
cobbler	szewc (m)	[ʃɛfts]
merchant	handlowiec (m)	[hand'lɔvets]
loader (person)	ładowacz (m)	[wa'dɔvatʃ]
fashion designer	projektant (m) mody	[prɔ'ektant 'mɔdɪ]
model (fem.)	modelka (f)	[mɔ'dɛʎka]

131. Occupations. Social status

schoolboy	uczeń (m)	['utʃɛɲ]
student (college ~)	student (m)	['studɛnt]
philosopher	filozof (m)	[fi'lɔzɔf]
economist	ekonomista (m)	[ɛkɔnɔ'mista]
inventor	wynalazca (m)	[vɪna'ʎastsa]
unemployed (n)	bezrobotny (m)	[bɛzrɔ'bɔtnɪ]
retiree	emeryt (m)	[ɛ'mɛrɪt]
spy, secret agent	szpieg (m)	[ʃpek]
prisoner	więzień (m)	['veɲʒɛ̃]
striker	strajkujący (m)	[strajkuɔ̃tsɪ]
bureaucrat	biurokrata (m)	[byrɔk'rata]
traveler	podróżnik (m)	[pɔd'ruʒnik]
homosexual	homoseksualista (m)	[hɔmɔsɛksua'lista]
hacker	haker (m)	['hakɛr]
bandit	bandyta (m)	[ban'dɪta]

hit man, killer	**płatny zabójca** (m)	[ˈpwatnɪ zaˈbɔjtsa]
drug addict	**narkoman** (m)	[narˈkɔman]
drug dealer	**handlarz** (m) **narkotyków**	[ˈhandʎaʐ narkɔˈtɪkuf]
prostitute (fem.)	**prostytutka** (f)	[prɔstɪˈtutka]
pimp	**sutener** (m)	[suˈtɛnɛr]
sorcerer	**czarodziej** (m)	[tʃaˈrɔdʒej]
sorceress	**czarodziejka** (f)	[tʃarɔˈdʒejka]
pirate	**pirat** (m)	[ˈpirat]
slave	**niewolnik** (m)	[neˈvɔʎnik]
samurai	**samuraj** (m)	[saˈmuraj]
savage (primitive)	**dzikus** (m)	[ˈdʒikus]

Sports

132. Kinds of sports. Sportspersons

sportsman	sportowiec (m)	[spɔr'tɔvets]
kind of sports	rodzaj (m) sportu	['rɔdzaj 'spɔrtu]
basketball	koszykówka (f)	[kɔʃɨ'kufka]
basketball player	koszykarz (m)	[kɔ'ʃɨkaʃ]
baseball	baseball (m)	['bɛjzbɔʎ]
baseball player	bejsbolista (m)	[bɛjzbɔ'lista]
soccer	piłka (f) nożna	['piwka 'nɔʒna]
soccer player	piłkarz (m)	['piwkaʃ]
goalkeeper	bramkarz (m)	['bramkaʃ]
hockey	hokej (m)	['hɔkɛj]
hockey player	hokeista (m)	[hɔkɛ'ista]
volleyball	siatkówka (f)	[ɕat'kufka]
volleyball player	siatkarz (m)	['ɕatkaʃ]
boxing	boks (m)	[bɔks]
boxer	bokser (m)	['bɔksɛr]
wrestling	zapasy (pl)	[za'pasɨ]
wrestler	zapaśnik (m)	[za'paɕnik]
karate	karate (n)	[ka'ratɛ]
karate fighter	karateka (m)	[kara'tɛka]
judo	judo (n)	['dʒudɔ]
judo athlete	judoka (m)	[dʒu'dɔka]
tennis	tenis (m)	['tɛnis]
tennis player	tenisista (m)	[tɛni'ɕista]
swimming	pływanie (n)	[pwɨ'vane]
swimmer	pływak (m)	['pwɨvak]
fencing	szermierka (f)	[ʃɛr'merka]
fencer	szermierz (m)	['ʃɛrmeʃ]
chess	szachy (pl)	['ʃahɨ]
chess player	szachista (m)	[ʃa'hista]

| alpinism | alpinizm (m) | [aʎpi'nism] |
| alpinist | alpinista (m) | [aʎpi'nista] |

running	bieganie (m)	['begane]
runner	biegacz (m)	['begatʃ]
athletics	lekkoatletyka (f)	[lekkɔat'letɪka]
athlete	lekkoatleta (m)	[lekkɔat'leta]

| horseback riding | jeździectwo (n) | [eʒʲ'dʒetsstfɔ] |
| horse rider | jeździec (m) | ['eʒdʒets] |

figure skating	łyżwiarstwo (n) figurowe	[wɪʒ'vʲarstfɔ figu'rɔvɛ]
figure skater (masc.)	łyżwiarz (m) figurowy	['wɪʒvʲaʃ figu'rɔvɪ]
figure skater (fem.)	łyżwiarka (f) figurowa	[wɪʒ'vʲarka figu'rɔva]

weightlifting	podnoszenie (n) ciężarów	[pɔdnɔ'ʃɛne tɕɛ̃'ʒaruv]
car racing	wyścigi (pl) samochodowe	[vɪɕ'tɕigi samɔhɔ'dɔvɛ]
racing driver	kierowca (m) wyścigowy	[ke'rɔftsa vɪɕtɕi'gɔvɪ]

| cycling | kolarstwo (n) | [kɔ'ʎarstfɔ] |
| cyclist | kolarz (m) | ['kɔʎaʃ] |

broad jump	skoki (pl) w dal	['skɔki v daʎ]
pole vault	skoki (pl) o tyczce	['skɔki ɔ 'tɪtʃtsɛ]
jumper	skoczek (m)	['skɔtʃɛk]

133. Kinds of sports. Miscellaneous

football	futbol (m) amerykański	['futbɔʎ amɛrɪ'kaɲski]
badminton	badminton (m)	[bad'mintɔn]
biathlon	biathlon (m)	['bʰatlɔn]
billiards	bilard (m)	['biʎart]

bobsled	bobsleje (pl)	[bɔps'lɛe]
bodybuilding	kulturystyka (f)	[kuʎtu'rɪstɪka]
water polo	piłka (f) wodna	['piwka 'vɔdna]
handball	piłka (f) ręczna	['piwka 'rɛntʃna]
golf	golf (m)	[gɔʎf]

rowing	wioślarstwo (n)	[vɔɕ'ʎarstfɔ]
scuba diving	nurkowanie (n)	[nurkɔ'vane]
cross-country skiing	biegi (pl) narciarskie	['begi nar'tɕarske]
ping-pong	tenis (m) stołowy	['tɛnis stɔ'wɔvɪ]

sailing	żeglarstwo (n)	[ʒɛg'ʎarstfɔ]
rally racing	rajd (m)	[rajt]
rugby	rugby (n)	['ragbɪ]
snowboarding	snowboard (m)	['snɔubɔrd]
archery	łucznictwo (n)	[wutʃ'nitstfɔ]

134. Gym

barbell	sztanga (f)	[ˈʃtaŋa]
dumbbells	hantle (pl)	[ˈhantle]
training machine	trenażer (m)	[trɛˈnaʒɛr]
bicycle trainer	trenażer (m) rowerowy	[trɛˈnaʒɛr rɔvɛˈrɔvɪ]
treadmill	bieżnia (f)	[ˈbeʒɲa]
horizontal bar	drążek (m)	[ˈdrɔ̃ʒɛk]
parallel bars	poręcze (pl)	[pɔˈrɛntʃɛ]
vaulting horse	koń (m) gimnastyczny	[kɔɲ gimnasˈtɪtʃnɪ]
mat (in gym)	mata (f)	[ˈmata]
aerobics	aerobik (m)	[aɛˈrɔbik]
yoga	joga (f)	[ˈjɔga]

135. Hockey

hockey	hokej (m)	[ˈhɔkɛj]
hockey player	hokeista (m)	[hɔkɛˈista]
to play hockey	grać w hokeja	[gratɕ f hɔˈkɛja]
ice	lód (m)	[lyt]
puck	krążek (m)	[ˈkrɔ̃ʒɛk]
hockey stick	kij (m) hokejowy	[kij hɔkɛɜvɪ]
ice skates	łyżwy (pl)	[ˈwɪʒvɪ]
board	banda (f)	[ˈbanda]
shot	podanie (n)	[pɔˈdane]
goaltender	bramkarz (m)	[ˈbramkaʃ]
goal (score)	bramka (f)	[ˈbramka]
to score a goal	strzelić bramkę	[ˈstʃɛlitɕ ˈbramkɛ̃]
period	tercja (f)	[ˈtɛrtsʰja]
substitutes bench	ławka (f) rezerwowych	[ˈwafka rɛzɛrˈvɔvɪh]

136. Football

soccer	piłka (f) nożna	[ˈpiwka ˈnɔʒna]
soccer player	piłkarz (m)	[ˈpiwkaʃ]
to play soccer	grać w piłkę nożną	[gratɕ f ˈpiwkɛ̃ ˈnɔʒnɔ̃]
major league	Ekstraklasa (f)	[ɛkstrakˈʎasa]
soccer club	klub (m) piłkarski	[klyp piwˈkarski]
coach	trener (m)	[ˈtrɛnɛr]

T&P Books. Polish vocabulary for English speakers - 9000 words

owner, proprietor	właściciel (m)	[vwaɕ'tɕitɕeʎ]
team	drużyna (f)	[dru'ʒɪna]
team captain	kapitan (m) drużyny	[ka'pitan dru'ʒɪnɪ]
player	gracz (m)	[gratʃ]
substitute	gracz (m) rezerwowy	[gratʃ rɛzɛr'vɔvɪ]

forward	napastnik (m)	[na'pastnik]
center forward	środkowy (m) napastnik	[ɕrɔt'kɔvɪ na'pastnik]
striker, scorer	strzelec (m)	['stʃɛlɛts]
defender, back	obrońca (m)	[ɔb'rɔɲtsa]
halfback	pomocnik (m)	[pɔ'mɔtsnik]

match	mecz (m)	[mɛtʃ]
to meet (vi, vt)	spotkać się	['spɔtkatʃ ɕɛ̃]
final	finał (m)	['finaw]
semi-final	półfinał (m)	[puw'finaw]
championship	mistrzostwa (pl)	[mist'ʃɔstva]

period, half	połowa (f) gry	[pɔ'wɔva grɪ]
first period	pierwsza połowa (f)	['perfʃa pɔ'wɔva]
half-time	przerwa (f)	['pʃɛrva]

goal	bramka (f)	['bramka]
goalkeeper	bramkarz (m)	['bramkaʃ]
goalpost	słupek (m) bramki	['swupɛk 'bramki]
crossbar	poprzeczka (f)	[pɔp'ʃɛtʃka]
net	siatka (f)	['ɕatka]
to concede a goal	stracić bramkę	['stratʃitʃ 'bramkɛ̃]

ball	piłka (f)	['piwka]
pass	podanie (n)	[pɔ'dane]
kick	strzał (m)	[stʃaw]
to kick (~ the ball)	oddać strzał	['ɔtdatʃ stʃaw]
free kick	rzut (m) wolny	[ʒut 'vɔʎnɪ]
corner kick	rzut (m) rożny	[ʒut 'rɔʒnɪ]

attack	atak (m)	['atak]
counterattack	kontratak (m)	[kɔnt'ratak]
combination	kombinacja (f)	[kɔmbi'natsʰja]

referee	arbiter (m)	[ar'bitɛr]
to whistle (vi)	gwizdać	['gvizdatʃ]
whistle (sound)	gwizdek (m)	['gvizdɛk]
foul, misconduct	naruszenie (n)	[naru'ʃɛne]
to commit a foul	naruszyć	[na'ruʃitʃ]
to send off	usunąć z boiska	[u'sunɔ̃tʃ z bɔ'iska]

yellow card	żółta kartka (f)	['ʒuwta 'kartka]
red card	czerwona kartka (f)	[tʃɛr'vɔna 'kartka]
disqualification	dyskwalifikacja (f)	[dɪskfalifi'katsʰja]
to disqualify (vt)	dyskwalifikować	[dɪskfalifi'kɔvatʃ]
penalty kick	rzut (m) karny	[ʒut 'karnɪ]

wall	mur (m)	[mur]
to score (vi, vt)	strzelić	['stʃɛlitʃ]
goal (score)	bramka (f)	['bramka]
to score a goal	strzelić bramkę	['stʃɛlitʃ 'bramkɛ̃]

substitution	zamiana (f)	[za'mʲana]
to replace (vt)	zamienić	[za'menitʃ]
rules	reguły (pl)	[rɛ'guwɪ]
tactics	taktyka (f)	['taktɪka]

stadium	stadion (m)	['stadʰɜn]
stand (bleachers)	trybuna (f)	[trɪ'buna]
fan, supporter	fan (m)	[fan]
to shout (vi)	krzyczeć	['kʃitʃɛtʃ]

| scoreboard | tablica (f) | [tab'litsa] |
| score | wynik (m) | ['vɪnik] |

defeat	porażka (f)	[pɔ'raʃka]
to lose (not win)	przegrać	['pʃɛgratʃ]
draw	remis (m)	['rɛmis]
to draw (vi)	zremisować	[zrɛmi'sɔvatʃ]

victory	zwycięstwo (n)	[zvɪ'tʃenstfo]
to win (vi, vt)	zwyciężyć	[zvɪ'tʃenʒɪtʃ]
champion	mistrz (m)	[mistʃ]
best (adj)	najlepszy	[naj'lepʃi]
to congratulate (vt)	gratulować	[gratu'lɜvatʃ]

commentator	komentator (m)	[kɔmɛn'tatɔr]
to commentate (vt)	komentować	[kɔmɛn'tɔvatʃ]
broadcast	transmisja (f)	[trans'misʰja]

137. Alpine skiing

skis	narty (pl)	['nartɪ]
to ski (vi)	jeździć na nartach	['ɛʑdʑitʃ na 'nartah]
mountain-ski resort	kurort (m) narciarski	['kurɔrt nar'tʃarski]
ski lift	dźwig (m)	[dʑʲvik]

ski poles	kije (pl)	['kie]
slope	zbocze (n)	['zbɔtʃɛ]
slalom	slalom (m)	['sʎalɜm]

138. Tennis. Golf

| golf | golf (m) | [gɔʎf] |
| golf club | klub (m) golfowy | [klyb gɔʎ'fɔvɪ] |

golfer	**golfista** (m)	[gɔʎ'fista]
hole	**dołek** (m)	['dɔwɛk]
club	**kij** (m) **golfowy**	[kij gɔʎ'fɔvı]
golf trolley	**wózek** (m) **do golfa**	['vuzɛk dɔ 'gɔʎfa]
tennis	**tenis** (m)	['tɛnis]
tennis court	**kort** (m)	[kɔrt]
serve	**serw** (m)	[sɛrf]
to serve (vt)	**serwować**	[sɛr'vɔvatʃ]
racket	**rakieta** (f)	[ra'keta]
net	**siatka** (f)	['ɕatka]
ball	**piłeczka** (f)	[pi'wɛtʃka]

139. Chess

chess	**szachy** (pl)	['ʃahı]
chessmen	**figury** (pl) **szachowe**	[fi'gurı ʃa'hɔvɛ]
chess player	**szachista** (m)	[ʃa'hista]
chessboard	**szachownica** (f)	[ʃahɔv'nitsa]
chessman	**figura** (m)	[fi'gura]
White (white pieces)	**białe** (pl)	['bʲawɛ]
Black (black pieces)	**czarne** (pl)	['tʃarnɛ]
pawn	**pionek** (m)	['pɔnɛk]
bishop	**goniec** (m)	['gɔnets]
knight	**skoczek** (m)	['skɔtʃɛk]
rook (castle)	**wieża** (f)	['veʒa]
queen	**hetman** (m)	['hɛtman]
king	**król** (m)	[kruʎ]
move	**ruch** (m)	[ruh]
to move (vi, vt)	**zrobić ruch**	['zrɔbitʃ ruh]
to sacrifice (vt)	**poświęcić**	[pɔʃ'vɛ̃tʃitʃ]
castling	**roszada** (f)	[rɔ'ʃada]
check	**szach** (m)	[ʃah]
checkmate	**mat** (m)	[mat]
chess tournament	**turniej** (m) **szachowy**	['turnej ʃa'hɔvı]
Grand Master	**arcymistrz** (m)	[ar'tsımistʃ]
combination	**kombinacja** (f)	[kɔmbi'natsʰja]
game (in chess)	**partia** (f)	['partʰja]
checkers	**warcaby** (pl)	[var'tsabı]

140. Boxing

boxing	**boks** (m)	[bɔks]
fight (bout)	**walka** (f)	['vaʎka]

boxing match	pojedynek (m)	[pɔe'dɪnɛk]
round (in boxing)	runda (f)	['runda]
ring	ring (m)	[riŋk]
gong	gong (m)	[gɔŋk]
punch	cios (m)	['tɕɔs]
knock-down	knockdown (m)	[nɔk'daun]
knockout	nokaut (m)	[nɔ'kaut]
to knock out	znokautować	[znɔkau'tɔvatʃ]
boxing glove	rękawica (f) bokserska	[rěka'vitsa bɔk'sɛrska]
referee	sędzia (m)	['sɛdʑ'a]
lightweight	waga (f) lekka	['vaga 'lekka]
middleweight	waga (f) półciężka	['vaga puw'tʃeɲʃka]
heavyweight	waga (f) ciężka	['vaga 'tʃeɲʃka]

141. Sports. Miscellaneous

Olympic Games	Igrzyska (pl) Olimpijskie	[ig'ʑɪska ɔlim'pijske]
winner	zwycięzca (m)	[zvɪ'tʃenstsa]
to be winning	zwyciężać	[zvɪ'tʃenʒatʃ]
to win (vi)	wygrać	['vɪgratʃ]
leader	lider (m)	['lidɛr]
to lead (vi)	prowadzić	[prɔ'vadʑitʃ]
first place	pierwsze miejsce (n)	['perʃʃɛ 'mejstsɛ]
second place	drugie miejsce (n)	['druge 'mejstsɛ]
third place	trzecie miejsce (n)	['tʃetʃe 'mejstsɛ]
medal	medal (m)	['mɛdaʎ]
trophy	trofeum (m)	[trɔ'fɛum]
prize cup (trophy)	puchar (m)	['puhar]
prize (in game)	nagroda (f)	[nag'rɔda]
main prize	główna nagroda (f)	['gwuvna nag'rɔda]
record	rekord (m)	['rɛkɔrt]
to set a record	ustanawiać rekord	[usta'navʲatʃ 'rɛkɔrt]
final	finał (m)	['finaw]
final (adj)	finałowy	[fina'wɔvɪ]
champion	mistrz (m)	[mistʃ]
championship	mistrzostwa (pl)	[mist'ʃɔstva]
stadium	stadion (m)	['stadʰɔn]
stand (bleachers)	trybuna (f)	[trɪ'buna]
fan, supporter	kibic (m)	['kibits]

opponent, rival	**przeciwnik** (m)	[pʃɛ'ʧivnik]
start	**start** (m)	[start]
finish line	**meta** (f)	['mɛta]
defeat	**przegrana** (f)	[pʃɛg'rana]
to lose (not win)	**przegrać**	['pʃɛgraʧ]
referee	**sędzia** (m)	['sɛ̃dʒʲa]
jury	**jury** (n)	[ʒi'ri]
score	**wynik** (m)	['vɪnik]
draw	**remis** (m)	['rɛmis]
to draw (vi)	**zremisować**	[zrɛmi'sɔvaʧ]
point	**punkt** (m)	[puŋkt]
result (final score)	**wynik** (m)	['vɪnik]
half-time	**przerwa** (f)	['pʃɛrva]
doping	**doping** (m)	['dɔpiŋk]
to penalize (vt)	**karać**	['karaʧ]
to disqualify (vt)	**dyskwalifikować**	[dɪskfalifi'kɔvaʧ]
apparatus	**przyrząd** (m)	['pʃɪʒɔ̃t]
javelin	**oszczep** (m)	['ɔʃʧɛp]
shot put ball	**kula** (f)	['kuʎa]
ball (snooker, etc.)	**kula** (f)	['kuʎa]
aim (target)	**cel** (m)	[ʦɛʎ]
target	**tarcza** (f)	['tarʧa]
to shoot (vi)	**strzelać**	['stʃɛʎaʧ]
precise (~ shot)	**dokładny**	[dɔk'wadnɪ]
trainer, coach	**trener** (m)	['trɛnɛr]
to train (sb)	**trenować**	[trɛ'nɔvaʧ]
to train (vi)	**ćwiczyć**	['ʨfiʧɪʧ]
training	**trening** (m)	['trɛniŋk]
gym	**sala** (f) **gimnastyczna**	['saʎa gimnas'tɪʧna]
exercise (physical)	**ćwiczenie** (n)	[ʨfit'ʃɛne]
warm-up (of athlete)	**rozgrzewka** (f)	[rɔzg'ʒɛfka]

Education

142. School

school	**szkoła** (f)	[ˈʃkɔwa]
headmaster	**dyrektor** (m) **szkoły**	[dɪˈrɛktɔr ˈʃkɔwɪ]
pupil (boy)	**uczeń** (m)	[ˈutʃɛɲ]
pupil (girl)	**uczennica** (f)	[utʃɛˈɲitsa]
schoolboy	**uczeń** (m)	[ˈutʃɛɲ]
schoolgirl	**uczennica** (f)	[utʃɛˈɲitsa]
to teach (sb)	**uczyć**	[ˈutʃitʃ]
to learn (language, etc.)	**uczyć się**	[ˈutʃitʃ ɕɛ̃]
to learn by heart	**uczyć się na pamięć**	[ˈutʃitʃ ɕɛ̃ na ˈpamɛ̃tʃ]
to study (work to learn)	**uczyć się**	[ˈutʃitʃ ɕɛ̃]
to be in school	**uczyć się**	[ˈutʃitʃ ɕɛ̃]
to go to school	**iść do szkoły**	[iɕtʃ dɔ ˈʃkɔwɪ]
alphabet	**alfabet** (m)	[aʎˈfabɛt]
subject (at school)	**przedmiot** (m)	[ˈpʃɛdmɔt]
classroom	**klasa** (f)	[ˈkʎasa]
lesson	**lekcja** (f)	[ˈlɛktsʰja]
recess	**przerwa** (f)	[ˈpʃɛrva]
school bell	**dzwonek** (m)	[ˈdzvɔnɛk]
school desk	**ławka** (f)	[ˈwafka]
chalkboard	**tablica** (f)	[tabˈlitsa]
grade	**ocena** (f)	[ɔˈtsɛna]
good grade	**dobra ocena** (f)	[ˈdɔbra ɔˈtsɛna]
bad grade	**zła ocena** (f)	[zwa ɔˈtsɛna]
to give a grade	**wystawiać oceny**	[vɪsˈtavʲatʃ ɔˈtsɛnɪ]
mistake, error	**błąd** (m)	[bwɔ̃t]
to make mistakes	**robić błędy**	[ˈrɔbitʃ ˈbwɛndɪ]
to correct (an error)	**poprawiać**	[pɔpˈravʲatʃ]
cheat sheet	**ściągawka** (f)	[ɕtʃɔ̃ˈgafka]
homework	**praca** (f) **domowa**	[ˈpratsa dɔˈmɔva]
exercise (in education)	**ćwiczenie** (n)	[tʃfitˈʃɛne]
to be present	**być obecnym**	[bitʃ ɔˈbɛtsnɪm]
to be absent	**być nieobecnym**	[bitʃ nɛɔˈbɛtsnɪm]
to punish (vt)	**karać**	[ˈkaratʃ]

| punishment | kara (f) | ['kara] |
| conduct (behavior) | zachowanie (n) | [zaxɔ'vane] |

report card	dziennik (m) szkolny	['dʑɛɲik 'ʃkɔlnɨ]
pencil	ołówek (m)	[ɔ'wuvɛk]
eraser	gumka (f)	['gumka]
chalk	kreda (f)	['krɛda]
pencil case	piórnik (m)	['pyrnik]

schoolbag	teczka (f)	['tɛtʃka]
pen	długopis (m)	[dwu'gɔpis]
school notebook	zeszyt (m)	['zɛʃɨt]
textbook	podręcznik (m)	[pɔd'rɛntʃnik]
compasses	cyrkiel (m)	['tsɨrkeʎ]

| to draw (a blueprint, etc.) | szkicować | [ʃki'tsɔvatʃ] |
| technical drawing | rysunek (m) techniczny | [rɨ'sunɛk tɛh'nitʃnɛ] |

poem	wiersz (m)	[verʃ]
by heart (adv)	na pamięć	[na 'pamɛ̃tʃ]
to learn by heart	uczyć się na pamięć	['utʃɨtʃ ɕɛ na 'pamɛ̃tʃ]

| school vacation | ferie (pl) | ['ferʰe] |
| to be on vacation | być na feriach | [bɨtʃ na 'fɛrʰjah] |

test (written math ~)	sprawdzian (m)	['spravdʑ'an]
essay (composition)	wypracowanie (n)	[vɨpratsɔ'vane]
dictation	dyktando (n)	[dɨk'tandɔ]
exam	egzamin (m)	[ɛg'zamin]
to take an exam	zdawać egzaminy	['zdavatʃ ɛgza'minɨ]
experiment (chemical ~)	eksperyment (m)	[ɛkspɛ'rɨmɛnt]

143. College. University

academy	akademia (f)	[aka'dɛmʰja]
university	uniwersytet (m)	[uni'vɛrsɨtɛt]
faculty (section)	wydział (m)	['vɨdʑ'aw]

student (masc.)	student (m)	['studɛnt]
student (fem.)	studentka (f)	[stu'dɛntka]
lecturer (teacher)	wykładowca (m)	[vɨkwa'dɔftsa]

lecture hall, room	sala (f)	['saʎa]
graduate	absolwent (m)	[ab'sɔʎvɛnt]
diploma	dyplom (f)	['dɨplɔm]
dissertation	rozprawa (f)	[rɔsp'rava]

study (report)	studium (n)	['studʰjum]
laboratory	laboratorium (n)	[ʎabɔra'tɔrʰjum]
lecture	wykład (m)	['vɨkwat]

course mate	kolega (m) z roku	[kɔ'lega z 'rɔku]
scholarship	stypendium (n)	[stɪ'pɛndʰjum]
academic degree	stopień (m) naukowy	['stɔpɛɲ nau'kɔvɪ]

144. Sciences. Disciplines

mathematics	matematyka (f)	[matɛ'matɪka]
algebra	algebra (f)	[aʎ'gɛbra]
geometry	geometria (f)	[gɛɔ'mɛtrʰja]

astronomy	astronomia (f)	[astrɔ'nɔmʰja]
biology	biologia (f)	[bʰɔ'lɔgʰja]
geography	geografia (f)	[gɛɔg'rafʰja]
geology	geologia (f)	[gɛɔ'lɔgʰja]
history	historia (f)	[his'tɔrʰja]

medicine	medycyna (f)	[mɛdɪ'tsɪna]
pedagogy	pedagogika (f)	[pɛda'gɔgika]
law	prawo (n)	['pravɔ]

physics	fizyka (f)	['fizɪka]
chemistry	chemia (f)	['hɛmʰja]
philosophy	filozofia (f)	[filɔ'zɔfʰja]
psychology	psychologia (f)	[psɪhɔ'lɔgʰja]

145. Writing system. Orthography

grammar	gramatyka (f)	[gra'matɪka]
vocabulary	słownictwo (n)	[swɔv'nitstfɔ]
phonetics	fonetyka (f)	[fɔ'nɛtɪka]

noun	rzeczownik (m)	[ʒɛt'ʃɔvnik]
adjective	przymiotnik (m)	[pʃɪ'mɔtnik]
verb	czasownik (m)	[tʃa'sɔvnik]
adverb	przysłówek (m)	[pʃɪs'wuvɛk]

pronoun	zaimek (m)	[za'imɛk]
interjection	wykrzyknik (m)	[vɪk'ʃɪknik]
preposition	przyimek (m)	[pʃɪ'imɛk]

root	rdzeń (m) słowa	[rdzɛɲ 'swɔva]
ending	końcówka (f)	[kɔɲ'tsufka]
prefix	prefiks (m)	['prɛfiks]

syllable	sylaba (f)	[sɪ'ʎaba]
suffix	sufiks (m)	['sufiks]
stress mark	akcent (m)	['aktsɛnt]
apostrophe	apostrof (m)	[a'pɔstrɔf]

period, dot	kropka (f)	['krɔpka]
comma	przecinek (m)	[pʃɛ'tʃinɛk]
semicolon	średnik (m)	['ɕrɛdnik]
colon	dwukropek (m)	[dvuk'rɔpɛk]
ellipsis	wielokropek (m)	[vɛlɜk'rɔpɛk]
question mark	znak (m) zapytania	[znak zapı'taɲa]
exclamation point	wykrzyknik (m)	[vɪk'ʃɪknik]
quotation marks	cudzysłów (m)	[tsu'dzɪswuf]
in quotation marks	w cudzysłowie	[f tsudzɪs'wɔve]
parenthesis	nawias (m)	['navʲas]
in parenthesis	w nawiasie	[v na'vʲaɕe]
hyphen	łącznik (m)	['wɔ̃tʃnik]
dash	myślnik (m)	['mıɕʎnik]
space (between words)	odstęp (m)	['ɔtstɛ̃p]
letter	litera (f)	[li'tɛra]
capital letter	wielka litera (f)	['vɛʎka li'tɛra]
vowel (n)	samogłoska (f)	[samɔg'wɔska]
consonant (n)	spółgłoska (f)	[spuwg'wɔska]
sentence	zdanie (n)	['zdane]
subject	podmiot (m)	['pɔdmɜt]
predicate	orzeczenie (n)	[ɔʒɛt'ʃɛne]
line	linijka (n)	[li'nijka]
on a new line	od nowej linii	[ɔd 'nɔvɛj 'lini:]
paragraph	akapit (m)	[a'kapit]
word	słowo (n)	['swɔvɔ]
group of words	połączenie (n) wyrazowe	[pɔwɔ̃t'ʃɛne vıra'zɔvɛ]
expression	wyrażenie (n)	[vıra'ʒɛne]
synonym	synonim (m)	[sı'nɔnim]
antonym	antonim (m)	[an'tɔnim]
rule	reguła (f)	[rɛ'guwa]
exception	wyjątek (m)	[vıɔ̃tɛk]
correct (adj)	poprawny	[pɔp'ravnı]
conjugation	koniugacja (f)	[kɔnʰju'gatsʰja]
declension	deklinacja (f)	[dɛkli'natsʰja]
nominal case	przypadek (m)	[pʃı'padɛk]
question	pytanie (n)	[pı'tane]
to underline (vt)	podkreślić	[pɔtk'rɛɕlitʃ]
dotted line	linia (f) przerywana	['liɲja pʃɛrı'vana]

146. Foreign languages

language	język (m)	['ɛnzɪk]
foreign language	obcy język (m)	['ɔbtsɪ 'ɛnzɪk]
to study (vt)	studiować	[studʰɜvatʃ]
to learn (language, etc.)	uczyć się	['utʃitʃ ɕɛ̃]
to read (vi, vt)	czytać	['tʃitatʃ]
to speak (vi, vt)	mówić	['muvitʃ]
to understand (vt)	rozumieć	[rɔ'zumɛtʃ]
to write (vt)	pisać	['pisatʃ]
fast (adv)	szybko	['ʃipkɔ]
slowly (adv)	wolno	['vɔʎnɔ]
fluently (adv)	swobodnie	[sfɔ'bɔdne]
rules	reguły (pl)	[rɛ'guwɪ]
grammar	gramatyka (f)	[gra'matɪka]
vocabulary	słownictwo (n)	[swɔv'nitstfɔ]
phonetics	fonetyka (f)	[fɔ'nɛtɪka]
textbook	podręcznik (m)	[pɔd'rɛntʃnik]
dictionary	słownik (m)	['swɔvnik]
teach-yourself book	samouczek (m)	[samɔ'utʃɛk]
phrasebook	rozmówki (pl)	[rɔz'mufki]
cassette	kaseta (f)	[ka'sɛta]
videotape	kaseta (f) wideo	[ka'sɛta vi'dɛɔ]
CD, compact disc	płyta CD (f)	['pwɪta si'di]
DVD	płyta DVD (f)	['pwɪta divi'di]
alphabet	alfabet (m)	[aʎ'fabɛt]
to spell (vt)	przeliterować	[pʃɛlite'rɔvatʃ]
pronunciation	wymowa (f)	[vɪ'mɔva]
accent	akcent (m)	['aktsɛnt]
with an accent	z akcentem	[z ak'tsɛntɛm]
without an accent	bez akcentu	[bɛz ak'tsɛntu]
word	wyraz (m), słowo (n)	['vɪras], ['svɔvɔ]
meaning	znaczenie (n)	[zna'tʃɛnie]
course (e.g., a French ~)	kurs (m)	[kurs]
to sign up	zapisać się	[za'pisatʃ ɕɛ̃]
teacher	wykładowca (m)	[vɪkwa'dɔftsa]
translation (process)	tłumaczenie (n)	[twumat'ʃɛne]
translation (text, etc.)	przekład (m)	['pʃɛkwat]
translator	tłumacz (m)	['twumatʃ]
interpreter	tłumacz (m)	['twumatʃ]
polyglot	poliglota (m)	[polig'lɔta]
memory	pamięć (f)	['pamɛ̃tʃ]

147. Fairy tale characters

Santa Claus	Święty Mikołaj (m)	[ˈɕfentɪ miˈkɔwaj]
mermaid	rusałka (f)	[ruˈsawka]

magician, wizard	czarodziej (m)	[tʃaˈrɔdʒej]
fairy	czarodziejka (f)	[tʃarɔˈdʒejka]
magic (adj)	czarodziejski	[tʃarɔˈdʒejski]
magic wand	różdżka (f) czarodziejska	[ˈruʃtʃka tʃarɔˈdʒejska]

fairy tale	bajka (f)	[ˈbajka]
miracle	cud (m)	[tsut]
dwarf	krasnoludek (m)	[krasnɔˈlydɛk]
to turn into ...	zamienić się	[zaˈmenitʃ ɕɛ̃]

ghost	zjawa (f)	[ˈzʰjava]
phantom	duch (m)	[duh]
monster	potwór (m)	[ˈpɔtfur]
dragon	smok (m)	[smɔk]
giant	wielkolud (m)	[veʎˈkɔlyt]

148. Zodiac Signs

Aries	Baran (m)	[ˈbaran]
Taurus	Byk (m)	[bɪk]
Gemini	Bliźnięta (pl)	[bliʑˈinenta]
Cancer	Rak (m)	[rak]
Leo	Lew (m)	[lef]
Virgo	Panna (f)	[ˈpaŋa]

Libra	Waga (f)	[ˈvaga]
Scorpio	Skorpion (m)	[ˈskɔrpʰɜn]
Sagittarius	Strzelec (m)	[ˈstʃɛletˢ]
Capricorn	Koziorożec (m)	[kɔʒʒˈrɔʒɛtˢ]
Aquarius	Wodnik (m)	[ˈvɔdnik]
Pisces	Ryby (pl)	[ˈrɪbɪ]

character	charakter (m)	[haˈraktɛr]
features of character	cechy (pl) charakteru	[ˈtsɛhɪ harakˈtɛru]
behavior	zachowanie (n)	[zahɔˈvane]
to tell fortunes	wróżyć	[ˈvruʒɪtʃ]
fortune-teller	wróżka (f)	[ˈvruʃka]
horoscope	horoskop (m)	[hɔˈrɔskɔp]

Arts

149. Theater

theater	teatr (m)	['tɛatr]
opera	opera (f)	['ɔpɛra]
operetta	operetka (f)	[ɔpɛ'rɛtka]
ballet	balet (m)	['balet]
theater poster	afisz (m)	['afiʃ]
theatrical company	zespół (m)	['zɛspuw]
tour	tournée (n)	[tur'nɛ]
to be on tour	być na tournée	[bɪtʃ na tur'nɛ]
to rehearse (vi, vt)	robić próbę	['rɔbitʃ 'prubɛ̃]
rehearsal	próba (f)	['pruba]
repertoire	repertuar (m)	[rɛ'pɛrtuar]
performance	przedstawienie (n)	[pʃɛtsta'vene]
theatrical show	spektakl (m)	['spɛktakʎ]
play	sztuka (f)	['ʃtuka]
ticket	bilet (m)	['bilet]
Box office	kasa (f) biletowa	['kasa bile'tɔva]
lobby, foyer	hol (m)	[hɔʎ]
coat check	szatnia (f)	['ʃatɲa]
coat check tag	numerek (m)	[nu'mɛrɛk]
binoculars	lornetka (f)	[lɔr'nɛtka]
usher	kontroler (m)	[kɔnt'rɔler]
orchestra seats	parter (m)	['partɛr]
balcony	balkon (m)	['baʎkɔn]
dress circle	pierwszy balkon (m)	['perfʃɪ 'baʎkɔn]
box	loża (f)	['lɔʒa]
row	rząd (m)	[ʒɔ̃t]
seat	miejsce (n)	['mejstsɛ]
audience	publiczność (f)	[pub'litʃnɔɕtʃ]
spectator	widz (m)	[vidz]
to clap (vi, vt)	klaskać	['klaskatʃ]
applause	oklaski (pl)	[ɔk'ʎaski]
ovation	owacje (pl)	[ɔ'vatsʰe]
stage	scena (f)	['stsɛna]
curtain	kurtyna (f)	[kur'tɪna]
scenery	dekoracje (pl)	[dɛkɔ'ratsʰe]
backstage	kulisy (pl)	[ku'lisɪ]

145

scene (e.g., the last ~)	scena (f)	['stsɛna]
act	akt (m)	[akt]
intermission	przerwa (f)	['pʃɛrva]

150. Cinema

| actor | aktor (m) | ['aktɔr] |
| actress | aktorka (f) | [ak'tɔrka] |

movies (industry)	kino (n)	['kinɔ]
movie	kino (n), film (m)	['kinɔ], [fiʎm]
episode	odcinek (m)	[ɔ'ʧinɛk]

detective	film (m) kryminalny	[fiʎm krimi'naʎni]
action movie	film (m) akcji	[fiʎm 'aktsʰi]
adventure movie	film (m) przygodowy	[fiʎm pʃigɔ'dɔvi]
science fiction movie	film (m) science-fiction	[fiʎm sajns fikʃn]
horror movie	horror (m)	['hɔrɔr]

comedy movie	komedia (f) filmowa	[kɔ'mɛdʰja fiʎ'mɔva]
melodrama	melodramat (m)	[mɛlɜd'ramat]
drama	dramat (m)	['dramat]

fictional movie	film (m) fabularny	[fiʎm fabu'ʎarni]
documentary	film (m) dokumentalny	[fiʎm dɔkumɛn'taʎni]
cartoon	film (m) animowany	[fiʎm animɔ'vani]
silent movies	nieme kino (n)	['nɛmɛ 'kinɔ]

role (part)	rola (f)	['rɔʎa]
leading role	główna rola (f)	['gwuvna 'rɔʎa]
to play (vi, vt)	grać	[graʧ]

movie star	gwiazda (f) filmowa	['gvʲazda fiʎ'mɔva]
well-known (adj)	sławny	['swavni]
famous (adj)	znany	['znani]
popular (adj)	popularny	[pɔpu'ʎarni]

script (screenplay)	scenariusz (m)	[stsɛ'narʰjuʃ]
scriptwriter	scenarzysta (m)	[stsɛna'ʒista]
movie director	reżyser (m)	[rɛ'ʒisɛr]
producer	producent (m)	[prɔ'dutsɛnt]
assistant	asystent (m)	[a'sistɛnt]
cameraman	operator (m)	[ɔpɛ'ratɔr]
stuntman	kaskader (m)	[kas'kadɛr]

to shoot a movie	kręcić film	['krɛ̃ʧiʧ fiʎm]
audition, screen test	próby (pl)	['prubi]
shooting	zdjęcia (pl)	['zdʰɛ̃ʧʲa]
movie crew	ekipa (f) filmowa	[ɛ'kipa fiʎ'mɔva]
movie set	plan (m) filmowy	[pʎan fiʎ'mɔvi]

camera	kamera (f) filmowa	[ka'mɛra fiʎ'mɔva]
movie theater	kino (n)	['kinɔ]
screen (e.g., big ~)	ekran (m)	['ɛkran]
to show a movie	wyświetlać film	[vɪɕ'fetʎatʃ fiʎm]

soundtrack	ścieżka (f) dźwiękowa	['ɕtʃeʃka dʑʲvɛ̃'kɔva]
special effects	efekty (pl) specjalne	[ɛ'fɛktɪ spɛtsʰʲjaʎnɛ]
subtitles	napisy (pl)	[na'pisɪ]
credits	czołówka (f)	[tʃɔ'wufka]
translation	tłumaczenie (n)	[twumat'ʃɛne]

151. Painting

art	sztuka (f)	['ʃtuka]
fine arts	sztuki (pl) piękne	['ʃtuki 'peŋknɛ]
art gallery	galeria (f)	[galerʰʲja]
art exhibition	wystawa (f) sztuki	[vɪs'tava 'ʃtuki]

painting (art)	malarstwo (n)	[ma'ʎarstfɔ]
graphic art	grafika (f)	['grafika]
abstract art	abstrakcjonizm (m)	[abstraktsʰɔnizm]
impressionism	impresjonizm (m)	[imprɛsʰɔnizm]

picture (painting)	obraz (m)	['ɔbras]
drawing	rysunek (m)	[rɪ'sunɛk]
poster	plakat (m)	['pʎakat]

illustration (picture)	ilustracja (f)	[ilyst'ratsʰʲja]
miniature	miniatura (f)	[miɲja'tura]
copy (of painting, etc.)	kopia (f)	['kɔpʰʲja]
reproduction	reprodukcja (f)	[rɛprɔ'duktsʰʲja]

mosaic	mozaika (f)	[mɔ'zaika]
stained glass	witraż (m)	['vitraʃ]
fresco	fresk (m)	[frɛsk]
engraving	sztych (m)	[ʃtɪh]

bust (sculpture)	popiersie (n)	[pɔ'perɕe]
sculpture	rzeźba (f)	['ʒɛʑʲba]
statue	posąg (m)	['pɔsɔ̃k]
plaster of Paris	gips (m)	[gips]
plaster (as adj)	gipsowy	[gip'sɔvɪ]

portrait	portret (m)	['pɔrtrɛt]
self-portrait	autoportret (m)	[autɔ'pɔrtrɛt]
landscape painting	pejzaż (m)	['pɛjzaʃ]
still life	martwa natura (f)	['martfa na'tura]
caricature	karykatura (f)	[karɪka'tura]
paint	farba (f)	['farba]
watercolor	akwarela (f)	[akfa'rɛʎa]

oil (paint)	**farba** (f) **olejna**	['farba ɔlejna]
pencil	**ołówek** (m)	[ɔ'wuvɛk]
Indian ink	**tusz** (m)	[tuʃ]
charcoal	**węgiel** (m)	['vɛŋeʎ]
to draw (vi, vt)	**rysować**	[rɪ'sɔvatʃ]
to paint (vi, vt)	**malować**	[ma'lɜvatʃ]
to pose (vi)	**pozować**	[pɔ'zɔvatʃ]
artist's model (masc.)	**model** (m)	['modeʎ]
artist's model (fem.)	**modelka** (f)	[mɔ'dɛʎka]
artist (painter)	**malarz** (m)	['maʎaʃ]
work of art	**dzieło** (n)	['dʒewɔ]
masterpiece	**arcydzieło** (n)	[artsɪ'dʒewɔ]
artist's workshop	**pracownia** (f)	[pra'tsɔvɲa]
canvas (cloth)	**płótno** (n)	['pwutnɔ]
easel	**sztalugi** (pl)	[ʃta'lygi]
palette	**paleta** (f)	[pa'leta]
frame (of picture, etc.)	**rama** (f)	['rama]
restoration	**restauracja** (f)	[rɛstau'ratsʰja]
to restore (vt)	**restaurować**	[rɛstau'rɔvatʃ]

152. Literature & Poetry

literature	**literatura** (f)	[litɛra'tura]
author (writer)	**autor** (m)	['autor]
pseudonym	**pseudonim** (m)	[psɛu'dɔnim]
book	**książka** (f)	[kɕɔ̃ʃka]
volume	**tom** (m)	[tɔm]
table of contents	**spis** (m) **treści**	[spis 'trɛɕtʃi]
page	**strona** (f)	['strɔna]
main character	**główny bohater** (m)	['gwuvnɪ bɔ'hatɛr]
autograph	**autograf** (m)	[au'tɔgraf]
short story	**opowiadanie** (n)	[ɔpɔvʲa'dane]
story (novella)	**opowieść** (f)	[ɔ'pɔvɛɕtʃ]
novel	**powieść** (f)	['pɔvɛɕtʃ]
work (writing)	**wypracowanie** (n)	[vɪpratsɔ'vane]
fable	**baśń** (f)	[baɕɲ]
detective novel	**kryminał** (m)	[krɪ'minaw]
poem (verse)	**wiersz** (m)	[verʃ]
poetry	**poezja** (f)	[pɔ'ɛzʰja]
poem (epic, ballad)	**poemat** (m)	[pɔ'ɛmat]
poet	**poeta** (m)	[pɔ'ɛta]
fiction	**beletrystyka** (f)	[bɛlet'rɪstɪka]

science fiction	fantastyka (f) naukowa	[fan'tastɪka nau'kɔva]
adventures	przygody (pl)	[pʃɪ'gɔdɪ]
educational literature	podręczniki (pl)	[pɔdrɛ̃tʃ'niki]
children's literature	literatura (f) dla dzieci	[litɛra'tura dʎa 'dʑetʃi]

153. Circus

circus	cyrk (m)	[tsɪrk]
chapiteau circus	cyrk (m) wędrowny	[tsɪrk vɛ̃d'rɔvnɪ]
program	program (m)	['prɔgram]
performance	przedstawienie (n)	[pʃɛtsta'vene]

| act (circus ~) | numer (m) | ['numɛr] |
| circus ring | arena (f) | [a'rɛna] |

| pantomime (act) | pantomima (f) | [pantɔ'mima] |
| clown | klown (m) | ['kʎaun] |

acrobat	akrobata (m)	[akrɔ'bata]
acrobatics	akrobatyka (f)	[akrɔ'batɪka]
gymnast	gimnastyk (m)	[gim'nastɪk]
gymnastics	gimnastyka (f)	[gim'nastɪka]
somersault	salto (n)	['saʎtɔ]

athlete (strongman)	atleta (m)	[at'leta]
animal-tamer	poskramiacz (m)	[pɔsk'ramʲatʃ]
equestrian	jeździec (m)	['eʑdʑets]
assistant	asystent (m)	[a'sɪstɛnt]

stunt	trik (m)	[trik]
magic trick	sztuczka (f)	['ʃtutʃka]
conjurer, magician	sztukmistrz (m)	['ʃtukmistʃ]

juggler	żongler (m)	['ʒɔŋler]
to juggle (vi, vt)	żonglować	[ʒɔŋ'lɔvatʃ]
animal trainer	treser (m)	['trɛsɛr]
animal training	tresura (f)	[trɛ'sura]
to train (animals)	tresować	[trɛ'sɔvatʃ]

154. Music. Pop music

music	muzyka (f)	['muzɪka]
musician	muzyk (m)	['muzɪk]
musical instrument	instrument (m) muzyczny	[inst'rumɛnt mu'zɪtʃnɪ]
to play ...	grać na ...	[gratʃ na]

| guitar | gitara (f) | [gi'tara] |
| violin | skrzypce (pl) | ['skʃiptsɛ] |

cello	wiolonczela (f)	[vʰɔlɔnt'ʃɛʎa]
double bass	kontrabas (m)	[kɔnt'rabas]
harp	**harfa** (f)	['harfa]

piano	**pianino** (n)	[pʰja'ninɔ]
grand piano	**fortepian** (m)	[fɔr'tɛpʰjan]
organ	**organy** (pl)	[ɔr'ganɨ]

wind instruments	**instrumenty** (pl) **dęte**	[instru'mɛntɨ 'dɛntɛ]
oboe	**obój** (m)	['ɔbuj]
saxophone	**saksofon** (m)	[sak'sɔfɔn]
clarinet	**klarnet** (m)	['kʎarnɛt]
flute	**flet** (m)	[flɛt]
trumpet	**trąba** (f), **trąbka** (f)	['trɔ̃ba], ['trɔ̃bka]

| accordion | **akordeon** (m) | [akɔr'dɛɔn] |
| drum | **bęben** (m) | ['bɛmbɛn] |

duo	**duet** (m)	['duɛt]
trio	**trio** (f)	['triɔ]
quartet	**kwartet** (m)	['kfartɛt]
choir	**chór** (m)	[hur]
orchestra	**orkiestra** (f)	[ɔr'kestra]

pop music	**muzyka** (f) **pop**	['muzɨka pɔp]
rock music	**muzyka** (f) **rockowa**	['muzɨka rɔ'kɔva]
rock group	**zespół** (m) **rockowy**	['zɛspuw rɔ'kɔvɨ]
jazz	**jazz** (m)	[dʒɛs]

| idol | **idol** (m) | ['idɔʎ] |
| admirer, fan | **wielbiciel** (m) | [vɛʎ'bitʃeʎ] |

concert	**koncert** (m)	['kɔntsɛrt]
symphony	**symfonia** (f)	[sɨm'fɔnja]
composition	**utwór** (m)	['utfur]
to compose (write)	**skomponować**	[skɔmpɔ'nɔvatʃ]

singing	**śpiew** (m)	[ɕpev]
song	**piosenka** (f)	[pɜ'sɛŋka]
tune (melody)	**melodia** (f)	[mɛ'lɔdʰja]
rhythm	**rytm** (m)	[rɨtm]
blues	**blues** (m)	[blɨs]

sheet music	**nuty** (pl)	['nutɨ]
baton	**batuta** (f)	[ba'tuta]
bow	**smyczek** (m)	['smɨtʃek]
string	**struna** (f)	['struna]
case (e.g., guitar ~)	**futerał** (m)	[fu'tɛraw]

Rest. Entertainment. Travel

155. Trip. Travel

tourism	turystyka (f)	[tu'rıstıka]
tourist	turysta (m)	[tu'rısta]
trip, voyage	podróż (f)	['pɔdruʃ]
adventure	przygoda (f)	[pʃı'gɔda]
trip, journey	podróż (f)	['pɔdruʃ]
vacation	urlop (m)	['urlɔp]
to be on vacation	być na urlopie	[bıtʃ na ur'lɔpe]
rest	wypoczynek (m)	[vıpɔt'ʃınɛk]
train	pociąg (m)	['pɔtʃɔ̃k]
by train	pociągiem	[pɔtʃɔ̃gem]
airplane	samolot (m)	[sa'mɔlɔt]
by airplane	samolotem	[samɔ'lɔtɛm]
by car	samochodem	[samɔ'hɔdɛm]
by ship	statkiem	['statkem]
luggage	bagaż (m)	['bagaʃ]
suitcase, luggage	walizka (f)	[va'liska]
luggage cart	wózek (m) bagażowy	['vuzɛk baga'ʒɔvı]
passport	paszport (m)	['paʃpɔrt]
visa	wiza (f)	['viza]
ticket	bilet (m)	['bilet]
air ticket	bilet (m) lotniczy	['bilet lɔt'nitʃı]
guidebook	przewodnik (m)	[pʃɛ'vɔdnik]
map	mapa (f)	['mapa]
area (rural ~)	miejscowość (f)	[mejs'tsɔvɔɕtʃ]
place, site	miejsce (n)	['mejstsɛ]
exotic (n)	egzotyka (f)	[ɛg'zɔtıka]
exotic (adj)	egzotyczny	[ɛgzɔ'titʃnı]
amazing (adj)	zadziwiający	[zadʑivjaɔ̃tsı]
group	grupa (f)	['grupa]
excursion	wycieczka (f)	[vı'tʃetʃka]
guide (person)	przewodnik (f)	[pʃɛ'vɔdnik]

156. Hotel

hotel	hotel (m)	['hɔtɛʎ]
motel	motel (m)	['mɔtɛʎ]
three-star	trzy gwiazdki	[tʃɪ 'gvʲaztki]
five-star	pięć gwiazdek	[pɛ̃tʃ 'gvʲazdɛk]
to stay (in hotel, etc.)	zatrzymać się	[zat'ʃɪmatʃ ɕɛ̃]
room	pokój (m)	['pɔkuj]
single room	pokój (m) jednoosobowy	['pɔkuj ednɔːsɔ'bɔvɪ]
double room	pokój (m) dwuosobowy	['pɔkuj dvuɔsɔ'bɔvɪ]
to book a room	rezerwować pokój	[rɛzɛr'vɔvatʃ 'pɔkuj]
half board	wyżywienie (n) Half Board	[vɪʒɪ'vene haf bɔrd]
full board	pełne (n) wyżywienie	['pɛwnɛ vɪʒɪvi'ene]
with bath	z łazienką	[z wa'ʒenkɔ̃]
with shower	z prysznicem	[z prɪʃ'nitsɛm]
satellite television	telewizja (f) satelitarna	[tɛle'vizʰja satɛli'tarna]
air-conditioner	klimatyzator (m)	[klimatɪ'zatɔr]
towel	ręcznik (m)	['rɛntʃnik]
key	klucz (m)	[klytʃ]
administrator	administrator (m)	[administ'ratɔr]
chambermaid	pokojówka (f)	[pɔkɔ'jufka]
porter, bellboy	tragarz (m)	['tragaʃ]
doorman	odźwierny (m)	[ɔd'vjernɪ]
restaurant	restauracja (f)	[rɛstau'ratsʰja]
pub, bar	bar (m)	[bar]
breakfast	śniadanie (n)	[ɕɲa'dane]
dinner	kolacja (f)	[kɔ'ʎatsʰja]
buffet	szwedzki stół (m)	['ʃfɛtski stuw]
elevator	winda (f)	['vinda]
DO NOT DISTURB	NIE PRZESZKADZAĆ	[ne pʃɛʃ'kadzatʃ]
NO SMOKING	ZAKAZ PALENIA!	['zakas pa'leɲa]

157. Books. Reading

book	książka (f)	[kɕɔ̃ʃka]
author	autor (m)	['autɔr]
writer	pisarz (m)	['pisaʃ]
to write (~ a book)	napisać	[na'pisatʃ]
reader	czytelnik (m)	[tʃɪ'tɛʎnik]
to read (vi, vt)	czytać	['tʃɪtatʃ]
reading (activity)	lektura (f)	[lek'tura]

| silently (to oneself) | po cichu | [pɔ 'tɕihu] |
| aloud (adv) | na głos | ['na gwɔs] |

to publish (vt)	wydawać	[vɪ'davatʃ]
publishing (process)	wydanie (n)	[vɪ'dane]
publisher	wydawca (m)	[vɪ'daftsa]
publishing house	wydawnictwo (n)	[vɪdav'nitstfɔ]

to come out (be released)	ukazać się	[u'kazatʃ ɕɛ̃]
release (of a book)	publikacja (f)	[publi'katsija]
print run	nakład (m)	['nakwat]

| bookstore | księgarnia (f) | [kɕɛ̃'garɲa] |
| library | biblioteka (f) | [biblɔ'tɛka] |

story (novella)	opowieść (f)	[ɔ'pɔvɛɕtʃ]
short story	opowiadanie (n)	[ɔpɔvʲa'dane]
novel	powieść (f)	['pɔvɛɕtʃ]
detective novel	kryminał (m)	[krɪ'minaw]

memoirs	wspomnienia (pl)	[fspɔm'neɲa]
legend	legenda (f)	[le'gɛnda]
myth	mit (m)	[mit]

poetry, poems	wiersze (pl)	['verʃɛ]
autobiography	autobiografia (f)	[autɔbʰɔg'rafʰja]
selected works	wybrane prace (pl)	[vɪb'ranɛ 'pratsɛ]
science fiction	fantastyka (f)	[fan'tastɪka]

title	tytuł (m)	['tɪtuw]
introduction	wstęp (m)	[fstɛ̃p]
title page	strona (f) tytułowa	['strɔna tɪtu'wɔva]

chapter	rozdział (m)	['rɔzdʑʲaw]
extract	fragment (m)	['fragmɛnt]
episode	epizod (m)	[ɛ'pizɔt]

plot (storyline)	wątek (m)	['võtɛk]
contents	spis (m) treści	[spis 'trɛɕtʃi]
table of contents	spis (m) treści	[spis 'trɛɕtʃi]
main character	główny bohater (m)	['gwuvnɪ bɔ'hatɛr]

volume	tom (m)	[tɔm]
cover	okładka (f)	[ɔk'watka]
binding	oprawa (f)	[ɔp'rava]
bookmark	zakładka (f)	[zak'watka]

page	strona (f)	['strɔna]
to flick through	kartkować	[kart'kɔvatʃ]
margins	margines (m)	[mar'ginɛs]
annotation	notatki (pl)	[nɔ'tatki]
footnote	przypis (m)	['pʃɪpis]

text	**tekst** (m)	[tɛkst]
type, font	**czcionka** (f)	['tʃtʂɔŋka]
misprint, typo	**literówka** (f)	[litɛ'rufka]

translation	**przekład** (m)	['pʃɛkwat]
to translate (vt)	**tłumaczyć**	[twu'matʃiʧ]
original (n)	**oryginał** (m)	[ɔrı'ginaw]

famous (adj)	**znany**	['znanı]
unknown (adj)	**nieznany**	[nɛz'nanı]
interesting (adj)	**ciekawy**	[ʧe'kavı]
bestseller	**bestseller** (m)	[bɛs'tsɛler]

dictionary	**słownik** (m)	['swɔvnik]
textbook	**podręcznik** (m)	[pɔd'rɛntʃnik]
encyclopedia	**encyklopedia** (f)	[ɛntsıklɜ'pɛdʰja]

158. Hunting. Fishing

hunting	**polowanie** (n)	[pɔlɜ'vane]
to hunt (vi, vt)	**polować**	[pɔ'lɜvatʃ]
hunter	**myśliwy** (m)	[mıɕ'livı]

to shoot (vi)	**strzelać**	['stʃɛʎatʃ]
rifle	**strzelba** (f)	['stʃɛʎba]
bullet (shell)	**nabój** (m)	['nabuj]
shot (lead balls)	**śrut** (m)	[ɕryt]

trap (e.g., bear ~)	**potrzask** (m)	['pɔtʃask]
snare (for birds, etc.)	**sidła** (pl)	['ɕidwa]
to lay a trap	**zastawiać sidła**	[zas'tavjatʃ 'ɕidwa]

poacher	**kłusownik** (m)	[kwu'sɔvnik]
game (in hunting)	**zwierzyna łowna** (f)	[zve'ʒına 'wɔvna]
hound dog	**pies** (m) **myśliwski**	[pes mıɕ'lifski]

| safari | **safari** (n) | [sa'fari] |
| mounted animal | **wypchane zwierzę** (n) | [vıp'hanɛ 'zveʒɛ̃] |

fisherman	**rybak** (m)	['rıbak]
fishing	**wędkowanie** (n)	[vɛ̃tkɔ'vane]
to fish (vi)	**wędkować**	[vɛ̃t'kɔvatʃ]

| fishing rod | **wędka** (f) | ['vɛntka] |
| fishing line | **żyłka** (f) | ['ʒıwka] |

hook	**haczyk** (m)	['hatʃik]
float	**spławik** (m)	['spwavik]
bait	**przynęta** (f)	[pʃı'nɛnta]
to cast a line	**zarzucić wędkę**	[za'ʒutʃitʃ 'vɛ̃tkɛ̃]

154

to bite (ab. fish)	**brać**	[bratʃ]
catch (of fish)	**połów** (m)	[ˈpowuʃ]
ice-hole	**przerębel** (m)	[pʃɛˈrɛ̆bɛʎ]
fishing net	**sieć** (f)	[ɕetʃ]
boat	**łódź** (f)	[wutʃ]
to net (catch with net)	**łowić siecią**	[ˈwovitʃ ˈɕetʃɔ̃]
to cast the net	**zarzucać sieć**	[zaˈʒutsatʃ ɕetʃ]
to haul in the net	**wyciągać sieć**	[vɪtʃɔ̃gatʃ ɕetʃ]
whaler (person)	**wielorybnik** (m)	[vɛlʒˈrɪbnik]
whaleboat	**statek** (m) **wielorybniczy**	[ˈstatɛk vɛlʒrɪbˈnitʃɪ]
harpoon	**harpun** (m)	[ˈharpun]

159. Games. Billiards

billiards	**bilard** (m)	[ˈbiʎart]
billiard room, hall	**sala** (f) **bilardowa**	[ˈsaʎa biʎarˈdɔva]
ball	**bila** (f)	[ˈbiʎa]
to pocket a ball	**wbić bilę**	[vbitʃ ˈbilɛ̃]
cue	**kij** (m)	[kij]
pocket	**łuza** (f)	[ˈwuza]

160. Games. Playing cards

diamonds	**karo** (n)	[ˈkarɔ]
spades	**pik** (m)	[pik]
hearts	**kier** (m)	[ker]
clubs	**trefl** (m)	[ˈtrɛfʎ]
ace	**as** (m)	[as]
king	**król** (m)	[kruʎ]
queen	**dama** (f)	[ˈdama]
jack, knave	**walet** (m)	[ˈvalɛt]
playing card	**karta** (f)	[ˈkarta]
cards	**karty** (pl)	[ˈkartɪ]
trump	**atut** (m)	[ˈatut]
deck of cards	**talia** (f)	[ˈtaʎja]
to deal (vi, vt)	**rozdawać karty**	[rɔzˈdavatʃ ˈkartɪ]
to shuffle (cards)	**tasować**	[taˈsɔvatʃ]
lead, turn (n)	**ruch** (m)	[ruh]
cardsharp	**szuler** (m)	[ˈʃuler]

161. Casino. Roulette

casino	kasyno (n)	[ka'sınɔ]
roulette (game)	ruletka (f)	[ru'letka]
bet, stake	stawka (f)	['stafka]
to place bets	stawiać	['stavʲatʃ]
red	czerwone (n)	[tʃɛr'vɔnɛ]
black	czarne (n)	['tʃarnɛ]
to bet on red	obstawiać czerwone	[ɔbs'tavʲatʃ tʃɛr'vɔnɛ]
to bet on black	obstawiać czarne	[ɔbs'tavʲatʃ 'tʃarnɛ]
croupier (dealer)	krupier (m)	['krupʰer]
to turn the wheel	zakręcić ruletką	[zak'rɛ̃tʃitʃ ru'letkɔ̃]
rules (of game)	reguły (pl) gry	[rɛ'guwɪ grɪ]
chip	żeton (m)	['ʒɛtɔn]
to win (vi, vt)	wygrać	['vɪgratʃ]
winnings	wygrana (f)	[vɪg'rana]
to lose (~ 100 dollars)	przegrać	['pʃɛgratʃ]
loss	strata (f)	['strata]
player	gracz (m)	[gratʃ]
blackjack (card game)	blackjack (m)	[blɛkdʒɛk]
craps (dice game)	gra (f) w kości	[gra v 'kɔɕtʃi]
slot machine	automat (m) do gry	[au'tɔmat dɔ grɪ]

162. Rest. Games. Miscellaneous

to walk, to stroll (vi)	spacerować	[spatsɛ'rɔvatʃ]
walk, stroll	spacer (m)	['spatsɛr]
road trip	przejażdżka (f)	[pʃɛ'jaʃtʃka]
adventure	przygoda (f)	[pʃɪ'gɔda]
picnic	piknik (m)	['piknik]
game (chess, etc.)	gra (f)	[gra]
player	gracz (m)	[gratʃ]
game (one ~ of chess)	partia (f)	['partʰja]
collector (e.g., philatelist)	kolekcjoner (m)	[kɔlektsʰɔnɛr]
to collect (vt)	kolekcjonować	[kɔlektsʰɔ'nɔvatʃ]
collection	kolekcja (f)	[kɔ'lektsʰja]
crossword puzzle	krzyżówka (f)	[kʃɪ'ʒufka]
racetrack (hippodrome)	hipodrom (m)	[hi'pɔdrɔm]
discotheque	dyskoteka (f)	[dɪskɔ'tɛka]
sauna	sauna (f)	['sauna]
lottery	loteria (f)	[lɔ'tɛrʰja]

camping trip	wyprawa (f)	[vɪp'rava]
camp	obóz (m)	['ɔbus]
tent (for camping)	namiot (m)	['namɜt]
compass	kompas (m)	['kɔmpas]
camper	turysta (m)	[tu'rɪsta]

to watch (movie, etc.)	oglądać	[ɔglɔ̃datʃ]
viewer	telewidz (m)	[tɛ'levitts]
TV show	program (m) telewizyjny	['prɔgram tɛlevi'zɨjnɪ]

163. Photography

| camera (photo) | aparat (m) fotograficzny | [a'parat fotogra'fitʃnɪ] |
| photo, picture | fotografia (f) | [fotog'rafʰja] |

photographer	fotograf (m)	[fo'tɔgraf]
photo studio	studio (n) fotograficzne	['studʰɜ fotogra'fitʃnɛ]
photo album	album (m) fotograficzny	['aʎbum fotogra'fitʃnɪ]

camera lens	obiektyw (m)	[ɔbʰ'ektɪf]
telephoto lens	teleobiektyw (m)	[tɛleɔbʰ'ektɪf]
filter	filtr (m)	[fiʎtr]
lens	soczewka (f)	[sɔt'ʃɛfka]

optics (high-quality ~)	optyka (f)	['ɔptɪka]
diaphragm (aperture)	przysłona (f)	[pʃɪs'wɔna]
exposure time	czas (m) naświetlania	[tʃas naɕfet'ʎaɲa]
viewfinder	celownik (m)	[tsɛ'lɜvnik]

digital camera	aparat (m) cyfrowy	[a'parat tsɪf'rɔvɪ]
tripod	statyw (m)	['statɪf]
flash	flesz (m)	[fleʃ]

to photograph (vt)	fotografować	[fotogra'fovatʃ]
to take pictures	robić zdjęcia	['robitʃ 'zdʰɛ̃tʃa]
to be photographed	fotografować się	[fotogra'fovatʃ ɕɛ̃]

focus	ostrość (f)	['ɔstrɔɕtʃ]
to adjust the focus	ustawiać ostrość	[us'tavʲatʃ 'ɔstrɔɕtʃ]
sharp, in focus (adj)	wyraźny	[vɪ'razʲnɪ]
sharpness	ostrość (f)	['ɔstrɔɕtʃ]

| contrast | kontrast (m) | ['kɔntrast] |
| contrasty (adj) | kontrastowy | [kontras'tɔvɪ] |

picture (photo)	zdjęcie (n)	['zdʰɛ̃tʃe]
negative (n)	negatyw (m)	[nɛ'gatɪf]
film (a roll of ~)	film (m)	[fiʎm]
frame (still)	kadr (m)	[kadr]
to print (photos)	robić odbitki	['robitʃ ɔd'bitki]

164. Beach. Swimming

beach	plaża (f)	['pʎaʒa]
sand	piasek (m)	['pʲasɛk]
deserted (beach)	pustynny	[pus'tɪŋɪ]

suntan	opalenizna (f)	[ɔpalɛ'nizna]
to get a tan	opalać się	[ɔ'paʎatʃ ɕɛ̃]
tan (adj)	opalony	[ɔpa'lɜnɪ]
sunscreen	krem (m) do opalania	[krɛm dɔ ɔpa'ʎaɲa]

bikini	bikini (n)	[bi'kini]
bathing suit	kostium (m) kąpielowy	['kɔstʰjum kɔ̃pelɔvɪ]
swim briefs	kąpielówki (pl)	[kɔ̃pe'lyfki]

swimming pool	basen (m)	['basɛn]
to swim (vi)	pływać	['pwɪvatʃ]
shower	prysznic (m)	['prɪʃnits]
to change (one's clothes)	przebierać się	[pʃɛ'beratʃ ɕɛ̃]
towel	ręcznik (m)	['rɛntʃnik]

boat	łódź (f)	[wutʃ]
motorboat	motorówka (f)	[mɔtɔ'rufka]

water ski	narty (pl) wodne	['nartɪ 'vɔdnɛ]
paddle boat	rower (m) wodny	['rɔvɛr 'vɔdnɪ]
surfing	surfing (m)	['sɛrfiŋk]
surfer	surfer (m)	['surfɛr]

scuba set	akwalung (m)	[ak'faʎaŋk]
flippers (swimfins)	płetwy (pl)	['pwɛtfɪ]
mask	maska (f)	['maska]
diver	nurek (m)	['nurɛk]
to dive (vi)	nurkować	[nur'kɔvatʃ]
underwater (adv)	pod wodą	[pɔd 'vɔdɔ̃]

beach umbrella	parasol (m)	[pa'rasɔʎ]
beach chair	leżak (m)	['leʒak]
sunglasses	okulary (pl)	[ɔku'ʎarɪ]
air mattress	materac (m) dmuchany	[ma'tɛrats dmu'hanɪ]

to play (amuse oneself)	grać	[gratʃ]
to go for a swim	kąpać się	['kɔ̃patʃ ɕɛ̃]

beach ball	piłka (f) plażowa	['piwka pʎa'ʒɔva]
to inflate (vt)	nadmuchiwać	[nadmu'hivatʃ]
inflatable, air- (adj)	nadmuchiwany	[nadmuhi'vanɪ]

wave	fala (f)	['faʎa]
buoy	boja (f)	['bɔja]
to drown (ab. person)	tonąć	['tɔ̃ɔɲtʃ]

to save, to rescue	**ratować**	[ra'tɔvatʃ]
life vest	**kamizelka** (f) **ratunkowa**	[kami'zɛʎka ratu'ŋkɔva]
to observe, to watch	**obserwować**	[ɔbsɛr'vɔvatʃ]
lifeguard	**ratownik** (m)	[ra'tɔvnik]

TECHNICAL EQUIPMENT. TRANSPORTATION

Technical equipment

165. Computer

computer	komputer (m)	[kɔm'putɛr]
notebook, laptop	laptop (m)	['ʎaptɔp]
to turn on	włączyć	['vwɔ̃tʃitʃ]
to turn off	wyłączyć	[vɪ'wɔ̃tʃitʃ]
keyboard	klawiatura (f)	[kʎavʰja'tura]
key	klawisz (m)	['kʎaviʃ]
mouse	myszka (f)	['mɪʃka]
mouse pad	podkładka (f) pod myszkę	[pɔtk'watka pɔd 'mɪʃkɛ]
button	przycisk (m)	['pʃitʃisk]
cursor	kursor (m)	['kursɔr]
monitor	monitor (m)	[mɔ'nitɔr]
screen	ekran (m)	['ɛkran]
hard disk	dysk (m) twardy	[dɪsk 'tfardɪ]
hard disk volume	pojemność (f) dysku twardego	[pɔ'ɛmnɔctʃ 'dɪsku tfar'dɛgɔ]
memory	pamięć (f)	['pamɛ̃tʃ]
random access memory	pamięć (f) operacyjna	['pamɛ̃tʃ ɔpɛra'tsɪjna]
file	plik (m)	[plik]
folder	folder (m)	['fɔʎdɛr]
to open (vt)	otworzyć	[ɔt'fɔʒɪtʃ]
to close (vt)	zamknąć	['zamknɔ̃tʃ]
to save (vt)	zapisać	[za'pisatʃ]
to delete (vt)	usunąć	[u'sunɔ̃tʃ]
to copy (vt)	skopiować	[skɔ'pʲɔvatʃ]
to sort (vt)	segregować	[sɛgrɛ'gɔvatʃ]
to transfer (copy)	przepisać	[pʃɛ'pisatʃ]
program	program (m)	['prɔgram]
software	oprogramowanie (n)	[ɔprɔgramɔ'vanɛ]
programmer	programista (m)	[prɔgra'mista]
to program (vt)	zaprogramować	[zaprɔgra'mɔvatʃ]
hacker	haker (m)	['hakɛr]

password	**hasło** (n)	['haswɔ]
virus	**wirus** (m)	['virus]
to find, to detect	**wykryć**	['vɪkrɨtʃ]

| byte | **bajt** (m) | [bajt] |
| megabyte | **megabajt** (m) | [mɛga'bajt] |

| data | **dane** (pl) | ['danɛ] |
| database | **baza** (f) **danych** | ['baza 'danɨh] |

cable (USB, etc.)	**kabel** (m)	['kabɛʎ]
to disconnect (vt)	**odłączyć**	[ɔd'wɔ̃tʃɨtʃ]
to connect (sth to sth)	**podłączyć**	[pɔd'wɔ̃tʃɨtʃ]

166. Internet. E-mail

Internet	**Internet** (m)	[in'tɛrnɛt]
browser	**przeglądarka** (f)	[pʃɛglɔ̃'darka]
search engine	**wyszukiwarka** (f)	[vɨʃuki'varka]
provider	**dostawca** (m) **internetu**	[dɔs'taftsa intɛr'nɛtu]

web master	**webmaster** (m)	[vɛb'mastɛr]
website	**witryna** (f) **internetowa**	[vit'rɨna intɛrnɛ'tɔva]
web page	**strona** (f) **internetowa**	['strɔna intɛrnɛ'tɔva]

| address | **adres** (m) | ['adrɛs] |
| address book | **książka** (f) **adresowa** | [kɕɔ̃ʃka adrɛ'sɔva] |

| mailbox | **skrzynka** (f) **pocztowa** | ['skʃɨŋka pɔtʃ'tɔva] |
| mail | **poczta** (f) | ['pɔtʃta] |

message	**wiadomość** (f)	[vʲa'dɔmɔɕtʃ]
sender	**nadawca** (m)	[na'daftsa]
to send (vt)	**wysłać**	['vɨswatʃ]
sending (of mail)	**wysłanie** (n)	[vɨs'wane]

| receiver | **odbiorca** (m) | [ɔd'bɜrtsa] |
| to receive (vt) | **dostać** | ['dɔstatʃ] |

| correspondence | **korespondencja** (f) | [kɔrɛspɔn'dɛntsʰja] |
| to correspond (vi) | **korespondować** | [kɔrɛspɔn'dɔvatʃ] |

file	**plik** (m)	[plik]
to download (vt)	**ściągnąć**	[ɕtʃɔ̃gnɔntʃ]
to create (vt)	**utworzyć**	[ut'fɔʒɨtʃ]
to delete (vt)	**usunąć**	[u'sunɔ̃tʃ]
deleted (adj)	**usunięty**	[usu'nentɨ]

| connection (ADSL, etc.) | **połączenie** (n) | [pɔwɔ̃t'ʃɛne] |
| speed | **szybkość** (f) | ['ʃɨpkɔɕtʃ] |

modem	**modem** (m)	['mɔdɛm]
access	**dostęp** (m)	['dɔstɛ̃p]
port (e.g., input ~)	**port** (m)	[pɔrt]
connection (make a ~)	**połączenie** (n)	[pɔwɔ̃t'ʃɛne]
to connect to … (vi)	**podłączyć się**	[pɔd'wɔ̃tʃɪtʃ ɕɛ̃]
to select (vt)	**wybrać**	['vɪbratʃ]
to search (for …)	**szukać**	['ʃukatʃ]

167. Electricity

electricity	**elektryczność** (f)	[ɛlɛkt'rɪtʃnɔɕtʃ]
electrical (adj)	**elektryczny**	[ɛlɛkt'rɪtʃnɪ]
electric power station	**elektrownia** (f)	[ɛlɛkt'rɔvɲa]
energy	**energia** (f)	[ɛ'nɛrgja]
electric power	**prąd** (m)	[prɔ̃t]
light bulb	**żarówka** (f)	[ʒa'rufka]
flashlight	**latarka** (f)	[ʎa'tarka]
street light	**latarnia** (f)	[ʎa'tarɲa]
light	**światło** (n)	['ɕfjatwɔ]
to turn on	**włączać**	['vwɔ̃tʃatʃ]
to turn off	**wyłączać**	[vɪ'wɔ̃tʃatʃ]
to turn off the light	**zgasić światło**	['zgaɕitʃ 'ɕfjatwɔ]
to burn out (vi)	**spalić się**	['spalitʃ ɕɛ̃]
short circuit	**krótkie zwarcie** (n)	['krutke 'zvartʃe]
broken wire	**przerwanie** (n) **przewodu**	[pʃɛrɪ'vane pʃɛ'vɔdu]
contact	**styk** (m)	[stɪk]
light switch	**wyłącznik** (m)	[vɪ'wɔ̃tʃnik]
wall socket	**gniazdko** (n)	['gɲastkɔ]
plug	**wtyczka** (f)	['ftɪtʃka]
extension cord	**przedłużacz** (m)	[pʃɛd'wuʒatʃ]
fuse	**bezpiecznik** (m)	[bɛs'petʃnik]
cable, wire	**przewód** (m)	['pʃɛvut]
wiring	**instalacja** (f) **elektryczna**	[insta'ʎatsʰja ɛlɛkt'rɪtʃna]
ampere	**amper** (m)	[am'pɛr]
amperage	**natężenie** (n) **prądu**	[natɛ̃'ʒɛne 'prɔ̃du]
volt	**wolt** (m)	[vɔʎt]
voltage	**napięcie** (n)	[na'pɛ̃tʃe]
electrical device	**przyrząd** (m) **elektryczny**	['pʃɪʒɔ̃d ɛlɛkt'rɪtʃnɪ]
indicator	**wskaźnik** (m)	['fskazʲnik]
electrician	**elektryk** (m)	[ɛ'lɛktrɪk]
to solder (vt)	**lutować**	[ly'tɔvatʃ]

| soldering iron | **lutownica** (f) | [lytɔv'nitsa] |
| electric current | **prąd** (m) | [prɔ̃t] |

168. Tools

tool, instrument	**narzędzie** (n)	[na'ʒɛ̃dʒe]
tools	**narzędzia** (pl)	[na'ʒɛ̃dʒʲa]
equipment (factory ~)	**sprzęt** (m)	[spʃɛ̃t]

hammer	**młotek** (m)	['mwɔtɛk]
screwdriver	**śrubokręt** (m)	[ɕru'bɔkrɛ̃t]
ax	**siekiera** (f)	[ɕe'kera]

saw	**piła** (f)	['piwa]
to saw (vt)	**piłować**	[pi'wɔvatʃ]
plane (tool)	**strug** (m)	[struk]
to plane (vt)	**heblować**	[hɛb'lɔvatʃ]
soldering iron	**lutownica** (f)	[lytɔv'nitsa]
to solder (vt)	**lutować**	[ly'tɔvatʃ]

file (for metal)	**pilnik** (m)	['piʎnik]
carpenter pincers	**obcęgi** (pl)	[ɔp'tsɛɲi]
lineman's pliers	**kombinerki** (pl)	[kɔmbi'nɛrki]
chisel	**dłuto** (n) **stolarskie**	['dwutɔ stɔ'ʎarske]

drill bit	**wiertło** (n)	['vertwɔ]
electric drill	**wiertarka** (f)	[ver'tarka]
to drill (vi, vt)	**wiercić**	['vertʃitʃ]

knife	**nóż** (m)	[nuʃ]
pocket knife	**scyzoryk** (m)	[stsɪ'zɔrɪk]
folding (~ knife)	**składany**	[skwa'danɪ]
blade	**ostrze** (n)	['ɔstʃɛ]

sharp (blade, etc.)	**ostry**	['ɔstrɪ]
blunt (adj)	**tępy**	['tɛ̃pɪ]
to become blunt	**stępić się**	['stɛmpitʃ ɕɛ̃]
to sharpen (vt)	**ostrzyć**	['ɔstʃitʃ]

bolt	**śruba** (f)	['ɕruba]
nut	**nakrętka** (f)	[nak'rɛntka]
thread (of a screw)	**gwint** (m)	[gvint]
wood screw	**wkręt** (m)	[fkrɛ̃t]

| nail | **gwóźdź** (m) | [gvuɕtʃ] |
| nailhead | **główka** (f) | ['gwufka] |

ruler (for measuring)	**linijka** (f)	[li'nijka]
tape measure	**taśma** (f) **miernicza**	['taɕma mer'nitʃa]
spirit level	**poziomica** (f)	[pɔʒʒ'mitsa]

magnifying glass	lupa (f)	['lypa]
measuring instrument	miernik (m)	['mernik]
to measure (vt)	mierzyć	['mɛʒɨtʃ]
scale (of thermometer, etc.)	skala (f)	['skaʎa]
readings	odczyt (m)	['ɔdʃtʃɨt]
compressor	sprężarka (f)	[sprɛ̃'ʒarka]
microscope	mikroskop (m)	[mik'rɔskɔp]
pump (e.g., water ~)	pompa (f)	['pɔmpa]
robot	robot (m)	['rɔbɔt]
laser	laser (m)	['ʎasɛr]
wrench	klucz (m) francuski	[klytʃ fran'ʦuski]
adhesive tape	taśma (f) klejąca	['taɕma klɛɔ̃tsa]
glue	klej (m)	[klej]
emery paper	papier (m) ścierny	['paper 'ɕtʃernɨ]
spring	sprężyna (f)	[sprɛ̃'ʒɨna]
magnet	magnes (m)	['magnɛs]
gloves	rękawiczki (pl)	[rɛ̃ka'vitʃki]
rope	sznurek (m)	['ʃnurɛk]
cord	sznur (m)	[ʃnur]
wire (e.g., telephone ~)	przewód (m)	['pʃɛvut]
cable	kabel (m)	['kabɛʎ]
sledgehammer	młot (m)	[mwɔt]
crowbar	łom (m)	[wɔm]
ladder	drabina (f)	[dra'bina]
stepladder	drabinka (f) składana	[dra'binka skwa'dana]
to screw (tighten)	przekręcać	[pʃɛk'rɛntsatʃ]
to unscrew, untwist (vt)	odkręcać	[ɔtk'rɛntsatʃ]
to tighten (vt)	zaciskać	[za'tʃiskatʃ]
to glue, to stick	przyklejać	[pʃik'lejatʃ]
to cut (vt)	ciąć	[tʃɔ̃tʃ]
malfunction (fault)	uszkodzenie (n)	[uʃkɔ'dzɛne]
repair (mending)	naprawa (f)	[nap'rava]
to repair, to mend (vt)	reperować	[rɛpɛ'rɔvatʃ]
to adjust (machine, etc.)	regulować	[rɛgu'lɔvatʃ]
to check (to examine)	sprawdzać	['spravdzatʃ]
checking	kontrola (f)	[kɔnt'rɔʎa]
readings	odczyt (m)	['ɔdʃtʃɨt]
reliable (machine)	niezawodny	[neza'vɔdnɨ]
complicated (adj)	złożony	[zwɔ'ʒɔnɨ]
to rust (get rusted)	rdzewieć	['rdzɛvetʃ]
rusty, rusted (adj)	zardzewiały	[zardzɛ'vʲawɨ]
rust	rdza (f)	[rdza]

Transportation

169. Airplane

airplane	samolot (m)	[sa'mɔlɜt]
air ticket	bilet (m) lotniczy	['bilet lɜt'nitʃi]
airline	linie (pl) lotnicze	['linje lɜt'nitʃɛ]
airport	port (m) lotniczy	[pɔrt lɜt'nitʃi]
supersonic (adj)	ponaddźwiękowy	[pɔnaddʒʲvɛ̃'kɔvi]
captain	kapitan (m) statku	[ka'pitan 'statku]
crew	załoga (f)	[za'wɔga]
pilot	pilot (m)	['pilɜt]
flight attendant	stewardessa (f)	[stʰjuar'dɛsa]
navigator	nawigator (m)	[navi'gatɔr]
wings	skrzydła (pl)	['skʃidwa]
tail	ogon (m)	['ɔgɔn]
cockpit	kabina (f)	[ka'bina]
engine	silnik (m)	['ɕiʎnik]
undercarriage	podwozie (n)	[pɔd'vɔʒe]
turbine	turbina (f)	[tur'bina]
propeller	śmigło (n)	['ɕmigwɔ]
black box	czarna skrzynka (f)	['tʃarna 'skʃiŋka]
control column	wolant (m)	['vɔʎant]
fuel	paliwo (n)	[pa'livɔ]
safety card	instrukcja (f)	[inst'ruktsʰja]
oxygen mask	maska (f) tlenowa	['maska tle'nɔva]
uniform	uniform (m)	[u'nifɔrm]
life vest	kamizelka (f) ratunkowa	[kami'zɛʎka ratu'ŋkɔva]
parachute	spadochron (m)	[spa'dɔhrɔn]
takeoff	start (m)	[start]
to take off (vi)	startować	[star'tɔvatʃ]
runway	pas (m) startowy	[pas star'tɔvi]
visibility	widoczność (f)	[vi'dɔtʃnɔɕtʃ]
flight (act of flying)	lot (m)	['lɜt]
altitude	wysokość (f)	[vɪ'sɔkɔɕtʃ]
air pocket	dziura (f) powietrzna	['dʒyra pɔ'vetʃna]
seat	miejsce (n)	['mejstsɛ]
headphones	słuchawki (pl)	[swu'hafki]
folding tray	stolik (m) rozkładany	['stɔlik rɔskwa'dani]

T&P Books. Polish vocabulary for English speakers - 9000 words

airplane window	iluminator (m)	[ilymi'natɔr]
aisle	przejście (n)	['pʃɛjɕtɕe]

170. Train

train	pociąg (m)	['pɔtʃɔ̃k]
suburban train	pociąg (m) podmiejski	['pɔtʃɔ̃k pɔd'mejski]
express train	pociąg (m) pośpieszny	['pɔtʃɔ̃k pɔɕ'peʃni]
diesel locomotive	lokomotywa (f)	[lɔkɔmɔ'tɪva]
steam engine	parowóz (m)	[pa'rɔvus]

passenger car	wagon (m)	['vagɔn]
dining car	wagon (m) restauracyjny	['vagɔn rɛstaura'tsɪjnɪ]

rails	szyny (pl)	['ʃɪnɪ]
railroad	kolej (f)	['kɔlej]
railway tie	podkład (m)	['pɔtkwat]

platform (railway ~)	peron (m)	['pɛrɔn]
track (~ 1, 2, etc.)	tor (m)	[tɔr]
semaphore	semafor (m)	[sɛ'mafɔr]
station	stacja (f)	['statsʰja]

engineer	maszynista (m)	[maʃɪ'nista]
porter (of luggage)	tragarz (m)	['tragaʃ]
train steward	konduktor (m)	[kɔn'duktɔr]
passenger	pasażer (m)	[pa'saʒɛr]
conductor	kontroler (m)	[kɔnt'rɔler]

corridor (in train)	korytarz (m)	[kɔ'rɪtaʃ]
emergency break	hamulec (m) bezpieczeństwa	[ha'mulɛts bɛzpet'ʃɛɲstfa]

compartment	przedział (m)	['pʃɛdʑiaw]
berth	łóżko (n)	['wuʃkɔ]
upper berth	łóżko (n) górne	['wuʃkɔ 'gurnɛ]
lower berth	łóżko (n) dolne	['wuʃkɔ 'dɔʎnɛ]
bed linen	pościel (f)	['pɔɕtɕeʎ]

ticket	bilet (m)	['bilet]
schedule	rozkład (m) jazdy	['rɔskwad 'jazdɪ]
information display	tablica (f) informacyjna	[tab'litsa infɔrma'tsɪjna]

to leave, to depart	odjeżdżać	[ɔdʰ'eʒdʒatʃ]
departure (of train)	odjazd (m)	['ɔdʰjast]
to arrive (ab. train)	wjeżdżać	['vʰeʒdʒatʃ]
arrival	przybycie (n)	[pʃɪ'bɪtʃe]

to arrive by train	przyjechać pociągiem	[pʃɪ'ehatʃ pɔtʃɔ̃gem]
to get on the train	wsiąść do pociągu	[fɕɔ̃ɕtɕ dɔ pɔtʃɔ̃gu]

166

to get off the train	wysiąść z pociągu	['vɪɕɕ͡ɕ s pot͡ɕõgu]
train wreck	katastrofa (f)	[katast'rɔfa]
steam engine	parowóz (m)	[pa'rɔvus]
stoker, fireman	palacz (m)	['paʎat͡ʃ]
firebox	palenisko (n)	[pale'niskɔ]
coal	węgiel (m)	['vɛŋeʎ]

171. Ship

| ship | statek (m) | ['statɛk] |
| vessel | okręt (m) | ['ɔkrɛ̃t] |

steamship	parowiec (m)	[pa'rɔvets]
riverboat	motorowiec (m)	[mɔtɔ'rɔvets]
ocean liner	liniowiec (m)	[li'ɲjɔvets]
cruiser	krążownik (m)	[krɔ̃'ʒɔvnik]

yacht	jacht (m)	[jaht]
tugboat	holownik (m)	[hɔ'lɔvnik]
barge	barka (f)	['barka]
ferry	prom (m)	[prɔm]

| sailing ship | żaglowiec (m) | [ʒag'lɔvets] |
| brigantine | brygantyna (f) | [brɪgan'tɪna] |

| ice breaker | lodołamacz (m) | [lɔdɔ'wamat͡ʃ] |
| submarine | łódź (f) podwodna | [wut͡ʃ pɔd'vɔdna] |

boat (flat-bottomed ~)	łódź (f)	[wut͡ʃ]
dinghy	szalupa (f)	[ʃa'lypa]
lifeboat	szalupa (f)	[ʃa'lypa]
motorboat	motorówka (f)	[mɔtɔ'rufka]

captain	kapitan (m)	[ka'pitan]
seaman	marynarz (m)	[ma'rɪnaʃ]
sailor	marynarz (m)	[ma'rɪnaʃ]
crew	załoga (f)	[za'wɔga]

boatswain	bosman (m)	['bɔsman]
ship's boy	chłopiec (m) okrętowy	['hwɔpets ɔkrɛ̃'tɔvɪ]
cook	kucharz (m) okrętowy	['kuhaʃ ɔkrɛ̃'tɔvɪ]
ship's doctor	lekarz (m) okrętowy	['lekaʃ ɔkrɛ̃'tɔvɪ]

deck	pokład (m)	['pɔkwat]
mast	maszt (m)	[maʃt]
sail	żagiel (m)	['ʒageʎ]

hold	ładownia (f)	[wa'dɔvɲa]
bow (prow)	dziób (m)	[d͡ʒyp]
stern	rufa (f)	['rufa]

| oar | wiosło (n) | ['vɔswɔ] |
| screw propeller | śruba (f) napędowa | ['ɕruba napɛ̃'dɔva] |

cabin	kajuta (f)	[ka'juta]
wardroom	mesa (f)	['mɛsa]
engine room	maszynownia (f)	[maʃɨ'nɔvɲa]
bridge	mostek (m) kapitański	['mɔstɛk kapi'taɲski]
radio room	radiokabina (f)	[radʰɔka'bina]
wave (radio)	fala (f)	['faʎa]
logbook	dziennik (m) pokładowy	['dʑɛɲik pɔkwa'dɔvɨ]

spyglass	luneta (f)	[lɨ'nɛta]
bell	dzwon (m)	[dzvɔn]
flag	bandera (f)	[ban'dɛra]

| rope (mooring ~) | lina (f) | ['lina] |
| knot (bowline, etc.) | węzeł (m) | ['vɛnzɛw] |

| deckrail | poręcz (f) | ['pɔrɛ̃tʃ] |
| gangway | trap (m) | [trap] |

anchor	kotwica (f)	[kɔt'fitsa]
to weigh anchor	podnieść kotwicę	['pɔdnɛɕtɕ kɔt'fitsɛ̃]
to drop anchor	zarzucić kotwicę	[za'ʒutɕitɕ kɔt'fitsɛ̃]
anchor chain	łańcuch (m) kotwicy	['waɲtsuh kɔt'fitsɨ]

port (harbor)	port (m)	[pɔrt]
berth, wharf	nabrzeże (n)	[nab'ʒɛʒɛ]
to berth (moor)	cumować	[tsu'mɔvatɕ]
to cast off	odbijać	[ɔd'bijatɕ]

trip, voyage	podróż (f)	['pɔdruʃ]
cruise (sea trip)	podróż (f) morska	['pɔdruʃ 'mɔrska]
course (route)	kurs (m)	[kurs]
route (itinerary)	trasa (f)	['trasa]

fairway	tor (m) wodny	[tɔr 'vɔdnɨ]
shallows (shoal)	mielizna (f)	[me'lizna]
to run aground	osiąść na mieliźnie	['ɔɕɔ̃ɕtɕ na me'liʑne]

storm	sztorm (m)	[ʃtɔrm]
signal	sygnał (m)	['sɨgnaw]
to sink (vi)	tonąć	['tɔ̃ɔɲtɕ]
SOS	SOS	[ɛs ɔ ɛs]
ring buoy	koło (n) ratunkowe	['kɔwɔ ratu'ŋkɔvɛ]

172. Airport

| airport | port (m) lotniczy | [pɔrt lɔt'nitʃɨ] |
| airplane | samolot (m) | [sa'mɔlɔt] |

| airline | linie (pl) lotnicze | ['liɲje lɜt'nitʃɛ] |
| air-traffic controller | kontroler (m) lotów | [kɔnt'rɔlɛr 'lɜtuf] |

departure	odlot (m)	['ɔdlɜt]
arrival	przylot (m)	['pʃilɜt]
to arrive (by plane)	przylecieć	[pʃi'lɛtʃɛtʃ]

| departure time | godzina (f) odlotu | [gɔ'dʑina ɔd'lɜtu] |
| arrival time | godzina (f) przylotu | [gɔ'dʑina pʃi'lɜtu] |

| to be delayed | opóźniać się | [ɔ'puʑʲnatʃ ɕɛ̃] |
| flight delay | opóźnienie (n) odlotu | [ɔpuʑʲ'nɛnɛ ɔd'lɜtu] |

information board	tablica (f) informacyjna	[tab'litsa infɔrma'tsɨjna]
information	informacja (f)	[infɔr'matsʰja]
to announce (vt)	ogłaszać	[ɔg'waʃatʃ]
flight (e.g., next ~)	lot (m)	['lɜt]

customs	urząd (m) celny	['uʒɔ̃t 'tsɛʎnɨ]
customs officer	celnik (m)	['tsɛʎnik]
customs declaration	deklaracja (f)	[dɛkʎa'ratsʰja]
to fill out the declaration	wypełnić deklarację	[vɨ'pɛwnitʃ dɛkʎa'ratsʰɛ̃]
passport control	odprawa (f) paszportowa	[ɔtp'rava paʃpɔr'tɔva]

luggage	bagaż (m)	['bagaʃ]
hand luggage	bagaż (m) podręczny	['bagaʃ pɔd'rɛntʃnɨ]
Lost Luggage Desk	poszukiwanie (n) bagażu	[pɔʃuki'vanɛ ba'gaʒu]
luggage cart	wózek (m) bagażowy	['vuzɛk baga'ʒɔvɨ]

landing	lądowanie (n)	[lɔ̃dɔ'vanɛ]
landing strip	pas (m) startowy	[pas star'tɔvɨ]
to land (vi)	lądować	[lɔ̃'dɔvatʃ]
airstairs	schody (pl) do samolotu	['shɔdɨ dɔ samɔ'lɜtu]

check-in	odprawa (f) biletowa	[ɔtp'rava bilɛ'tɔva]
check-in desk	stanowisko (n) odprawy	[stanɔ'viskɔ ɔtp'ravɨ]
to check-in (vi)	zgłosić się do odprawy	['zgwɔɕitʃ ɕɛ̃ dɔ ɔtp'ravɨ]
boarding pass	karta (f) pokładowa	['karta pɔkwa'dɔva]
departure gate	wyjście (n) do odprawy	['vɨjɕtʃɛ dɔ ɔtp'ravɨ]

transit	tranzyt (m)	['tranzɨt]
to wait (vt)	czekać	['tʃɛkatʃ]
departure lounge	poczekalnia (f)	[pɔtʃɛ'kaʎna]
to see off	odprowadzać	[ɔtprɔ'vadzatʃ]
to say goodbye	żegnać się	['ʒɛgnatʃ ɕɛ̃]

173. Bicycle. Motorcycle

| bicycle | rower (m) | ['rɔvɛr] |
| scooter | skuter (m) | ['skutɛr] |

motorcycle, bike	**motocykl** (m)	[mɔˈtɔtsɪkʎ]
to go by bicycle	**jechać na rowerze**	[ˈehatʃ na rɔˈvɛʒɛ]
handlebars	**kierownica** (f)	[kerɔvˈnitsa]
pedal	**pedał** (m)	[ˈpɛdaw]
brakes	**hamulce** (pl)	[haˈmuʎtsɛ]
bicycle seat	**siodełko** (n)	[ɕɔˈdɛwkɔ]
pump	**pompka** (f)	[ˈpɔmpka]
luggage rack	**bagażnik** (m)	[baˈgaʒnik]
front lamp	**lampa** (f)	[ˈʎampa]
helmet	**kask** (m)	[kask]
wheel	**koło** (n)	[ˈkɔwɔ]
fender	**błotnik** (m)	[ˈbwɔtnik]
rim	**obręcz** (f)	[ˈɔbrɛ̃tʃ]
spoke	**szprycha** (f)	[ˈʃprɪha]

T&P Books. Polish vocabulary for English speakers - 9000 words

Cars

174. Types of cars

automobile, car	samochód (m)	[sa'mɔhut]
sports car	samochód (m) sportowy	[sa'mɔhut spɔr'tɔvɪ]
limousine	limuzyna (f)	[limu'zɪna]
off-road vehicle	samochód (m) terenowy	[sa'mɔhut tɛrɛ'nɔvɪ]
convertible	kabriolet (m)	[kabrʰɔlet]
minibus	mikrobus (m)	[mik'rɔbus]
ambulance	karetka (f) pogotowia	[ka'rɛtka pɔgɔ'tɔvʲa]
snowplow	odśnieżarka (f)	[ɔtɕne'ʒarka]
truck	ciężarówka (f)	[tɕɛ̃ʒa'rufka]
tank truck	samochód-cysterna (f)	[sa'mɔhut tsɪs'tɛrna]
van (small truck)	furgon (m)	['furgɔn]
tractor (big rig)	ciągnik (m) siodłowy	['tɕɔ̃gnik sʲɔd'wɔvɪ]
trailer	przyczepa (f)	[pʃɪt'ʃɛpa]
comfortable (adj)	komfortowy	[kɔmfɔr'tɔvɪ]
second hand (adj)	używany	[uʒɪ'vanɪ]

175. Cars. Bodywork

hood	maska (f)	['maska]
fender	błotnik (m)	['bwɔtnik]
roof	dach (m)	[dah]
windshield	szyba (f) przednia	['ʃɪba 'pʃɛdɲa]
rear-view mirror	lusterko (n) wsteczne	[lys'tɛrkɔ 'fstɛtʃnɛ]
windshield washer	spryskiwacz (m)	[sprɪs'kivatʃ]
windshield wipers	wycieraczki (pl)	[vɪtɕɛ'ratʃki]
side window	szyba (f) boczna	['ʃɪba 'bɔtʃna]
window lift	podnośnik (m) szyby	[pɔd'nɔɕnik 'ʃɪbɪ]
antenna	antena (f)	[an'tɛna]
sun roof	szyberdach (m)	[ʃiberdah]
bumper	zderzak (m)	['zdɛʒak]
trunk	bagażnik (m)	[ba'gaʒnik]
door	drzwi (f)	[dʒvi]
door handle	klamka (f)	['kʎamka]

door lock	**zamek** (m)	['zamɛk]
license plate	**tablica** (f) **rejestracyjna**	[tab'litsa rejestra'tsɪjna]
muffler	**tłumik** (m)	['twumik]
gas tank	**zbiornik** (m) **paliwa**	['zbɜrnik pa'liva]
tail pipe	**rura** (f) **wydechowa**	['rura vɪdɛ'hɔva]
gas, accelerator	**gaz** (m)	[gas]
pedal	**pedał** (m)	['pɛdaw]
gas pedal	**pedał** (m) **gazu**	['pɛdaw 'gazu]
brake	**hamulec** (m)	[ha'mulets]
brake pedal	**pedał** (m) **hamulca**	['pɛdaw ha'muʎtsa]
to slow down (to brake)	**hamować**	[ha'mɔvatʃ]
parking brake	**hamulec** (m) **postojowy**	[ha'mulets pɔstɔɜvɪ]
clutch	**sprzęgło** (n)	['spʃɛŋwɔ]
clutch pedal	**pedał** (m) **sprzęgła**	['pɛdaw 'spʃɛŋwa]
clutch plate	**tarcza** (f) **sprzęgła**	['tartʃa 'spʃɛŋwa]
shock absorber	**amortyzator** (m)	[amɔrtɪ'zatɔr]
wheel	**koło** (n)	['kɔwɔ]
spare tire	**koło** (n) **zapasowe**	['kɔwɔ zapa'sɔvɛ]
tire	**opona** (f)	[ɔ'pɔna]
hubcap	**kołpak** (m)	['kɔwpak]
driving wheels	**koła** (pl) **napędowe**	['kɔwa napɛ̃'dɔvɛ]
front-wheel drive (as adj)	**z napędem na przednie koła**	[z na'pɛndɛm na 'pʃɛdne 'kɔwa]
rear-wheel drive (as adj)	**z napędem na tylne koła**	[z na'pɛndɛm na 'tɪʎnɛ 'kɔwa]
all-wheel drive (as adj)	**z napędem na cztery koła**	[z na'pɛndɛm na 'tʃtɛrɪ 'kɔwa]
gearbox	**skrzynia** (f) **biegów**	['skʃɪɲa 'bɛguʃ]
automatic (adj)	**automatyczny**	[autɔma'tɪtʃnɪ]
mechanical (adj)	**mechaniczny**	[mɛha'nitʃnɪ]
gear shift	**dźwignia** (f) **skrzyni biegów**	['dʒ'vigɲa skʃini 'bɛguʃ]
headlight	**reflektor** (m)	[rɛf'lektɔr]
headlights	**światła** (pl)	['ɕfiatwa]
low beam	**światła** (pl) **mijania**	['ɕfiatwa mi'jaɲa]
high beam	**światła** (pl) **drogowe**	['ɕfiatwa drɔ'gɔvɛ]
brake light	**światła** (pl) **hamowania**	['ɕfiatwa hamɔ'vaɲa]
parking lights	**światła** (pl) **obrysowe**	['ɕfiatwa ɔbrɪ'sɔvɛ]
hazard lights	**światła** (pl) **awaryjne**	['ʃfiatwa ava'rɪjnɛ]
fog lights	**światła** (pl) **przeciwmgielne**	['ʃfiatwa pʃetʃivmgeʎnɛ]
turn signal	**migacz** (m)	['migatʃ]
back-up light	**światła** (pl) **cofania**	['ɕfiatwa tsɔ'faɲa]

176. Cars. Passenger compartment

car inside	wewnątrz (m) samochodu	['vevnɔ̃tʃ samɔ'hɔdu]
leather (as adj)	skórzany	[sku'ʒanɪ]
velour (as adj)	welurowy	[vɛly'rɔvɪ]
upholstery	obicie (n)	[ɔ'bitɕe]

instrument (gage)	przyrząd (m)	['pʃɪʒɔ̃t]
dashboard	deska (f) rozdzielcza	['dɛska rɔz'dʑeʎtʃa]
speedometer	prędkościomierz (m)	[prɛ̃tkɔɕ'tʃɔmeʃ]
needle (pointer)	strzałka (f)	['stʃawka]

odometer	licznik (m)	['litʃnik]
indicator (sensor)	czujnik (m)	['tʃujnik]
level	poziom (m)	['pɔʒɔm]
warning light	lampka (f)	['ʎampka]

steering wheel	kierownica (f)	[kerɔv'nitsa]
horn	klakson (m)	['kʎaksɔn]
button	przycisk (m)	['pʃitɕisk]
switch	przełącznik (m)	[pʃɛ'wɔ̃tʃnik]

seat	siedzenie (n)	[ɕe'dzɛne]
backrest	oparcie (n)	[ɔ'partɕe]
headrest	zagłówek (m)	[zag'wuvɛk]
seat belt	pas (m) bezpieczeństwa	[pas bɛspet'ʃɛɲstfa]
to fasten the belt	zapiąć pasy	['zapɔ̃tɕ 'pasɪ]
adjustment (of seats)	regulacja (f)	[rɛgu'ʎatsʰja]

airbag	poduszka (f) powietrzna	[pɔ'duʃka pɔ'vetʃna]
air-conditioner	klimatyzator (m)	[klimatɪ'zatɔr]

radio	radio (n)	['radʰʒ]
CD player	odtwarzacz CD (m)	[ɔtt'vaʒatʃ si di]
to turn on	włączyć	['vwɔ̃tʃɪtʃ]
antenna	antena (f)	[an'tɛna]
glove box	schowek (m)	['shɔvɛk]
ashtray	popielniczka (f)	[pɔpeʎ'nitʃka]

177. Cars. Engine

engine	silnik (m)	['ɕiʎnik]
motor	motor (m)	['mɔtɔr]
diesel (as adj)	dieslowy	[diz'lɔvɪ]
gasoline (as adj)	benzynowy	[bɛnzɪ'nɔvɪ]

engine volume	pojemność (f) silnika	[pɔ'emnɔɕtʃ ɕiʎ'nika]
power	moc (f)	[mɔts]
horsepower	koń (m) mechaniczny	[kɔɲ mɛha'nitʃnɪ]

piston	tłok (m)	[twɔk]
cylinder	cylinder (m)	[tsɪ'lindɛr]
valve	zastawka (f)	[zas'tafka]

injector	wtryskiwacz (m)	[ftrɪs'kivatʃ]
generator	generator (m)	[gɛnɛ'ratɔr]
carburetor	gaźnik (m)	['gaʑˈnik]
engine oil	olej (m) silnikowy	['ɔlej ɕiʎni'kɔvɪ]

radiator	chłodnica (f)	[hwɔd'nitsa]
coolant	płyn (m) chłodniczy	[pwɪn hwɔ'dzɔntsɪ]
cooling fan	wentylator (m)	[vɛntɪ'ʎatɔr]

battery (accumulator)	akumulator (m)	[akumu'ʎatɔr]
starter	rozrusznik (m)	[rɔz'ruʃnik]
ignition	zapłon (m)	['zapwɔn]
spark plug	świeca (f) zapłonowa	['ɕfetsa zapwɔ'nɔva]

terminal (of battery)	zacisk (m)	['zatʃisk]
positive terminal	plus (m)	[plys]
negative terminal	minus (m)	['minus]
fuse	bezpiecznik (m)	[bɛs'petʃnik]

air filter	filtr (m) powietrza	[fiʎtr pɔ'vetʃa]
oil filter	filtr (m) oleju	[fiʎtr ɔ'leju]
fuel filter	filtr (m) paliwa	[fiʎtr pa'liva]

178. Cars. Crash. Repair

car accident	wypadek (m)	[vɪ'padɛk]
road accident	wypadek (m) drogowy	[vɪ'padɛk drɔ'gɔvɪ]
to run into ...	wjechać w ...	['vʰehatʃ v]
to have an accident	stłuc się	[stwuts ɕɛ̃]
damage	uszkodzenie (n)	[uʃkɔ'dzɛne]
intact (adj)	nietknięty	[nietkni'ɛ̃tɪ]

| to break down (vi) | zepsuć się | ['zɛpsutʃ ɕɛ̃] |
| towrope | hol (m) | [hɔʎ] |

puncture	przebita opona (f)	[pʃɛ'bita ɔ'pɔna]
to be flat	spuścić	['spuɕtʃitʃ]
to pump up	napompowywać	[napɔmpɔ'vɪvatʃ]
pressure	ciśnienie (n)	[tʃiɕ'nene]
to check (to examine)	skontrolować	[skɔntrɔ'lɔvatʃ]

repair	naprawa (f)	[nap'rava]
auto repair shop	warsztat (m) samochodowy	['varʃtat samɔhɔ'dɔvɪ]
spare part	część (f) zamienna	[tʃɛ̃ɕtʃ za'mena]
part	część (f)	[tʃɛ̃ɕtʃ]

bolt (with nut)	śruba (f)	['ɕruba]
screw bolt (without nut)	wkręt (m)	[fkrɛ̃t]
nut	nakrętka (f)	[nak'rɛntka]
washer	podkładka (f)	[pɔtk'watka]
bearing	łożysko (n)	[wɔ'ʒɪskɔ]
tube	rura (f)	['rura]
gasket (head ~)	uszczelka (f)	[uʃt'ʃɛʎka]
cable, wire	przewód (m)	['pʃɛvut]
jack	podnośnik (m)	[pɔd'nɔɕnik]
wrench	klucz (m) francuski	[klytʃ fran'tsuski]
hammer	młotek (m)	['mwɔtɛk]
pump	pompka (f)	['pɔmpka]
screwdriver	śrubokręt (m)	[ɕru'bɔkrɛ̃t]
fire extinguisher	gaśnica (f)	[gaɕ'nitsa]
warning triangle	trójkąt (m) odblaskowy	['trujkɔ̃t ɔdbʎas'kɔvɪ]
to stall (vi)	gasnąć	['gasnɔ̃tʃ]
stalling	wyłączenie (n)	[vɪwɔ̃t'ʃɛne]
to be broken	być złamanym	[bɪtʃ zwa'manɪm]
to overheat (vi)	przegrzać się	['pʃɛgʒatʃ ɕɛ̃]
to be clogged up	zapchać się	['zaphatʃ ɕɛ̃]
to freeze up (pipes, etc.)	zamarznąć	[za'marznɔ̃tʃ]
to burst (vi, ab. tube)	pęknąć	['pɛŋknɔ̃tʃ]
pressure	ciśnienie (n)	[tʃiɕ'nene]
level	poziom (m)	['pɔʒɪm]
slack (~ belt)	słaby	['swabɪ]
dent	wgniecenie (n)	[vgne'tʃene]
abnormal noise (motor)	pukanie (n)	[pu'kane]
crack	rysa (f)	['rɪsa]
scratch	zadrapanie (n)	[zadra'pane]

179. Cars. Road

road	droga (f)	['drɔga]
highway	autostrada (f)	[autɔst'rada]
freeway	szosa (f)	['ʃɔsa]
direction (way)	kierunek (m)	[ke'runɛk]
distance	odległość (f)	[ɔd'legwɔɕtʃ]
bridge	most (m)	[mɔst]
parking lot	parking (m)	['parkiŋk]
square	plac (m)	[pʎats]
interchange	skrzyżowanie (n)	[skʃɪʒɔ'vane]
tunnel	tunel (m)	['tunɛʎ]

English	Polish	Pronunciation
gas station	stacja (f) benzynowa	['statsʰja bɛnzɪ'nɔva]
parking lot	parking (m)	['parkiŋk]
gas pump	pompa (f) benzynowa	['pɔmpa bɛnzɪ'nɔva]
auto repair shop	warsztat (m) samochodowy	['varʃtat samɔhɔ'dɔvɪ]
to get gas	zatankować	[zata'ŋkɔvatʃ]
fuel	paliwo (n)	[pa'livɔ]
jerrycan	kanister (m)	[ka'nistɛr]
asphalt	asfalt (m)	['asfaʎt]
road markings	oznakowanie (n)	[ɔznakɔ'vane]
curb	krawężnik (m)	[kra'vɛnʒnik]
guardrail	ogrodzenie (n)	[ɔgrɔ'dzɛne]
ditch	rów (m) boczny	[ruf 'bɔtʃnɪ]
roadside (shoulder)	pobocze (n)	[pɔ'bɔtʃɛ]
lamppost	słup (m)	[swup]
to drive (a car)	prowadzić	[prɔ'vadʒitʃ]
to turn (~ to the left)	skręcać	['skrɛntsatʃ]
to make a U-turn	zawracać	[zav'ratsatʃ]
reverse (~ gear)	bieg (m) wsteczny	[bek 'fstɛtʃnɪ]
to honk (vi)	trąbić	['trɔ̃bitʃ]
honk (sound)	sygnał (m)	['sɪgnaw]
to get stuck	utknąć	['utknɔ̃tʃ]
to spin (in mud)	buksować	[buk'sɔvatʃ]
to cut, to turn off	gasić	['gaɕitʃ]
speed	szybkość (f)	['ʃɪpkɔɕtʃ]
to exceed the speed limit	przekroczyć prędkość	[pʃɛk'rɔtʃɪtʃ 'prɛntkɔɕtʃ]
to give a ticket	karać grzywną	['karatʃ 'gʒɪvnɔ̃]
traffic lights	światła (pl)	['ɕfʲatwa]
driver's license	prawo (n) jazdy	['pravɔ 'jazdɪ]
grade crossing	przejazd (m) kolejowy	['pʃɛjast kɔle'jɔvɪ]
intersection	skrzyżowanie (n)	[skʃɪʒɔ'vane]
crosswalk	przejście (n) dla pieszych	['pʃɛjɕtʃe dʎa 'peʃih]
bend, curve	zakręt (m)	['zakrɛ̃t]
pedestrian zone	strefa (f) dla pieszych	['strɛfa dʎa 'peʃih]

180. Traffic signs

rules of the road	przepisy (pl) ruchu drogowego	[pʃɛ'pisɪ 'ruhu drɔgɔ'vɛgɔ]
traffic sign	znak (m) drogowy	[znak drɔ'gɔvɪ]
passing (overtaking)	wyprzedzanie (n)	[vɪpʃɛ'dzane]
curve	zakręt (m)	['zakrɛ̃t]
U-turn	zawracanie (m)	[zavra'tsane]
traffic circle	ruch okrężny (m)	[ruh ɔk'rɛnʒnɪ]
No entry	zakaz wjazdu	['zakaz 'vʲjazdu]

No vehicles allowed	**zakaz ruchu**	['zakaz 'ruhu]
No passing	**zakaz wyprzedzania**	['zakaz vɪpʃɛ'dzaɲa]
No parking	**zakaz postoju**	['zakaz pɔs'tɔju]
No stopping	**zakaz zatrzymywania się**	['zakaz zatʃɪmɪ'vaɲa ɕɛ̃]
dangerous turn	**niebezpieczny zakręt** (m)	[niebes'petʃnɪ 'zakrɛ̃t]
steep descent	**niebezpieczny zjazd** (m)	[niebes'petʃnɪ zʰjast]
one-way traffic	**droga jednokierunkowa**	['drɔga jednɔkeru'ŋkɔva]
crosswalk	**przejście** (n) **dla pieszych**	['pʃɛjɕtɕe dʎa 'peʃih]
slippery road	**śliska jezdnia** (f)	['ɕliska 'ezdɲa]
YIELD	**ustąp pierwszeństwa**	['ustɔ̃p perf'ʃɛɲstva]

PEOPLE. LIFE EVENTS

Life events

181. Holidays. Event

celebration, holiday	święto (n)	[ˈɕfentɔ]
national day	święto (n) państwowe	[ˈɕfentɔ paɲstˈfɔvɛ]
public holiday	dzień (m) świąteczny	[dʑeɲ ɕfɔ̃ˈtɛtʃnɪ]
to commemorate (vt)	świętować	[ɕfɛ̃ˈtɔvatʃ]
event (happening)	wydarzenie (n)	[vɪdaˈʒɛne]
event (organized activity)	impreza (f)	[impˈrɛza]
banquet (party)	bankiet (m)	[ˈbaŋket]
reception (formal party)	przyjęcie (n)	[pʃɪˈɛ̃tɕe]
feast	uczta (f)	[ˈutʃta]
anniversary	rocznica (f)	[rɔtʃˈnitsa]
jubilee	jubileusz (m)	[jubiˈleuʃ]
to celebrate (vt)	obchodzić	[ɔpˈhɔdʑitʃ]
New Year	Nowy Rok (m)	[ˈnɔvɪ rɔk]
Happy New Year!	Szczęśliwego Nowego Roku!	[ʃtʃɛɲɕliˈvɛgɔ nɔˈvɛgɔ ˈrɔku]
Christmas	Boże Narodzenie (n)	[ˈbɔʒɛ narɔˈdzene]
Merry Christmas!	Wesołych Świąt !	[vɛˈsɔwɪh ɕfɔ̃t]
Christmas tree	choinka (f)	[hɔˈiŋka]
fireworks	sztuczne ognie (pl)	[ˈʃtutʃne ˈɔgne]
wedding	wesele (n)	[vɛˈsɛle]
groom	narzeczony (m)	[naʒɛtˈʃɔnɪ]
bride	narzeczona (f)	[naʒɛtˈʃɔna]
to invite (vt)	zapraszać	[zapˈraʃatʃ]
invitation card	zaproszenie (n)	[zaprɔˈʃɛne]
guest	gość (m)	[gɔɕtʃ]
to visit (~ your parents, etc.)	iść w gości	[iɕtʃ v ˈgɔɕtʃi]
to greet the guests	witać gości	[ˈvitatʃ ˈgɔɕtʃi]
gift, present	prezent (m)	[ˈprɛzɛnt]
to give (sth as present)	dawać w prezencie	[ˈdavatʃ f prɛˈzɛɲtɕe]
to receive gifts	dostawać prezenty	[dɔsˈtavatʃ prɛˈzɛntɪ]

bouquet (of flowers)	bukiet (m)	['buket]
congratulations	gratulacje (pl)	[gratu'ʎaʦʰe]
to congratulate (vt)	gratulować	[gratu'lɔvatʃ]

greeting card	kartka (f) z życzeniami	['kartka z ʒitʃɛ'ɲami]
to send a postcard	wysłać kartkę	['vıswatʃ 'kartkɛ̃]
to get a postcard	dostać kartkę	['dɔstatʃ kartkɛ̃]

toast	toast (m)	['tɔast]
to offer (a drink, etc.)	częstować	[tʃɛs'tɔvatʃ]
champagne	szampan (m)	['ʃampan]

to have fun	bawić się	['bavitʃ ɕɛ̃]
fun, merriment	zabawa (f)	[za'bava]
joy (emotion)	radość (f)	['radɔɕtʃ]

| dance | taniec (m) | ['taneʦ] |
| to dance (vi, vt) | tańczyć | ['taɲtʃıtʃ] |

| waltz | walc (m) | ['vaʎʦ] |
| tango | tango (n) | ['taŋɔ] |

182. Funerals. Burial

cemetery	cmentarz (m)	['ʦmɛntaʃ]
grave, tomb	grób (m)	[grup]
cross	krzyż (m)	[kʃıʃ]
gravestone	nagrobek (m)	[nag'rɔbɛk]
fence	ogrodzenie (n)	[ɔgrɔ'dzɛne]
chapel	kaplica (f)	[kap'liʦa]

death	śmierć (f)	[ɕmertʃ]
to die (vi)	umrzeć	['umʒɛtʃ]
the deceased	zmarły (m)	['zmarvı]
mourning	żałoba (f)	[ʒa'wɔba]

to bury (vt)	chować	['hɔvatʃ]
funeral home	zakład (m) pogrzebowy	['zakwat pɔgʒɛ'bɔvı]
funeral	pogrzeb (m)	['pɔgʒɛp]
wreath	wieniec (m)	['veneʦ]
casket	trumna (f)	['trumna]
hearse	karawan (m)	[ka'ravan]
shroud	całun (m)	['ʦawun]

| cremation urn | urna (f) pogrzebowa | ['urna pɔgʒɛ'bɔva] |
| crematory | krematorium (m) | [krɛma'tɔrʰjum] |

obituary	nekrolog (m)	[nɛk'rɔlɔk]
to cry (weep)	płakać	['pwakatʃ]
to sob (vi)	szlochać	['ʃlɔhatʃ]

183. War. Soldiers

platoon	pluton (m)	['plytɔn]
company	rota (f)	['rɔta]
regiment	pułk (m)	[puwk]
army	armia (f)	['armʰja]
division	dywizja (f)	[dɪ'vizʰja]

| section, squad | oddział (m) | ['ɔddʑaw] |
| host (army) | wojsko (n) | ['vɔjskɔ] |

| soldier | żołnierz (m) | ['ʒɔwnɛʃ] |
| officer | oficer (m) | [ɔ'fitsɛr] |

private	szeregowy (m)	[ʃɛrɛ'gɔvɪ]
sergeant	sierżant (m)	['ɕɛrʒant]
lieutenant	podporucznik (m)	[pɔtpɔ'rutʃnik]
captain	kapitan (m)	[ka'pitan]
major	major (m)	['majɔr]
colonel	pułkownik (m)	[puw'kɔvnik]
general	generał (m)	[gɛ'nɛraw]

sailor	marynarz (m)	[ma'rınaʃ]
captain	kapitan (m)	[ka'pitan]
boatswain	bosman (m)	['bɔsman]

artilleryman	artylerzysta (m)	[artɪlɛ'ʒɪsta]
paratrooper	desantowiec (m)	[dɛsan'tɔvɛts]
pilot	lotnik (m)	['lɔtnik]
navigator	nawigator (m)	[navi'gatɔr]
mechanic	mechanik (m)	[mɛ'hanik]

pioneer (sapper)	saper (m)	['sapɛr]
parachutist	spadochroniarz (m)	[spadɔh'rɔɲaʃ]
reconnaissance scout	zwiadowca (m)	[zvʲa'dɔftsa]
sniper	snajper (m)	['snajpɛr]

patrol (group)	patrol (m)	['patrɔʎ]
to patrol (vt)	patrolować	[patrɔ'lɔvatʃ]
sentry, guard	wartownik (m)	[var'tɔvnik]

warrior	wojownik (m)	[vɔɔvnik]
hero	bohater (m)	[bɔ'hatɛr]
heroine	bohaterka (f)	[bɔha'tɛrka]
patriot	patriota (m)	[patrʰɔta]

traitor	zdrajca (m)	['zdrajtsa]
deserter	dezerter (m)	[dɛ'zɛrtɛr]
to desert (vi)	dezerterować	[dɛzɛrtɛ'rɔvatʃ]
mercenary	najemnik (m)	[na'emnik]
recruit	rekrut (m)	['rɛkrut]

volunteer	ochotnik (m)	[ɔ'hɔtnik]
dead (n)	zabity (m)	[za'bitɪ]
wounded (n)	ranny (m)	['ranɪ]
prisoner of war	jeniec (m)	['enɛts]

184. War. Military actions. Part 1

war	wojna (f)	['vɔjna]
to be at war	wojować	[vɔɔvatʃ]
civil war	wojna domowa (f)	['vɔjna dɔ'mɔva]
treacherously (adv)	wiarołomnie	[vʲarɔ'wɔmnɛ]
declaration of war	wypowiedzenie (n)	[vɪpɔvɛ'dzɛnɛ]
to declare (~ war)	wypowiedzieć (~ wojnę)	[vɪpɔ'vɛdʒɛtʃ 'vɔjnɛ̃]
aggression	agresja (f)	[ag'rɛsʰja]
to attack (invade)	napadać	[na'padatʃ]
to invade (vt)	najeźdźać	[na'jezdʒʲatʲ]
invader	najeźdźca (m)	[na'etsa]
conqueror	zdobywca (m)	[zdɔ'bɪftsa]
defense	obrona (f)	[ɔb'rɔna]
to defend (a country, etc.)	bronić	['brɔnitʃ]
to defend oneself	bronić się	['brɔnitʃ ɕɛ̃]
enemy	wróg (m)	[vruk]
foe, adversary	przeciwnik (m)	[pʃɛ'tʃivnik]
enemy (as adj)	wrogi	['vrɔgi]
strategy	strategia (f)	[stra'tɛgja]
tactics	taktyka (f)	['taktɪka]
order	rozkaz (m)	['rɔskas]
command (order)	komenda (f)	[kɔ'mɛnda]
to order (vt)	rozkazywać	[rɔska'zɪvatʃ]
mission	zadanie (n)	[za'danɛ]
secret (adj)	tajny	['tajnɪ]
battle	bitwa (f)	['bitfa]
combat	bój (m)	[buj]
attack	atak (m)	['atak]
storming (assault)	szturm (m)	[ʃturm]
to storm (vt)	szturmować	[ʃtur'mɔvatʃ]
siege (to be under ~)	oblężenie (n)	[ɔblɛ̃'ʒɛnɛ]
offensive (n)	ofensywa (f)	[ɔfɛn'sɪva]
to go on the offensive	nacierać	[na'tʃɛratʃ]
retreat	odwrót (m)	['ɔdvrut]
to retreat (vi)	wycofywać się	[vɪtsɔ'fɪvatʃ ɕɛ̃]

encirclement	okrążenie (n)	[ɔkrɔ̃'ʒɛne]
to encircle (vt)	okrążyć	[ɔk'rɔ̃ʒitɕ]

bombing (by aircraft)	bombardowanie (n)	[bɔmbardɔ'vane]
to drop a bomb	zrzucić bombę	['zʒutɕitɕ 'bɔmbɛ̃]
to bomb (vt)	bombardować	[bɔmbar'dɔvatɕ]
explosion	wybuch (m)	['vɨbuh]

shot	strzał (m)	[stʃaw]
to fire a shot	wystrzelić	[vɨst'ʃɛlitɕ]
firing (burst of ~)	strzelanina (f)	[stʃɛʎa'nina]

to take aim (at …)	celować	[tsɛ'lɔvatɕ]
to point (a gun)	wycelować	[vɨtsɛ'lɔvatɕ]
to hit (the target)	trafić	['trafitɕ]

to sink (~ a ship)	zatopić	[za'tɔpitɕ]
hole (in a ship)	dziura (f)	['dʑyra]
to founder, to sink (vi)	iść na dno	[iɕtɕ na dnɔ]

front (war ~)	front (m)	[frɔnt]
rear (homefront)	tyły (pl)	['tɨwɨ]
evacuation	ewakuacja (f)	[ɛvaku'atsʰja]
to evacuate (vt)	ewakuować	[ɛvaku'ɔvatɕ]

barbwire	drut (m) kolczasty	[drut kɔʎ'tʃastɨ]
barrier (anti tank ~)	zapora (f)	[za'pɔra]
watchtower	wieża (f)	['vʲeʒa]

hospital	szpital (m)	['ʃpitaʎ]
to wound (vt)	ranić	['ranitɕ]
wound	rana (f)	['rana]
wounded (n)	ranny (m)	['ranɨ]
to be wounded	zostać rannym	['zɔstatɕ 'ranɨm]
serious (wound)	ciężki	['tɕenʃki]

185. War. Military actions. Part 2

captivity	niewola (f)	[ne'vɔʎa]
to take captive	wziąć do niewoli	[vʒɔ̃tɕ dɔ ne'vɔli]
to be in captivity	być w niewoli	[bɨtɕ v ne'vɔli]
to be taken prisoner	dostać się do niewoli	['dɔstatɕ ɕɛ̃ dɔ ne'vɔli]

concentration camp	obóz (m) koncentracyjny	['ɔbus kɔntsɛntra'tsɨjnɨ]
prisoner of war	jeniec (m)	['enets]
to escape (vi)	uciekać	[u'tɕekatɕ]

to betray (vt)	zdradzić	['zdradʑitɕ]
betrayer	zdrajca (m)	['zdrajtsa]
betrayal	zdrada (f)	['zdrada]

to execute (shoot)	**rozstrzelać**	[rostʃɛˈʎatʃ]
execution (by firing squad)	**rozstrzelanie** (n)	[rostʃɛˈʎane]
equipment (military gear)	**umundurowanie** (n)	[umunduroˈvane]
shoulder board	**pagon** (m)	[ˈpagɔn]
gas mask	**maska** (f) **przeciwgazowa**	[ˈmaska pʃɛtʃivgaˈzɔva]
radio transmitter	**radiostacja** (f) **przenośna**	[radiosˈtatsʰja pʃɛˈnɔɕna]
cipher, code	**szyfr** (m)	[ʃifr]
secrecy	**konspiracja** (f)	[kɔnspiˈratsʰja]
password	**hasło** (n)	[ˈhaswɔ]
land mine	**mina** (f)	[ˈmina]
to mine (road, etc.)	**zaminować**	[zamiˈnɔvatʃ]
minefield	**pole** (n) **minowe**	[ˈpɔle miˈnɔvɛ]
air-raid warning	**alarm** (m) **przeciwlotniczy**	[ˈaʎarm pʃɛtʃiflɔtˈnitʃi]
alarm (warning)	**alarm** (m)	[ˈaʎarm]
signal	**sygnał** (m)	[ˈsɪgnaw]
signal flare	**rakieta** (f) **sygnalizacyjna**	[raˈketa sɪgnalizaˈtsɪjna]
headquarters	**sztab** (m)	[ʃtap]
reconnaissance	**rekonesans** (m)	[rɛkɔˈnɛsans]
situation	**sytuacja** (f)	[sɪtuˈatsʰja]
report	**raport** (m)	[ˈraport]
ambush	**zasadzka** (f)	[zaˈsatska]
reinforcement (of army)	**posiłki** (pl)	[pɔˈɕiwki]
target	**cel** (m)	[tsɛʎ]
proving ground	**poligon** (m)	[pɔˈligɔn]
military exercise	**manewry** (pl)	[maˈnɛvrɪ]
panic	**panika** (f)	[ˈpanika]
devastation	**ruina** (f)	[ruˈina]
destruction, ruins	**zniszczenia** (pl)	[zniʃtˈʃɛɲa]
to destroy (vt)	**niszczyć**	[ˈniʃtʃitʃ]
to survive (vi, vt)	**przeżyć**	[ˈpʃɛʒɪtʃ]
to disarm (vt)	**rozbroić**	[rozbˈrɔitʃ]
to handle (~ a gun)	**obchodzić się**	[ɔpˈhɔdʑitʃ ɕɛ̃]
Attention!	**Baczność!**	[ˈbatʃnɔɕtʃ]
At ease!	**Spocznij!**	[ˈspotʃnij]
feat (of courage)	**czyn** (m) **bohaterski**	[tʃɪn bɔhaˈtɛrski]
oath (vow)	**przysięga** (f)	[pʃɪˈɕɛŋa]
to swear (an oath)	**przysięgać**	[pʃɪˈɕɛŋatʃ]
decoration (medal, etc.)	**odznaczenie** (n)	[ɔdznatˈʃɛne]
to award (give medal to)	**nagradzać**	[nagˈradzatʃ]
medal	**medal** (m)	[ˈmɛdaʎ]
order (e.g., ~ of Merit)	**order** (m)	[ˈordɛr]

victory	zwycięstwo (n)	[zvı'tʃɛnstfɔ]
defeat	klęska (f)	['klɛnska]
armistice	rozejm (m)	['rɔzɛjm]

banner (standard)	sztandar (m)	['ʃtandar]
glory (honor, fame)	chwała (f)	['hfawa]
parade	defilada (f)	[dɛfi'ʎada]
to march (on parade)	maszerować	[maʃɛ'rɔvatʃ]

186. Weapons

weapons	broń (f)	[brɔɲ]
firearm	broń (f) palna	[brɔɲ 'paʎna]
cold weapons (knives, etc.)	broń (f) biała	[brɔɲ 'bʲawa]

chemical weapons	broń (f) chemiczna	[brɔɲ hɛ'mitʃna]
nuclear (adj)	nuklearny	[nuklɛ'arnı]
nuclear weapons	broń (f) nuklearna	[brɔɲ nuklɛ'arna]

| bomb | bomba (f) | ['bɔmba] |
| atomic bomb | bomba atomowa (f) | ['bɔmba atɔ'mɔva] |

pistol (gun)	pistolet (m)	[pis'tɔlɛt]
rifle	strzelba (f)	['stʃɛʎba]
submachine gun	automat (m)	[au'tɔmat]
machine gun	karabin (m) maszynowy	[ka'rabin maʃi'nɔvı]

muzzle	wylot (m)	['vılɔt]
barrel	lufa (f)	['lyfa]
caliber	kaliber (m)	[ka'libɛr]

trigger	spust (m)	[spust]
sight (aiming device)	celownik (m)	[tsɛ'lɔvnik]
magazine	magazynek (m)	[maga'zınɛk]
butt (of rifle)	kolba (f)	['kɔʎba]

| hand grenade | granat (m) | ['granat] |
| explosive | ładunek (m) wybuchowy | [wa'dunɛk vıbu'hɔvı] |

bullet	kula (f)	['kuʎa]
cartridge	nabój (m)	['nabuj]
charge	ładunek (m)	[wa'dunɛk]
ammunition	amunicja (f)	[amu'nitsʰja]

bomber (aircraft)	bombowiec (m)	[bɔm'bɔvʲɛts]
fighter	myśliwiec (m)	[mıɕ'livʲɛts]
helicopter	helikopter (m)	[hɛli'kɔptɛr]
anti-aircraft gun	działo (n) przeciwlotnicze	['dʒʲawɔ pʃɛtʃiflɔt'nitʃɛ]
tank	czołg (m)	[tʃowk]

tank gun	działo (n)	['dʑʲawɔ]
artillery	artyleria (f)	[artɪ'lerʲja]
to lay (a gun)	wycelować	[vɪtsɛ'lɔvatʃ]

shell (projectile)	pocisk (m)	['pɔtʃisk]
mortar bomb	pocisk (m) moździerzowy	['pɔtʃisk mɔzdʑi'ʒɔvɪ]
mortar	moździerz (m)	['mɔʑiˈdʑeʃ]
splinter (shell fragment)	odłamek (m)	[ɔd'wamɛk]

submarine	łódź (f) podwodna	[wutʃ pɔd'vɔdna]
torpedo	torpeda (f)	[tɔr'pɛda]
missile	rakieta (f)	[ra'keta]

to load (gun)	ładować	[wa'dɔvatʃ]
to shoot (vi)	strzelać	['stʃɛʎatʃ]
to point at (the cannon)	celować	[tsɛ'lɔvatʃ]
bayonet	bagnet (m)	['bagnɛt]

epee	szpada (f)	['ʃpada]
saber (e.g., cavalry ~)	szabla (f)	['ʃabʎa]
spear (weapon)	kopia (f), włócznia (f)	['kɔpʰja], ['vwɔtʃna]
bow	łuk (m)	[wuk]
arrow	strzała (f)	['stʃawa]
musket	muszkiet (m)	['muʃket]
crossbow	kusza (f)	['kuʃa]

187. Ancient people

primitive (prehistoric)	pierwotny	[per'vɔtnɪ]
prehistoric (adj)	prehistoryczny	[prɛhistɔ'rɪtʃnɪ]
ancient (~ civilization)	dawny	['davnɪ]

Stone Age	Epoka (f) kamienna	[ɛ'pɔka ka'mena]
Bronze Age	Epoka (f) brązu	[ɛ'pɔka 'brɔ̃zu]
Ice Age	Epoka (f) lodowcowa	[ɛ'pɔka lɔdɔf'tsɔva]

tribe	plemię (n)	['plemɛ̃]
cannibal	kanibal (m)	[ka'nibaʎ]
hunter	myśliwy (m)	[mɪɕ'livɪ]
to hunt (vi, vt)	polować	[pɔ'lɔvatʃ]
mammoth	mamut (m)	['mamut]

cave	jaskinia (f)	[jas'kiɲa]
fire	ogień (m)	['ɔgeɲ]
campfire	ognisko (n)	[ɔg'niskɔ]
rock painting	malowidło (n) naskalne	[malɔ'vidwɔ nas'kaʎnɛ]

tool (e.g., stone ax)	narzędzie (n) pracy	[na'ʒɛ̃dʑe 'pratsɪ]
spear	kopia (f), włócznia (f)	['kɔpʰja], ['vwɔtʃna]
stone ax	topór (m) kamienny	['tɔpur ka'menɪ]

to be at war	wojować	[vɔɜvatʃ]
to domesticate (vt)	oswajać zwierzęta	[ɔs'fajatʃ zve'ʒɛnta]
idol	bożek (m)	['bɔʒɛk]
to worship (vt)	czcić	[tʃtʃitʃ]
superstition	przesąd (m)	['pʃɛsɔ̃t]
rite	obrzęd (m)	['ɔbʒɛ̃t]
evolution	ewolucja (f)	[ɛvɔ'lytsʰja]
development	rozwój (m)	['rɔzvuj]
disappearance (extinction)	zniknięcie (n)	[znik'nɛ̃tʃe]
to adapt oneself	adaptować się	[adap'tɔvatʃ ɕɛ̃]
archeology	archeologia (f)	[arhɛɔ'lɔgʰja]
archeologist	archeolog (m)	[arhɛ'ɔlɔk]
archeological (adj)	archeologiczny	[arhɛɔlɔ'gitʃnɪ]
excavation site	wykopaliska (pl)	[vɪkɔpa'liska]
excavations	prace (pl) wykopaliskowe	['pratsɛ vɪkɔpalis'kɔvɛ]
find (object)	znalezisko (n)	[znale'ʒiskɔ]
fragment	fragment (m)	['fragmɛnt]

188. Middle Ages

people (ethnic group)	naród (m)	['narut]
peoples	narody (pl)	[na'rɔdɪ]
tribe	plemię (n)	['plemɛ̃]
tribes	plemiona (pl)	[ple'mɔna]
barbarians	Barbarzyńcy (pl)	[barba'ʒɪɲtsɪ]
Gauls	Gallowie (pl)	[gal'lɔve]
Goths	Goci (pl)	['gɔtʃi]
Slavs	Słowianie (pl)	[swɔ'vʲane]
Vikings	Wikingowie (pl)	[viki'ŋɔve]
Romans	Rzymianie (pl)	[ʒɪ'mʲane]
Roman (adj)	rzymski	['ʒɪmski]
Byzantines	Bizantyjczycy (pl)	[bizantɪjt'ʃitsɪ]
Byzantium	Bizancjum (n)	[bi'zantsʰjum]
Byzantine (adj)	bizantyjski	[bizan'tijski]
emperor	cesarz (m)	['tsɛsaʃ]
leader, chief	wódz (m)	[vuts]
powerful (~ king)	potężny	[pɔ'tɛnʒnɪ]
king	król (m)	[kruʎ]
ruler (sovereign)	władca (m)	['vwattsa]
knight	rycerz (m)	['rɪtsɛʃ]
feudal lord	feudał (m)	[fɛ'udaw]

feudal (adj)	**feudalny**	[fɛu'daʎnı]
vassal	**wasal** (m)	['vasaʎ]
duke	**książę** (m)	[kɕɔ̃ʒɛ̃]
earl	**hrabia** (m)	['hrabʲa]
baron	**baron** (m)	['barɔn]
bishop	**biskup** (m)	['biskup]
armor	**zbroja** (f)	['zbrɔja]
shield	**tarcza** (f)	['tartʃa]
sword	**miecz** (m)	[mɛtʃ]
visor	**przyłbica** (f)	[pʃıw'bitsa]
chainmail	**kolczuga** (f)	[kɔʎt'ʃuga]
crusade	**wyprawa** (f) **krzyżowa**	[vıp'rava kʃı'ʒɔva]
crusader	**krzyżak** (m)	['kʃıʒak]
territory	**terytorium** (n)	[tɛrı'tɔrʰjum]
to attack (invade)	**napadać**	[na'padatʃ]
to conquer (vt)	**zawojować**	[zavɔʒvatʃ]
to occupy (invade)	**zająć**	['zaɔ̃tʃ]
siege (to be under ~)	**oblężenie** (n)	[ɔblɛ̃'ʒɛnɛ]
besieged (adj)	**oblężony**	[ɔblɛ̃'ʒɔnı]
to besiege (vt)	**oblegać**	[ɔb'lɛgatʃ]
inquisition	**inkwizycja** (f)	[iŋkfi'zıtsʰja]
inquisitor	**inkwizytor** (m)	[iŋkfi'zıtɔr]
torture	**tortury** (pl)	[tɔr'turı]
cruel (adj)	**okrutny**	[ɔk'rutnı]
heretic	**heretyk** (m)	[hɛ'rɛtık]
heresy	**herezja** (f)	[hɛ'rɛzʰja]
seafaring	**nawigacja** (f)	[navi'gatsʰja]
pirate	**pirat** (m)	['pirat]
piracy	**piractwo** (n)	[pi'ratstfɔ]
boarding (attack)	**abordaż** (m)	[a'bɔrdaʃ]
loot, booty	**łup** (m)	[wup]
treasures	**skarby** (pl)	['skarbı]
discovery	**odkrycie** (n)	[ɔtk'rıtʃe]
to discover (new land, etc.)	**odkryć**	['ɔtkrıtʃ]
expedition	**ekspedycja** (f)	[ɛkspɛ'dıtsʰja]
musketeer	**muszkieter** (m)	[muʃ'ketɛr]
cardinal	**kardynał** (m)	[kar'dınaw]
heraldry	**heraldyka** (f)	[hɛ'raʎdıka]
heraldic (adj)	**heraldyczny**	[hɛraʎ'dıtʃnı]

189. Leader. Chief. Authorities

king	**król** (m)	[kruʎ]
queen	**królowa** (f)	[kru'lɔva]
royal (adj)	**królewski**	[kru'lefski]
kingdom	**królestwo** (n)	[kru'lestfɔ]
prince	**książę** (m)	[kɕɔ̃ʒɛ̃]
princess	**księżniczka** (f)	[kɕɛ̃ʒ'nitʃka]
president	**prezydent** (m)	[prɛ'zɪdɛnt]
vice-president	**wiceprezydent** (m)	[vitsɛprɛ'zɪdɛnt]
senator	**senator** (m)	[sɛ'natɔr]
monarch	**monarcha** (m)	[mɔ'narha]
ruler (sovereign)	**władca** (m)	['vwattsa]
dictator	**dyktator** (m)	[dɪk'tatɔr]
tyrant	**tyran** (m)	['tɪran]
magnate	**magnat** (m)	['magnat]
director	**dyrektor** (m)	[dɪ'rɛktɔr]
chief	**szef** (m)	[ʃɛf]
manager (director)	**kierownik** (m)	[ke'rɔvnik]
boss	**szef** (m)	[ʃɛf]
owner	**właściciel** (m)	[vwaɕ'tɕitɕeʎ]
head (~ of delegation)	**głowa** (f)	['gwɔva]
authorities	**władze** (pl)	['vwadzɛ]
superiors	**kierownictwo** (n)	[kerɔv'nitstfɔ]
governor	**gubernator** (m)	[gubɛr'natɔr]
consul	**konsul** (m)	['kɔnsuʎ]
diplomat	**dyplomata** (m)	[dɪplɔ'mata]
mayor	**mer** (m)	[mɛr]
sheriff	**szeryf** (m)	['ʃɛrɪf]
emperor	**cesarz** (m)	['tsɛsaʃ]
tsar, czar	**car** (m)	[tsar]
pharaoh	**faraon** (m)	[fa'raɔn]
khan	**chan** (m)	[han]

190. Road. Way. Directions

road	**droga** (f)	['drɔga]
way (direction)	**droga** (f)	['drɔga]
freeway	**szosa** (f)	['ʃɔsa]
highway	**autostrada** (f)	[autɔst'rada]
interstate	**droga** (f) **krajowa**	['drɔga kra'ɜva]

main road	główna droga (f)	['gwuvna 'drɔga]
dirt road	polna droga (f)	['pɔʎna 'drɔga]
pathway	ścieżka (f)	['ɕtʃeʃka]
footpath (troddenpath)	ścieżka (f)	['ɕtʃeʃka]
Where?	Gdzie?	[gdʑe]
Where (to)?	Dokąd?	['dɔkɔ̃t]
Where ... from?	Skąd?	[skɔ̃t]
direction (way)	kierunek (m)	[ke'runɛk]
to point (~ the way)	pokazać	[pɔ'kazatʃ]
to the left	w lewo	[v 'levɔ]
to the right	w prawo	[f 'pravɔ]
straight ahead (adv)	prosto	['prɔstɔ]
back (e.g., to turn ~)	do tyłu	[dɔ 'tɪwu]
bend, curve	zakręt (m)	['zakrɛ̃t]
to turn (~ to the left)	skręcać	['skrɛntsatʃ]
to make a U-turn	zawracać	[zav'ratsatʃ]
to be visible	być widocznym	[bɪtʃ vi'dɔtʃnɪm]
to appear (come into view)	ukazać się	[u'kazatʃ ɕɛ̃]
stop, halt (in journey)	postój (m)	['pɔstuj]
to rest, to halt (vi)	odpocząć	[ɔt'pɔtʃɔ̃tʃ]
rest (pause)	odpoczynek (m)	[ɔtpɔt'ʃɪnɛk]
to lose one's way	zabłądzić	[zab'wɔ̃dʑitʃ]
to lead to ... (ab. road)	prowadzić	[prɔ'vadʑitʃ]
to arrive at ...	wyjść do ...	['vɪjɕtʃ dɔ]
stretch (of road)	odcinek (m)	[ɔ'tʃinɛk]
asphalt	asfalt (m)	['asfaʎt]
curb	krawężnik (m)	[kra'vɛnʒnik]
ditch	rów (m)	[ruf]
manhole	właz (m)	[vwas]
roadside (shoulder)	pobocze (m)	[pɔ'bɔtʃɛ]
pit, pothole	dziura (f)	['dʑyra]
to go (on foot)	iść	[iɕtʃ]
to pass (overtake)	wyprzedzić	[vɪp'ʃɛdʑitʃ]
step (footstep)	krok (m)	[krɔk]
on foot (adv)	na piechotę	[na pe'hɔtɛ̃]
to block (road)	zamknąć przejazd	['zamknɔ̃tʃ 'pʃɛjast]
boom barrier	szlaban (m)	['ʃʎaban]
dead end	ślepa uliczka (f)	['ɕlepa u'litʃka]

191. Breaking the law. Criminals. Part 1

bandit	**bandyta** (m)	[ban'dɪta]
crime	**przestępstwo** (n)	[pʃɛs'tɛ̃pstfɔ]
criminal (person)	**przestępca** (m)	[pʃɛs'tɛ̃ptsa]
thief	**złodziej** (m)	['zwɔdʒej]
to steal (vi, vt)	**kraść**	[kraɕtʃ]
stealing (larceny)	**złodziejstwo** (n)	[zwɔ'dʒejstfɔ]
theft	**kradzież** (f)	['kradʒeʃ]
to kidnap (vt)	**porwać**	['pɔrvatʃ]
kidnapping	**porwanie** (n)	[pɔr'vane]
kidnapper	**porywacz** (m)	[pɔ'rɪvatʃ]
ransom	**okup** (m)	['ɔkup]
to demand ransom	**żądać okupu**	['ʒɔ̃datʃ ɔ'kupu]
to rob (vt)	**rabować**	[ra'bɔvatʃ]
robber	**rabuś** (m)	['rabuɕ]
to extort (vt)	**wymuszać**	[vɪ'muʃatʃ]
extortionist	**szantażysta** (m)	[ʃanta'ʒɪsta]
extortion	**wymuszanie** (n)	[vɪmu'ʃane]
to murder, to kill	**zabić**	['zabitʃ]
murder	**zabójstwo** (n)	[za'bujstfɔ]
murderer	**zabójca** (m)	[za'bujtsa]
gunshot	**strzał** (m)	[stʃaw]
to fire a shot	**wystrzelić**	[vɪst'ʃɛlitʃ]
to shoot to death	**zastrzelić**	[zast'ʃɛlitʃ]
to shoot (vi)	**strzelać**	['stʃɛʎatʃ]
shooting	**strzelanina** (f)	[stʃɛʎa'nina]
incident (fight, etc.)	**wypadek** (m)	[vɪ'padɛk]
fight, brawl	**bójka** (f)	['bujka]
victim	**ofiara** (f)	[ɔ'fʲara]
to damage (vt)	**uszkodzić**	[uʃ'kɔdʒitʃ]
damage	**uszczerbek** (m)	[uʃt'ʃɛrbɛk]
dead body	**zwłoki** (pl)	['zvwɔki]
grave (~ crime)	**ciężki**	['tʃenʃki]
to attack (vt)	**napaść**	['napaɕtʃ]
to beat (dog, person)	**bić**	[bitʃ]
to beat up	**pobić**	['pɔbitʃ]
to take (rob of sth)	**zabrać**	['zabratʃ]
to stab to death	**zadźgać**	['zʲadzgatʃ]
to maim (vt)	**okaleczyć**	[ɔka'letʃitʃ]
to wound (vt)	**zranić**	['zranitʃ]

blackmail	szantaż (m)	[ˈʃantaʃ]
to blackmail (vt)	szantażować	[ʃantaˈʒɔvatʃ]
blackmailer	szantażysta (m)	[ʃantaˈʒɪsta]

protection racket	wymuszania (pl)	[vɪmuˈʃana]
racketeer	kanciarz (m)	[ˈkantʃaʃ]
gangster	gangster (m)	[ˈgaŋstɛr]
mafia, Mob	mafia (f)	[ˈmafʲja]

pickpocket	kieszonkowiec (m)	[keʃɔˈŋkɔvets]
burglar	włamywacz (m)	[vwaˈmɪvatʃ]
smuggling	przemyt (m)	[ˈpʃɛmɪt]
smuggler	przemytnik (m)	[pʃɛˈmɪtnik]

forgery	falsyfikat (m)	[faʎsɪˈfikat]
to forge (counterfeit)	podrabiać	[pɔdˈrabʲatʃ]
fake (forged)	fałszywy	[fawˈʃɪvɪ]

192. Breaking the law. Criminals. Part 2

rape	gwałt (m)	[gvawt]
to rape (vt)	zgwałcić	[ˈgvawtʃitʃ]
rapist	gwałciciel (m)	[gvawˈtʃitʃeʎ]
maniac	maniak (m)	[ˈmaɲjak]

prostitute (fem.)	prostytutka (f)	[prɔstɪˈtutka]
prostitution	prostytucja (f)	[prɔstɪˈtutsʰja]
pimp	sutener (m)	[suˈtɛnɛr]

| drug addict | narkoman (m) | [narˈkɔman] |
| drug dealer | handlarz narkotyków (m) | [ˈhandʎaʒ narkɔˈtɪkuf] |

to blow up (bomb)	wysadzić w powietrze	[vɪˈsadʒitʃ f pɔˈvetʃɛ]
explosion	wybuch (m)	[ˈvɪbuh]
to set fire	podpalić	[pɔtˈpalitʃ]
incendiary (arsonist)	podpalacz (m)	[pɔtˈpaʎatʃ]

terrorism	terroryzm (m)	[tɛˈrɔrɪzm]
terrorist	terrorysta (m)	[tɛrɔˈrɪsta]
hostage	zakładnik (m)	[zakˈwadnik]

to swindle (vt)	oszukać	[ɔˈʃukatʃ]
swindle	oszustwo (n)	[ɔˈʃustfɔ]
swindler	oszust (m)	[ˈɔʃust]

to bribe (vt)	przekupić	[pʃɛˈkupitʃ]
bribery	przekupstwo (n)	[pʃɛˈkupstfɔ]
bribe	łapówka (f)	[waˈpufka]
poison	trucizna (f)	[truˈtʃizna]
to poison (vt)	otruć	[ˈɔtrutʃ]

to poison oneself	otruć się	['ɔtrutʃ ɕɛ̃]
suicide (act)	samobójstwo (f)	[samɔ'bujstfɔ]
suicide (person)	samobójca (m)	[samɔ'bujtsa]

to threaten (vt)	grozić	['grɔʑitʃ]
threat	groźba (f)	['grɔʑba]
to make an attempt	targnąć się	['targnɔ̃tʃ ɕɛ̃]
attempt (attack)	zamach (m)	['zamah]

| to steal (a car) | ukraść | ['ukraɕtʃ] |
| to hijack (a plane) | porwać | ['pɔrvatʃ] |

| revenge | zemsta (f) | ['zɛmsta] |
| to revenge (vt) | mścić się | [mɕtʃitʃ ɕɛ̃] |

to torture (vt)	torturować	[tɔrtu'rɔvatʃ]
torture	tortury (pl)	[tɔr'turɨ]
to torment (vt)	znęcać się	['znɛntsatʃ ɕɛ̃]

pirate	pirat (m)	['pirat]
hooligan	chuligan (m)	[hu'ligan]
armed (adj)	uzbrojony	[uzbrɔɔnɨ]
violence	przemoc (f)	['pʃɛmɔts]

| spying (n) | szpiegostwo (n) | [ʃpe'gɔstfɔ] |
| to spy (vi) | szpiegować | [ʃpe'gɔvatʃ] |

193. Police. Law. Part 1

| justice | sprawiedliwość (f) | [spraved'livɔɕtʃ] |
| court (court room) | sąd (m) | [sɔ̃t] |

judge	sędzia (m)	['sɛdʑja]
jurors	przysięgli (pl)	[pʃɨ'ɕɛŋlji]
jury trial	sąd (m) przysięgłych	[sɔ̃t pʃɨ'ɕɛŋwɨh]
to judge (vt)	sądzić	['sɔ̃ʲdʑitʃ]

lawyer, attorney	adwokat (m)	[ad'vɔkat]
accused	oskarżony (m)	[ɔskar'ʒɔnɨ]
dock	ława (f) oskarżonych	['wava ɔskar'ʒɔnɨh]

| charge | oskarżenie (n) | [ɔskar'ʒɛne] |
| accused | oskarżony (m) | [ɔskar'ʒɔnɨ] |

| sentence | wyrok (m) | ['vɨrɔk] |
| to sentence (vt) | skazać | ['skazatʃ] |

guilty (culprit)	sprawca (m), winny (m)	['spraftsa], ['vinɨ]
to punish (vt)	ukarać	[u'karatʃ]
punishment	kara (f)	['kara]

fine (penalty)	**kara** (f)	['kara]
life imprisonment	**dożywocie** (n)	[dɔʒɨ'vɔtɕe]
death penalty	**kara śmierci** (f)	['kara 'ɕmertɕi]
electric chair	**krzesło** (n) **elektryczne**	['kʃeswɔ ɛlekt'rɨtʃne]
gallows	**szubienica** (f)	[ʃube'nitsa]
to execute (vt)	**stracić**	['stratɕitɕ]
execution	**egzekucja** (f)	[ɛgzɛ'kutsʰja]
prison, jail	**więzienie** (n)	[vɛ̃'ʒene]
cell	**cela** (f)	['tsɛʎa]
escort	**konwój** (m)	['kɔnvuj]
prison guard	**nadzorca** (m)	[na'dzɔrtsa]
prisoner	**więzień** (m)	['veɲʒɛ̃]
handcuffs	**kajdanki** (pl)	[kaj'daŋki]
to handcuff (vt)	**założyć kajdanki**	[za'wɔʒɨtɕ kaj'daŋki]
prison break	**ucieczka** (f)	[u'tɕetʃka]
to break out (vi)	**uciec**	['utɕets]
to disappear (vi)	**zniknąć**	['zniknɔ̃tɕ]
to release (from prison)	**zwolnić**	['zvɔʎnitɕ]
amnesty	**amnestia** (f)	[am'nɛstʰja]
police	**policja** (f)	[pɔ'litsʰja]
police officer	**policjant** (m)	[pɔ'litsʰjant]
police station	**komenda** (f)	[kɔ'mɛnda]
billy club	**pałka** (f) **gumowa**	['pawka gu'mɔva]
bullhorn	**głośnik** (m)	['gwoɕnik]
patrol car	**samochód** (m) **patrolowy**	[sa'mɔhut patrɔ'lɔvɨ]
siren	**syrena** (f)	[sɨ'rɛna]
to turn on the siren	**włączyć syrenę**	['vwɔ̃tʃɨtɕ sɨ'rɛnɛ̃]
siren call	**wycie** (n) **syreny**	['vɨtɕe sɨ'rɛnɨ]
crime scene	**miejsce** (n) **zdarzenia**	['mejstsɛ zda'ʒɛɲa]
witness	**świadek** (m)	['ɕfʲadɛk]
freedom	**wolność** (f)	['vɔʎnɔɕtɕ]
accomplice	**współsprawca** (m)	[fspuwsp'raftsa]
to flee (vi)	**ukryć się**	['ukrɨtɕ ɕɛ̃]
trace (to leave a ~)	**ślad** (m)	[ɕʎat]

194. Police. Law. Part 2

search (investigation)	**poszukiwania** (pl)	[pɔʃuki'vaɲa]
to look for ...	**poszukiwać**	[pɔʃu'kivatɕ]
suspicion	**podejrzenie** (n)	[pɔdɛj'ʒɛne]
suspicious (suspect)	**podejrzany**	[pɔdɛj'ʒanɨ]
to stop (cause to halt)	**zatrzymać**	[zat'ʃɨmatɕ]

to detain (keep in custody)	**zatrzymać**	[zat'ʃɪmatʃ]
case (lawsuit)	**sprawa** (f)	['sprava]
investigation	**śledztwo** (n)	['ɕleʦtfɔ]
detective	**detektyw** (m)	[dɛ'tɛktɪv]
investigator	**śledczy** (m)	['ɕletʧɪ]
hypothesis	**wersja** (f)	['vɛrsʰja]
motive	**motyw** (m)	['mɔtɪf]
interrogation	**przesłuchanie** (n)	[pʃɛswu'hane]
to interrogate (vt)	**przesłuchiwać**	[pʃɛswu'hivatʃ]
to question (vt)	**przesłuchiwać**	[pʃɛswu'hivatʃ]
check (identity ~)	**kontrola** (f)	[kɔnt'rɔʎa]
round-up	**obława** (f)	[ɔb'wava]
search (~ warrant)	**rewizja** (f)	[rɛ'vizʰja]
chase (pursuit)	**pogoń** (f)	['pɔgɔɲ]
to pursue, to chase	**ścigać**	['ɕʨigatʃ]
to track (a criminal)	**śledzić**	['ɕledʑitʃ]
arrest	**areszt** (m)	['arɛʃt]
to arrest (sb)	**aresztować**	[arɛʃ'tɔvatʃ]
to catch (thief, etc.)	**złapać**	['zwapatʃ]
capture	**pojmanie** (n)	[pɔj'manie]
document	**dokument** (m)	[dɔ'kumɛnt]
proof (evidence)	**dowód** (m)	['dɔvut]
to prove (vt)	**udowadniać**	[udɔ'vadɲatʃ]
footprint	**ślad** (m)	[ɕʎat]
fingerprints	**odciski** (pl) **palców**	[ɔ'ʨiski 'paʎʦuf]
piece of evidence	**poszlaka** (f)	[pɔʃ'ʎaka]
alibi	**alibi** (n)	[a'libi]
innocent (not guilty)	**niewinny**	[ne'viɲɪ]
injustice	**niesprawiedliwość** (f)	[nespraved'livɔɕtʃ]
unjust, unfair (adj)	**niesprawiedliwy**	[nespraved'livɪ]
criminal (adj)	**kryminalny**	[krɪmi'naʎnɪ]
to confiscate (vt)	**konfiskować**	[kɔnfis'kɔvatʃ]
drug (illegal substance)	**narkotyk** (m)	[nar'kɔtɪk]
weapon, gun	**broń** (f)	[brɔɲ]
to disarm (vt)	**rozbroić**	[rɔzb'rɔitʃ]
to order (command)	**rozkazywać**	[rɔska'zɪvatʃ]
to disappear (vi)	**zniknąć**	['zniknɔ̃tʃ]
law	**prawo** (n)	['pravɔ]
legal, lawful (adj)	**legalny**	[le'gaʎnɪ]
illegal, illicit (adj)	**nielegalny**	[nele'gaʎnɪ]
responsibility (blame)	**odpowiedzialność** (f)	[ɔtpɔve'dʑjaʎnɔɕtʃ]
responsible (adj)	**odpowiedzialny**	[ɔtpɔve'dʑjaʎnɪ]

NATURE

The Earth. Part 1

195. Outer space

cosmos	kosmos (m)	['kɔsmɔs]
space (as adj)	kosmiczny	[kɔs'mitʃnɪ]
outer space	przestrzeń (f) kosmiczna	['pʃɛstʃɛɲ kɔs'mitʃna]
world	świat (m)	[ɕfʲat]
universe	wszechświat (m)	['fʃɛhɕfʲat]
galaxy	galaktyka (f)	[ga'ʎaktɪka]
star	gwiazda (f)	['gvʲazda]
constellation	gwiazdozbiór (m)	[gvʲaz'dɔzbyr]
planet	planeta (f)	[pʎa'nɛta]
satellite	satelita (m)	[satɛ'lita]
meteorite	meteoryt (m)	[mɛtɛ'ɔrɪt]
comet	kometa (f)	[kɔ'mɛta]
asteroid	asteroida (f)	[astɛrɔ'ida]
orbit	orbita (f)	[ɔr'bita]
to revolve (~ around the Earth)	obracać się	[ɔb'ratsatʃ ɕɛ̃]
atmosphere	atmosfera (f)	[atmɔs'fɛra]
the Sun	Słońce (n)	['swɔɲtsɛ]
solar system	Układ (m) Słoneczny	['ukwad swɔ'nɛtʃnɪ]
solar eclipse	zaćmienie (n) słońca	[zatʃ'mene 'swɔɲtsa]
the Earth	Ziemia (f)	['ʒemʲa]
the Moon	Księżyc (m)	['kɕenʒɪts]
Mars	Mars (m)	[mars]
Venus	Wenus (f)	['vɛnus]
Jupiter	Jowisz (m)	[ɔviʃ]
Saturn	Saturn (m)	['saturn]
Mercury	Merkury (m)	[mɛr'kurɪ]
Uranus	Uran (m)	['uran]
Neptune	Neptun (m)	['nɛptun]
Pluto	Pluton (m)	['plytɔn]
Milky Way	Droga (f) Mleczna	['drɔga 'mletʃna]
Great Bear	Wielki Wóz (m)	['veʎki vus]

North Star	Gwiazda (f) Polarna	[ˈgvʲazda pɔˈʎarna]
Martian	Marsjanin (m)	[marsʰʲjanin]
extraterrestrial (n)	kosmita (m)	[kɔsˈmita]
alien	obcy (m)	[ˈɔbtsɪ]
flying saucer	talerz (m) latający	[ˈtaleʃ ʎataɔ̃tsɪ]

spaceship	statek (m) kosmiczny	[ˈstatɛk kɔsˈmitʃnɪ]
space station	stacja (f) kosmiczna	[ˈstatsʰja kɔsˈmitʃna]
blast-off	start (m)	[start]

engine	silnik (m)	[ˈɕiʎnik]
nozzle	dysza (f)	[ˈdɪʃa]
fuel	paliwo (n)	[paˈlivɔ]

cockpit, flight deck	kabina (f)	[kaˈbina]
antenna	antena (f)	[anˈtɛna]
porthole	iluminator (m)	[ilymiˈnator]
solar battery	bateria (f) słoneczna	[baˈtɛrʰja swɔˈnɛtʃna]
spacesuit	skafander (m)	[skaˈfandɛr]

| weightlessness | nieważkość (f) | [neˈvaʃkɔɕʧ] |
| oxygen | tlen (m) | [tlen] |

| docking (in space) | połączenie (n) | [pɔwɔ̃tˈʃɛne] |
| to dock (vi, vt) | łączyć się | [ˈwɔ̃tʃɪʧ ɕɛ̃] |

observatory	obserwatorium (n)	[ɔbsɛrvaˈtɔrʰjum]
telescope	teleskop (m)	[tɛˈleskɔp]
to observe (vt)	obserwować	[ɔbsɛrˈvɔvaʧ]
to explore (vt)	badać	[ˈbadaʧ]

196. The Earth

the Earth	Ziemia (f)	[ˈʒemʲa]
globe (the Earth)	kula (f) ziemska	[ˈkuʎa ˈʒemska]
planet	planeta (f)	[pʎaˈnɛta]

atmosphere	atmosfera (f)	[atmɔsˈfɛra]
geography	geografia (f)	[gɛɔgˈrafʰja]
nature	przyroda (f)	[pʃɪˈrɔda]

globe (table ~)	globus (m)	[ˈglɔbus]
map	mapa (f)	[ˈmapa]
atlas	atlas (m)	[ˈatʎas]

Europe	Europa (f)	[ɛuˈrɔpa]
Asia	Azja (f)	[ˈazʰja]
Africa	Afryka (f)	[ˈafrɪka]
Australia	Australia (f)	[austˈraʎja]
America	Ameryka (f)	[aˈmɛrɪka]

North America	Ameryka (f) Północna	[a'mɛrɪka puw'nɔtsna]
South America	Ameryka (f) Południowa	[a'mɛrɪka pɔwud'nɜva]
Antarctica	Antarktyda (f)	[antark'tɪda]
the Arctic	Arktyka (f)	['arktɪka]

197. Cardinal directions

north	północ (f)	['puwnɔts]
to the north	na północ	[na 'puwnɔts]
in the north	na północy	[na puw'nɔtsɪ]
northern (adj)	północny	[puw'nɔtsnɪ]

south	południe (n)	[pɔ'wudne]
to the south	na południe	[na pɔ'wudne]
in the south	na południu	[na pɔ'wudnɨ]
southern (adj)	południowy	[powud'nɜvɪ]

west	zachód (m)	['zahut]
to the west	na zachód	[na 'zahut]
in the west	na zachodzie	[na za'hɔdʒe]
western (adj)	zachodni	[za'hɔdni]

east	wschód (m)	[fshut]
to the east	na wschód	['na fshut]
in the east	na wschodzie	[na 'fshɔdʒe]
eastern (adj)	wschodni	['fshɔdni]

198. Sea. Ocean

sea	morze (n)	['mɔʒɛ]
ocean	ocean (m)	[ɔ'tsɛan]
gulf (bay)	zatoka (f)	[za'tɔka]
straits	cieśnina (f)	[tɕeɕ'nina]

solid ground	ląd (m)	[lɔ̃t]
continent (mainland)	kontynent (m)	[kɔn'tɪnɛnt]
island	wyspa (f)	['vɪspa]
peninsula	półwysep (m)	[puw'vɪsɛp]
archipelago	archipelag (m)	[arhi'pɛʎak]

bay, cove	zatoka (f)	[za'tɔka]
harbor	port (m)	[pɔrt]
lagoon	laguna (f)	[ʎa'guna]
cape	przylądek (m)	[pʃɪlɔ̃dɛk]

| atoll | atol (m) | ['atɔʎ] |
| reef | rafa (f) | ['rafa] |

coral	**koral** (m)	['kɔral]
coral reef	**rafa** (f) **koralowa**	['rafa kɔra'lɜva]
deep (adj)	**głęboki**	[gwɛ̃'bɔki]
depth (deep water)	**głębokość** (f)	[gwɛ̃'bɔkɔɕtʃ]
abyss	**otchłań** (f)	['ɔthwaɲ]
trench (e.g., Mariana ~)	**rów** (m)	[ruf]
current, stream	**prąd** (m)	[prɔ̃t]
to surround (bathe)	**omywać**	[ɔ'mɪvatʃ]
shore	**brzeg** (m)	[bʒɛk]
coast	**wybrzeże** (n)	[vɪb'ʒɛʒe]
high tide	**przypływ** (m)	['pʃɪpwɪf]
low tide	**odpływ** (m)	['ɔtpwɪf]
sandbank	**mielizna** (f)	[me'lizna]
bottom	**dno** (n)	[dnɔ]
wave	**fala** (f)	['faʎa]
crest (~ of a wave)	**grzywa** (f) **fali**	['gʒɪva 'fali]
froth (foam)	**piana** (f)	['pʲana]
storm	**burza** (f)	['buʒa]
hurricane	**huragan** (m)	[hu'ragan]
tsunami	**tsunami** (n)	[tsu'nami]
calm (dead ~)	**cisza** (f) **morska**	['tʃiʃa 'mɔrska]
quiet, calm (adj)	**spokojny**	[spɔ'kɔjnɪ]
pole	**biegun** (m)	['begun]
polar (adj)	**polarny**	[pɔ'ʎarnɪ]
latitude	**szerokość** (f)	[ʃɛ'rɔkɔɕtʃ]
longitude	**długość** (f)	['dwugɔɕtʃ]
parallel	**równoleżnik** (m)	[ruvnɔ'leʒnik]
equator	**równik** (m)	['ruvnik]
sky	**niebo** (n)	['nebɔ]
horizon	**horyzont** (m)	[hɔ'rɪzɔnt]
air	**powietrze** (n)	[pɔ'vetʃɛ]
lighthouse	**latarnia** (f) **morska**	[ʎa'tarɲa 'mɔrska]
to dive (vi)	**nurkować**	[nur'kɔvatʃ]
to sink (ab. boat)	**zatonąć**	[za'tɔ̃ɔɲtʃ]
treasures	**skarby** (pl)	['skarbɪ]

199. Seas' and Oceans' names

Atlantic Ocean	**Ocean** (m) **Atlantycki**	[ɔ'tsean atlan'tɪtski]
Indian Ocean	**Ocean** (m) **Indyjski**	[ɔ'tsean in'dɪjski]

| Pacific Ocean | Ocean (m) Spokojny | [ɔ'ʦɛan spɔ'kɔjnɪ] |
| Arctic Ocean | Ocean (m) Lodowaty Północny | [ɔ'ʦɛan lɔdɔ'vatɪ puw'nɔʦnɪ] |

Black Sea	Morze (n) Czarne	['mɔʒɛ 'tʃarnɛ]
Red Sea	Morze (n) Czerwone	['mɔʒɛ tʃɛr'vɔnɛ]
Yellow Sea	Morze (n) Żółte	['mɔʒɛ 'ʒuwtɛ]
White Sea	Morze (n) Białe	['mɔʒɛ 'bʲawɛ]

Caspian Sea	Morze (n) Kaspijskie	['mɔʒɛ kas'pijske]
Dead Sea	Morze (n) Martwe	['mɔʒɛ 'martfɛ]
Mediterranean Sea	Morze (n) Śródziemne	['mɔʒɛ ɕry'dʑemnɛ]

| Aegean Sea | Morze (n) Egejskie | ['mɔʒɛ ɛ'gejske] |
| Adriatic Sea | Morze (n) Adriatyckie | ['mɔʒɛ adrʲja'tɪʦke] |

Arabian Sea	Morze (n) Arabskie	['mɔʒɛ a'rabske]
Sea of Japan	Morze (n) Japońskie	['mɔʒɛ ja'pɔɲske]
Bering Sea	Morze (n) Beringa	['mɔʒɛ bɛ'riŋa]
South China Sea	Morze (n) Południowochińskie	['mɔʒɛ pɔwudnɔvɔ 'hiɲske]

Coral Sea	Morze (n) Koralowe	['mɔʒɛ kɔra'lɔvɛ]
Tasman Sea	Morze (n) Tasmana	['mɔʒɛ tas'mana]
Caribbean Sea	Morze (n) Karaibskie	['mɔʒɛ kara'ipske]

| Barents Sea | Morze (n) Barentsa | ['mɔʒɛ ba'rɛnʦa] |
| Kara Sea | Morze (n) Karskie | ['mɔʒɛ 'karske] |

North Sea	Morze (n) Północne	['mɔʒɛ puw'nɔʦnɛ]
Baltic Sea	Morze (n) Bałtyckie	['mɔʒɛ baw'tɪʦke]
Norwegian Sea	Morze (n) Norweskie	['mɔʒɛ nɔr'vɛske]

200. Mountains

mountain	góra (f)	['gura]
mountain range	łańcuch (m) górski	['waɲʦuh 'gurski]
mountain ridge	grzbiet (m) górski	[gʒbet 'gurski]

summit, top	szczyt (m)	[ʃtʃɪt]
peak	szczyt (m)	[ʃtʃɪt]
foot (of mountain)	podnóże (n)	[pɔd'nuʒɛ]
slope (mountainside)	zbocze (n)	['zbɔtʃɛ]

volcano	wulkan (m)	['vuʎkan]
active volcano	czynny (m) wulkan	['tʃɪnɪ 'vuʎkan]
dormant volcano	wygasły (m) wulkan	[vɪ'gaswɪ 'vuʎkan]

| eruption | wybuch (m) | ['vɪbuh] |
| crater | krater (m) | ['kratɛr] |

magma	**magma** (f)	[′magma]
lava	**lawa** (f)	[′ʎava]
molten (~ lava)	**rozżarzony**	[rɔzʒa′ʒɔnɪ]
canyon	**kanion** (m)	[′kaɲjɔn]
gorge	**wąwóz** (m)	[′vɔ̃vus]
crevice	**rozpadlina** (m)	[rɔspad′lina]
pass, col	**przełęcz** (f)	[′pʃɛwɛ̃tʃ]
plateau	**płaskowyż** (m)	[pwas′kɔvɪʃ]
cliff	**skała** (f)	[′skawa]
hill	**wzgórze** (n)	[′vzguʒɛ]
glacier	**lodowiec** (m)	[lɔ′dɔvʲɛs]
waterfall	**wodospad** (m)	[vɔ′dɔspat]
geyser	**gejzer** (m)	[′gɛjzɛr]
lake	**jezioro** (m)	[e′ʒarɔ]
plain	**równina** (f)	[ruv′nina]
landscape	**pejzaż** (m)	[′pɛjzaʃ]
echo	**echo** (n)	[′ɛhɔ]
alpinist	**alpinista** (m)	[aʎpi′nista]
rock climber	**wspinacz** (m)	[′fspinatʃ]
to conquer (in climbing)	**pokonywać**	[pɔkɔ′nɪvatʃ]
climb (an easy ~)	**wspinaczka** (f)	[fspi′natʃka]

201. Mountains names

Alps	**Alpy** (pl)	[′aʎpɪ]
Mont Blanc	**Mont Blanc** (m)	[mɔn blan]
Pyrenees	**Pireneje** (pl)	[pirɛ′nɛe]
Carpathians	**Karpaty** (pl)	[kar′patɪ]
Ural Mountains	**Góry Uralskie** (pl)	[′gurɪ u′raʎske]
Caucasus	**Kaukaz** (m)	[′kaukas]
Elbrus	**Elbrus** (m)	[′ɛʎbrus]
Altai	**Ałtaj** (m)	[′awtaj]
Pamir Mountains	**Pamir** (m)	[′pamir]
Himalayas	**Himalaje** (pl)	[hima′lae]
Everest	**Mont Everest** (m)	[mɔnt ɛ′vɛrɛst]
Andes	**Andy** (pl)	[′andɪ]
Kilimanjaro	**Kilimandżaro** (f)	[kiliman′dʒarɔ]

202. Rivers

river	**rzeka** (m)	[′ʒɛka]
spring (natural source)	**źródło** (n)	[′zʲrudwɔ]

riverbed	koryto (n)	[kɔ'ritɔ]
basin	dorzecze (n)	[dɔ'ʒɛtʃɛ]
to flow into …	wpadać	['fpadatʃ]

| tributary | dopływ (m) | ['dɔpwɨf] |
| bank (of river) | brzeg (m) | [bʒɛk] |

current, stream	prąd (m)	[prɔ̃t]
downstream (adv)	z prądem	[s 'prɔ̃dɛm]
upstream (adv)	pod prąd	[pɔt prɔ̃t]

inundation	powódź (f)	['pɔvutʃ]
flooding	wylew (m) rzeki	['vɨlef 'ʒɛki]
to overflow (vi)	rozlewać się	[rɔz'levatʃ ɕɛ̃]
to flood (vt)	zatapiać	[za'tapʲatʃ]

| shallows (shoal) | mielizna (f) | [me'lizna] |
| rapids | próg (m) | [pruk] |

dam	tama (f)	['tama]
canal	kanał (m)	['kanaw]
artificial lake	zbiornik (m) wodny	['zbɔrnik 'vɔdnɨ]
sluice, lock	śluza (f)	['ɕlyza]

water body (pond, etc.)	zbiornik (m) wodny	['zbɔrnik 'vɔdnɨ]
swamp, bog	bagno (n)	['bagnɔ]
marsh	grzęzawisko (n)	[gʒɛ̃za'viskɔ]
whirlpool	wir (m) wodny	[vir 'vɔdnɨ]

stream (brook)	potok (m)	['pɔtɔk]
drinking (ab. water)	pitny	['pitnɨ]
fresh (~ water)	słodki	['swɔtki]

| ice | lód (m) | [lyt] |
| to freeze (ab. river, etc.) | zamarznąć | [za'marznɔ̃tʃ] |

203. Rivers' names

| Seine | Sekwana (f) | [sɛk'fana] |
| Loire | Loara (f) | [lɔ'ara] |

Thames	Tamiza (f)	[ta'miza]
Rhine	Ren (m)	[rɛn]
Danube	Dunaj (m)	['dunaj]

Volga	Wołga (f)	['vɔwga]
Don	Don (m)	[dɔn]
Lena	Lena (f)	['lena]
Yellow River	Huang He (f)	[hu'aŋ hɛ]
Yangtze	Jangcy (f)	['jaŋtsɨ]

Mekong	**Mekong** (m)	['mɛkɔŋ]
Ganges	**Ganges** (m)	['ganɛs]
Nile River	**Nil** (m)	[niʎ]
Congo	**Kongo** (f)	['kɔŋɔ]
Okavango	**Okawango** (f)	[ɔka'vaŋɔ]
Zambezi	**Zambezi** (f)	[zam'bɛzi]
Limpopo	**Limpopo** (f)	[lim'pɔpɔ]
Mississippi River	**Mississipi** (f)	[missis'sipi]

204. Forest

forest	**las** (m)	[ʎas]
forest (as adj)	**leśny**	['leɕnɨ]
thick forest	**gąszcz** (f)	[gɔ̃ʃtʃ]
grove	**gaj** (m), **lasek** (m)	[gaj], ['ʎasɛk]
forest clearing	**polana** (f)	[pɔ'ʎana]
thicket	**zarośla** (pl)	[za'rɔɕʎa]
scrubland	**krzaki** (pl)	['kʃaki]
footpath (troddenpath)	**ścieżka** (f)	['ɕtʃeʃka]
gully	**wąwóz** (m)	['võvus]
tree	**drzewo** (n)	['dʒɛvɔ]
leaf	**liść** (m)	[liɕtʃ]
leaves	**listowie** (n)	[lis'tɔve]
fall of leaves	**opadanie** (n) **liści**	[ɔpa'dane 'liɕtʃi]
to fall (ab. leaves)	**opadać**	[ɔ'padatʃ]
top (of the tree)	**wierzchołek** (m)	[veʃ'hɔwɛk]
branch	**gałąź** (f)	['gawɔ̃ɕ]
bough	**sęk** (m)	[sɛ̃k]
bud (on shrub, tree)	**pączek** (m)	['pɔ̃tʃɛk]
needle (of pine tree)	**igła** (f)	['igwa]
pine cone	**szyszka** (f)	['ʃɨʃka]
hollow (in a tree)	**dziupla** (f)	['dʒypʎa]
nest	**gniazdo** (n)	['gɲazdɔ]
burrow (animal hole)	**nora** (f)	['nɔra]
trunk	**pień** (m)	[peɲ]
root	**korzeń** (m)	['kɔʒɛɲ]
bark	**kora** (f)	['kɔra]
moss	**mech** (m)	[mɛh]
to uproot (vt)	**karczować**	[kartʃɔvatʃ]
to chop down	**ścinać**	['ɕtʃinatʃ]

to deforest (vt)	wycinać	[vɪ'tʃinatʃ]
tree stump	pieniek (m)	['penek]
campfire	ognisko (n)	[ɔg'niskɔ]
forest fire	pożar (m)	['pɔʒar]
to extinguish (vt)	gasić	['gaɕitʃ]
forest ranger	leśnik (m)	['leɕnik]
protection	ochrona (f)	[ɔh'rɔna]
to protect (~ nature)	chronić	['hrɔnitʃ]
poacher	kłusownik (m)	[kwu'sɔvnik]
trap (e.g., bear ~)	potrzask (m)	['pɔtʃask]
to gather, to pick (vt)	zbierać	['zberatʃ]
to lose one's way	zabłądzić	[zab'wɔ̃ʤitʃ]

205. Natural resources

natural resources	zasoby (pl) naturalne	[za'sɔbɪ natu'raʎnɛ]
minerals	kopaliny (pl) użyteczne	[kɔpa'linɪ uʒɪ'tɛtʃnɛ]
deposits	złoża (pl)	['zwɔʒa]
field (e.g., oilfield)	złoże (n)	['zwɔʒɛ]
to mine (extract)	wydobywać	[vɪdɔ'bɪvatʃ]
mining (extraction)	wydobywanie (n)	[vɪdɔbɪ'vane]
ore	ruda (f)	['ruda]
mine (e.g., for coal)	kopalnia (f) rudy	[kɔ'paʎɲa 'rudɪ]
mine shaft, pit	szyb (m)	[ʃib]
miner	górnik (m)	['gurnik]
gas	gaz (m)	[gas]
gas pipeline	gazociąg (m)	[ga'zɔtʃɔ̃k]
oil (petroleum)	ropa (f) naftowa	['rɔpa naf'tɔva]
oil pipeline	rurociąg (m)	[ru'rɔtʃɔ̃k]
oil well	szyb (m) naftowy	[ʃip naf'tɔvɪ]
derrick	wieża (f) wiertnicza	['veʒa vert'nitʃa]
tanker	tankowiec (m)	[ta'ŋkɔveʦ]
sand	piasek (m)	['pʲasɛk]
limestone	wapień (m)	['vapeɲ]
gravel	żwir (m)	[ʒvir]
peat	torf (m)	[tɔrf]
clay	glina (f)	['glina]
coal	węgiel (m)	['vɛɲeʎ]
iron	żelazo (n)	[ʒɛ'ʎazɔ]
gold	złoto (n)	['zwɔtɔ]
silver	srebro (n)	['srɛbrɔ]
nickel	nikiel (n)	['nikeʎ]

copper	miedź (f)	[metʃ]
zinc	cynk (m)	[tsɪŋk]
manganese	mangan (m)	['maŋan]
mercury	rtęć (f)	[rtɛ̃tʃ]
lead	ołów (m)	['ɔwuf]

mineral	minerał (m)	[mi'nɛraw]
crystal	kryształ (m)	['krɪʃtaw]
marble	marmur (m)	['marmur]
uranium	uran (m)	['uran]

The Earth. Part 2

206. Weather

weather	**pogoda** (f)	[pɔ'gɔda]
weather forecast	**prognoza** (f) **pogody**	[prɔg'nɔza pɔ'gɔdɨ]
temperature	**temperatura** (f)	[tɛmpɛra'tura]
thermometer	**termometr** (m)	[tɛr'mɔmɛtr]
barometer	**barometr** (m)	[ba'rɔmɛtr]
humidity	**wilgoć** (f)	['viʎgɔtʃ]
heat (extreme ~)	**żar** (m)	[ʒar]
hot (torrid)	**upalny, gorący**	[u'paʎnɨ], [gɔ'rɔ̃tsɨ]
it's hot	**gorąco**	[gɔ'rɔ̃tsɔ]
it's warm	**ciepło**	['tɕepwɔ]
warm (moderately hot)	**ciepły**	['tɕepwɨ]
it's cold	**zimno**	['ʒimnɔ]
cold (adj)	**zimny**	['ʒimnɨ]
sun	**słońce** (n)	['swɔɲtsɛ]
to shine (vi)	**świecić**	['ɕfetɕitʃ]
sunny (day)	**słoneczny**	[swɔ'nɛtʃnɨ]
to come up (vi)	**wzejść**	[vzɛjɕtʃ]
to set (vi)	**zajść**	[zajɕtʃ]
cloud	**obłok** (m)	['ɔbwɔk]
cloudy (adj)	**zachmurzony**	[zahmu'ʒɔnɨ]
rain cloud	**chmura** (f)	['hmura]
somber (gloomy)	**pochmurny**	[pɔh'murnɨ]
rain	**deszcz** (m)	[dɛʃtʃ]
it's raining	**pada deszcz**	['pada dɛʃtʃ]
rainy (day)	**deszczowy**	[dɛʃt'ʃɔvɨ]
to drizzle (vi)	**mżyć**	[mʒɨtʃ]
pouring rain	**ulewny deszcz** (m)	[u'levnɨ dɛʃtʃ]
downpour	**ulewa** (f)	[u'leva]
heavy (e.g., ~ rain)	**silny**	['ɕiʎnɨ]
puddle	**kałuża** (f)	[ka'wuʒa]
to get wet (in rain)	**moknąć**	['mɔknɔ̃tʃ]
fog (mist)	**mgła** (f)	[mgwa]
foggy	**mglisty**	['mglistɨ]
snow	**śnieg** (m)	[ɕnek]
it's snowing	**pada śnieg**	['pada ɕnek]

207. Severe weather. Natural disasters

thunderstorm	burza (f)	['buʒa]
lightning (~ strike)	błyskawica (f)	[bwɪska'vitsa]
to flash (vi)	błyskać	['bwɪskatʃ]
thunder	grzmot (m)	[gʒmɔt]
to thunder (vi)	grzmieć	[gʒmetʃ]
it's thundering	grzmi	[gʒmi]
hail	grad (m)	[grat]
it's hailing	pada grad	['pada grat]
to flood (vt)	zatopić	[za'tɔpitʃ]
flood, inundation	powódź (f)	['pɔvutʃ]
earthquake	trzęsienie (n) ziemi	[tʃɛ̃'ɕene 'ʒemi]
tremor, quake	wstrząs (m)	[fstʃɔ̃s]
epicenter	epicentrum (n)	[ɛpi'tsɛntrum]
eruption	wybuch (m)	['vɪbuh]
lava	lawa (f)	['ʎava]
twister	trąba (f) powietrzna	['trɔ̃ba pɔ'vetʃna]
tornado	tornado (n)	[tɔr'nadɔ]
typhoon	tajfun (m)	['tajfun]
hurricane	huragan (m)	[hu'ragan]
storm	burza (f)	['buʒa]
tsunami	tsunami (n)	[tsu'nami]
cyclone	cyklon (m)	['tsɪklɔn]
bad weather	niepogoda (f)	[nepɔ'gɔda]
fire (accident)	pożar (m)	['pɔʒar]
disaster	katastrofa (f)	[katast'rɔfa]
meteorite	meteoryt (m)	[mɛtɛ'ɔrɪt]
avalanche	lawina (f)	[ʎa'vina]
snowslide	lawina (f)	[ʎa'vina]
blizzard	zamieć (f)	['zametʃ]
snowstorm	śnieżyca (f)	[ɕne'ʒɪtsa]

208. Noises. Sounds

silence (quiet)	cisza (f)	['tʃiʃa]
sound	dźwięk (m)	['dʒvenk]
noise	hałas (m)	['hawas]
to make noise	hałasować	[hawa'sɔvatʃ]
noisy (adj)	hałaśliwy	[hawaɕ'livɪ]

loudly (to speak, etc.)	głośno	['gwɔɕnɔ]
loud (voice, etc.)	głośny	['gwɔɕnɪ]
constant (continuous)	ciągły	[ʨɔ̃gwɪ]

shout (n)	krzyk (m)	[kʃik]
to shout (vi)	krzyczeć	['kʃitʃɛʨ]
whisper	szept (m)	[ʃɛpt]
to whisper (vi, vt)	szeptać	['ʃɛptaʨ]

barking (of dog)	szczekanie (n)	[ʃtʃɛ'kane]
to bark (vi)	szczekać	['ʃtʃɛkaʨ]

groan (of pain)	jęk (m)	[jɛ̃k]
to groan (vi)	jęczeć	['jentʃɛʨ]
cough	kaszel (m)	['kaʃɛʎ]
to cough (vi)	kaszleć	['kaʃlɛʨ]

whistle	gwizd (m)	[gvist]
to whistle (vi)	gwizdać	['gvizdaʨ]
knock (at the door)	pukanie (n)	[pu'kane]
to knock (at the door)	pukać	['pukaʨ]

to crack (vi)	trzeszczeć	['tʃɛʃtʃɛʨ]
crack (plank, etc.)	trzask (m)	[tʃask]

siren	syrena (f)	[sɪ'rɛna]
whistle (factory ~)	sygnał (m), gwizdek (m)	['sɪgnaw], ['gvizdɛk]
to whistle (ship, train)	huczeć	['hutʃɛʨ]
honk (signal)	klakson (m)	['kʎaksɔn]
to honk (vi)	trąbić	['trɔ̃biʨ]

209. Winter

winter (n)	zima (f)	['ʒima]
winter (as adj)	zimowy	[ʒi'mɔvɪ]
in winter	zimą	['ʒimɔ̃]

snow	śnieg (m)	[ɕnek]
it's snowing	pada śnieg	['pada ɕnek]
snowfall	opady (pl) śniegu	[ɔ'padɪ 'ɕnegu]
snowdrift	zaspa (f)	['zaspa]

snowflake	śnieżynka (f)	[ɕne'ʒɪŋka]
snowball	śnieżka (f)	['ɕneʃka]
snowman	bałwan (m)	['bawvan]
icicle	sopel (m)	['sɔpɛʎ]

December	grudzień (m)	['grudʒeɲ]
January	styczeń (m)	['stɪtʃɛɲ]
February	luty (m)	['lytɪ]

severe frost	**mróz** (m)	[mrus]
frosty (weather, air)	**mroźny**	['mrɔzʲnɪ]
below zero (adv)	**poniżej zera**	[pɔ'niʒɛj 'zɛra]
first frost	**przymrozki** (pl)	[pʃɪm'rɔski]
hoarfrost	**szron** (m)	[ʃrɔn]
cold (cold weather)	**zimno** (n)	['ʒimnɔ]
it's cold	**zimno**	['ʒimnɔ]
fur coat	**futro** (n)	['futrɔ]
mittens	**rękawiczki** (pl)	[rĕka'vitʃki]
to get sick	**zachorować**	[zahɔ'rɔvatʃ]
cold (illness)	**przeziębienie** (n)	[pʃɛʒĕ'bene]
to catch a cold	**przeziębić się**	[pʃɛ'ʒembitʃ ɕĕ]
ice	**lód** (m)	[lyt]
black ice	**gołoledź** (f)	[gɔ'wɔletʃ]
to freeze (ab. river, etc.)	**zamarznąć**	[za'marznɔ̃tʃ]
ice floe	**kra** (f)	[kra]
skis	**narty** (pl)	['nartɪ]
skier	**narciarz** (m)	['nartʃʲaʃ]
to ski (vi)	**jeździć na nartach**	['ezʲdʒitʃ na 'nartah]
to skate (vi)	**jeździć na łyżwach**	['ezʲdʒitʃ na 'wɪʒvah]

Fauna

210. Mammals. Predators

predator	**drapieżnik** (m)	[draˈpeʒnik]
tiger	**tygrys** (m)	[ˈtɨɡrɨs]
lion	**lew** (m)	[lef]
wolf	**wilk** (m)	[viʎk]
fox	**lis** (m)	[lis]
jaguar	**jaguar** (m)	[jaˈguar]
leopard	**lampart** (m)	[ˈʎampart]
cheetah	**gepard** (m)	[ˈgɛpart]
black panther	**pantera** (f)	[panˈtɛra]
puma	**puma** (f)	[ˈpuma]
snow leopard	**irbis** (m)	[ˈirbis]
lynx	**ryś** (m)	[rɨɕ]
coyote	**kojot** (m)	[ˈkɔɜt]
jackal	**szakal** (m)	[ˈʃakaʎ]
hyena	**hiena** (f)	[ˈhʲena]

211. Wild animals

animal	**zwierzę** (n)	[ˈzveʒɛ̃]
beast (animal)	**dzikie zwierzę** (n)	[ˈdʑike ˈzveʒɛ̃]
squirrel	**wiewiórka** (f)	[veˈvɨrka]
hedgehog	**jeż** (m)	[eʃ]
hare	**zając** (m)	[ˈzaɔ̃ts]
rabbit	**królik** (m)	[ˈkrulik]
badger	**borsuk** (m)	[ˈbɔrsuk]
raccoon	**szop** (m)	[ʃɔp]
hamster	**chomik** (m)	[ˈhɔmik]
marmot	**świstak** (m)	[ˈɕfistak]
mole	**kret** (m)	[krɛt]
mouse	**mysz** (f)	[mɨʃ]
rat	**szczur** (m)	[ʃtʃur]
bat	**nietoperz** (m)	[neˈtɔpɛʃ]
ermine	**gronostaj** (m)	[grɔˈnɔstaj]
sable	**soból** (m)	[ˈsɔbuʎ]

marten	**kuna** (f)	['kuna]
weasel	**łasica** (f)	[wa'ɕitsa]
mink	**norka** (f)	['nɔrka]
beaver	**bóbr** (m)	[bubr]
otter	**wydra** (f)	['vɪdra]
horse	**koń** (m)	[kɔɲ]
moose	**łoś** (m)	[wɔɕ]
deer	**jeleń** (m)	['elɛɲ]
camel	**wielbłąd** (m)	['veʎbwɔ̃t]
bison	**bizon** (m)	['bizɔn]
aurochs	**żubr** (m)	[ʒubr]
buffalo	**bawół** (m)	['bavuw]
zebra	**zebra** (f)	['zɛbra]
antelope	**antylopa** (f)	[antɪ'lɔpa]
roe deer	**sarna** (f)	['sarna]
fallow deer	**łania** (f)	['waɲa]
chamois	**kozica** (f)	[kɔ'ʒitsa]
wild boar	**dzik** (m)	[dʒik]
whale	**wieloryb** (m)	[ve'lɔrɪp]
seal	**foka** (f)	['fɔka]
walrus	**mors** (m)	[mɔrs]
fur seal	**kot** (m) **morski**	[kɔt 'mɔrski]
dolphin	**delfin** (m)	['dɛʎfin]
bear	**niedźwiedź** (m)	['nedʒʲvetʃ]
polar bear	**niedźwiedź** (m) **polarny**	['nedʒʲvetʃ pɔ'ʎarnɪ]
panda	**panda** (f)	['panda]
monkey	**małpa** (f)	['mawpa]
chimpanzee	**szympans** (m)	['ʃimpans]
orangutan	**orangutan** (m)	[ɔra'ŋutan]
gorilla	**goryl** (m)	['gɔrɪʎ]
macaque	**makak** (m)	['makak]
gibbon	**gibon** (m)	['gibɔn]
elephant	**słoń** (m)	['swɔɲ]
rhinoceros	**nosorożec** (m)	[nɔsɔ'rɔʒɛts]
giraffe	**żyrafa** (f)	[ʒɪ'rafa]
hippopotamus	**hipopotam** (m)	[hipɔ'pɔtam]
kangaroo	**kangur** (m)	['kaŋur]
koala (bear)	**koala** (f)	[kɔ'aʎa]
mongoose	**mangusta** (f)	[ma'ŋusta]
chinchilla	**szynszyla** (f)	[ʃin'ʃiʎa]
skunk	**skunks** (m)	[skuŋks]
porcupine	**jeżozwierz** (m)	[e'ʒɔzveʃ]

212. Domestic animals

cat	kotka (f)	['kɔtka]
tomcat	kot (m)	[kɔt]
dog	pies (m)	[pes]
horse	koń (m)	[kɔɲ]
stallion	źrebak (m), ogier (m)	['zʲrɛbak], ['ɔgjer]
mare	klacz (f)	[kʎatʃ]
cow	krowa (f)	['krɔva]
bull	byk (m)	[bɪk]
ox	wół (m)	[vuw]
sheep	owca (f)	['ɔftsa]
ram	baran (m)	['baran]
goat	koza (f)	['kɔza]
billy goat, he-goat	kozioł (m)	['kɔʒʒw]
donkey	osioł (m)	['ɔɕʑw]
mule	muł (m)	[muw]
pig	świnia (f)	['ɕfiɲa]
piglet	prosiak (m)	['prɔɕak]
rabbit	królik (m)	['krulik]
hen (chicken)	kura (f)	['kura]
rooster	kogut (m)	['kɔgut]
duck	kaczka (f)	['katʃka]
drake	kaczor (m)	['katʃɔr]
goose	gęś (f)	[gɛ̃ɕ]
tom turkey	indyk (m)	['indɪk]
turkey (hen)	indyczka (f)	[in'dɪtʃka]
domestic animals	zwierzęta (pl) domowe	[zve'ʒɛnta dɔ'mɔvɛ]
tame (e.g., ~ hamster)	oswojony	[ɔsfɔɔnɪ]
to tame (vt)	oswajać	[ɔs'fajatʃ]
to breed (vt)	hodować	[hɔ'dɔvatʃ]
farm	ferma (f)	['fɛrma]
poultry	drób (m)	[drup]
cattle	bydło (n)	['bɪdwɔ]
herd (cattle)	stado (n)	['stadɔ]
stable	stajnia (f)	['stajɲa]
pigsty	chlew (m)	[hlef]
cowshed	obora (f)	[ɔ'bɔra]
rabbit hutch	klatka (f) dla królików	['klatka dʎa krɔ'likɔf]
hen house	kurnik (m)	['kurnik]

T&P Books. Polish vocabulary for English speakers - 9000 words

213. Dogs. Dog breeds

dog	pies (m)	[pɛs]
sheepdog	owczarek (m)	[ɔftʃarɛk]
poodle	pudel (m)	[ˈpudɛʎ]
dachshund	jamnik (m)	[ˈjamnik]

bulldog	buldog (m)	[ˈbuʎdɔk]
boxer	bokser (m)	[ˈbɔksɛr]
mastiff	mastyf (m)	[ˈmastɪʃ]
rottweiler	rottweiler (m)	[rɔtˈvajler]
Doberman	doberman (m)	[dɔˈbɛrman]

basset	basset (m)	[ˈbasɛt]
bobtail	owczarek (m) staroangielski	[ɔftʃarɛk starɔaˈɲeʎski]
Dalmatian	dalmatyńczyk (m)	[daʎmaˈtɪntʃɪk]
cocker spaniel	cocker spaniel (m)	[ˈkɔkɛr ˈspaneʎ]

| Newfoundland | nowofundland (m) | [nɔvɔˈfundʎant] |
| Saint Bernard | bernardyn (m) | [bɛrˈnardɪn] |

husky	husky (m)	[ˈhaski]
Chow Chow	chow-chow (m)	[tʃau tʃau]
spitz	szpic (m)	[ʃpits]
pug	mops (m)	[mɔps]

214. Sounds made by animals

barking (n)	szczekanie (n)	[ʃtʃɛˈkane]
to bark (vi)	szczekać	[ˈʃtʃɛkatʃ]
to meow (vi)	miauczeć	[mʲaˈutʃɛtʃ]
to purr (vi)	mruczeć	[ˈmrutʃɛtʃ]

to moo (vi)	muczeć	[ˈmutʃɛtʃ]
to bellow (bull)	ryczeć	[ˈrɪtʃɛtʃ]
to growl (vi)	warczeć	[ˈvartʃɛtʃ]

howl (n)	wycie (n)	[ˈvɪtʃe]
to howl (vi)	wyć	[ˈvɪtʃ]
to whine (vi)	skomleć	[ˈskɔmletʃ]

to bleat (sheep)	beczeć	[ˈbɛtʃɛtʃ]
to oink, to grunt (pig)	chrząkać	[ˈhʃɔ̃katʃ]
to squeal (vi)	kwiczeć	[ˈkfitʃɛtʃ]

to croak (vi)	kwakać	[ˈkfakatʃ]
to buzz (insect)	bzyczeć	[ˈbzɪtʃɛtʃ]
to stridulate (vi)	cykać	[ˈtsɪkatʃ]

215. Young animals

cub	małe (n)	['mawɛ]
kitten	kotek (m)	['kɔtɛk]
baby mouse	mała myszka (f)	['mawa 'mɪʃka]
pup, puppy	małe piesek (m)	['mawɛ 'pʲɛsɛk]
leveret	zajączek (m)	[zaɔ̃tʃɛk]
baby rabbit	króliczek (m)	[kru'litʃɛk]
wolf cub	wilczek (m)	['viʎtʃɛk]
fox cub	lisek (m)	['lisɛk]
bear cub	niedźwiadek (m)	[nedʑ'vʲadɛk]
lion cub	lwiątko (n)	[ʎvɔ̃tkɔ]
tiger cub	tygrysiątko (n)	[tɪgrɪɕɔ̃tkɔ]
elephant calf	słoniątko (n)	[swɔnɔ̃tkɔ]
piglet	prosiak (m)	['prɔɕak]
calf (young cow, bull)	cielę (n), cielak (m)	['tɕɛlɛ̃], ['tɕɛʎak]
kid (young goat)	koźlątko (n)	[kɔʑ'lɔ̃tkɔ]
lamb	jagniątko (n)	[jagnɔ̃tkɔ]
fawn (young deer)	jelonek (m)	[e'lɔnɛk]
young camel	młody wielbłąd (m)	['mwɔdɪ 'vewʲbwɔ̃t]
baby snake	żmijka (f)	['ʒmijka]
baby frog	żabka (f)	['ʒapka]
nestling	pisklę (n)	['pisklɛ̃]
chick (of chicken)	kurczątko (n)	[kurt'ʃɔ̃tkɔ]
duckling	kaczątko (n)	[kat'ʃɔ̃tkɔ]

216. Birds

bird	ptak (m)	[ptak]
pigeon	gołąb (m)	['gɔwɔ̃p]
sparrow	wróbel (m)	['vrubɛʎ]
tit	sikorka (f)	[ɕi'kɔrka]
magpie	sroka (f)	['srɔka]
raven	kruk (m)	[kruk]
crow	wrona (f)	['vrɔna]
jackdaw	kawka (f)	['kafka]
rook	gawron (m)	['gavrɔn]
duck	kaczka (f)	['katʃka]
goose	gęś (f)	[gɛ̃ɕ]
pheasant	bażant (m)	['baʒant]
eagle	orzeł (m)	['ɔʒɛw]
hawk	jastrząb (m)	['jastʃɔ̃p]

falcon	sokół (m)	['sɔkuw]
vulture	sęp (m)	[sɛ̃p]
condor (Andean ~)	kondor (m)	['kɔndɔr]

swan	łabędź (m)	['wabɛ̃tʃ]
crane	żuraw (m)	['ʒuraf]
stork	bocian (m)	['bɔtɕʲan]

parrot	papuga (f)	[pa'puga]
hummingbird	koliber (m)	[kɔ'libɛr]
peacock	paw (m)	[paf]

ostrich	struś (m)	[struɕ]
heron	czapla (f)	['tʃapʎa]
flamingo	flaming (m)	['fʎamiŋ]
pelican	pelikan (m)	[pɛ'likan]

| nightingale | słowik (m) | ['swɔvik] |
| swallow | jaskółka (f) | [jas'kuwka] |

thrush	drozd (m)	[drɔst]
song thrush	drozd śpiewak (m)	[drɔst 'ɕpevak]
blackbird	kos (m)	[kɔs]

swift	jerzyk (m)	['eʒɪk]
lark	skowronek (m)	[skɔv'rɔnɛk]
quail	przepiórka (f)	[pʃɛ'pyrka]

woodpecker	dzięcioł (m)	['dʒɛ̃tɕow]
cuckoo	kukułka (f)	[ku'kuwka]
owl	sowa (f)	['sɔva]
eagle owl	puchacz (m)	['puhatʃ]
wood grouse	głuszec (m)	['gwuʃɛts]
black grouse	cietrzew (m)	['tɕetʃɛf]
partridge	kuropatwa (f)	[kurɔ'patfa]

starling	szpak (m)	[ʃpak]
canary	kanarek (m)	[ka'narɛk]
hazel grouse	jarząbek (m)	[ja'ʒɔ̃bɛk]
chaffinch	zięba (f)	['ʒɛ̃ba]
bullfinch	gil (m)	[giʎ]

seagull	mewa (f)	['mɛva]
albatross	albatros (m)	[aʎ'batrɔs]
penguin	pingwin (m)	['piŋvin]

217. Birds. Singing and sounds

| to sing (vi) | śpiewać | ['ɕpevatʃ] |
| to call (animal, bird) | krzyczeć | ['kʃitʃɛtʃ] |

to crow (rooster)	piać	[pʲatʃ]
cock-a-doodle-doo	kukuryku	[kuku'rɨku]
to cluck (hen)	gdakać	['gdakatʃ]
to caw (vi)	krakać	['krakatʃ]
to quack (duck)	kwakać	['kfakatʃ]
to cheep (vi)	piszczeć	['pictʃatʃ]
to chirp, to twitter	ćwierkać	['tʃferkatʃ]

218. Fish. Marine animals

bream	leszcz (m)	[leʃtʃ]
carp	karp (m)	[karp]
perch	okoń (m)	['ɔkɔɲ]
catfish	sum (m)	[sum]
pike	szczupak (m)	['ʃtʃupak]
salmon	łosoś (m)	['wɔsɔɕ]
sturgeon	jesiotr (m)	['eɕɜtr]
herring	śledź (m)	[ɕletʃ]
Atlantic salmon	łosoś (m)	['wɔsɔɕ]
mackerel	makrela (f)	[mak'rɛla]
flatfish	flądra (f)	[flõdra]
zander, pike perch	sandacz (m)	['sandatʃ]
cod	dorsz (m)	[dɔrʃ]
tuna	tuńczyk (m)	['tuɲtʃik]
trout	pstrąg (m)	[pstrõk]
eel	węgorz (m)	['vɛŋɔʃ]
electric ray	drętwa (f)	['drɛntfa]
moray eel	murena (f)	[mu'rɛna]
piranha	pirania (f)	[pi'raɲja]
shark	rekin (m)	['rɛkin]
dolphin	delfin (m)	['dɛʎfin]
whale	wieloryb (m)	[ve'lɜrɨp]
crab	krab (m)	[krap]
jellyfish	meduza (f)	[mɛ'duza]
octopus	ośmiornica (f)	[ɔɕmɜr'nitsa]
starfish	rozgwiazda (f)	[rɔzg'vʲazda]
sea urchin	jeżowiec (m)	[e'ʒɔvets]
seahorse	konik (m) morski	['kɔnik 'mɔrski]
oyster	ostryga (f)	[ɔst'rɨga]
shrimp	krewetka (f)	[krɛ'vɛtka]
lobster	homar (m)	['hɔmar]
spiny lobster	langusta (f)	[ʎa'ŋusta]

219. Amphibians. Reptiles

snake	wąż (m)	[vɔ̃ʃ]
venomous (snake)	jadowity	[jadɔ'vitɪ]
viper	żmija (f)	['ʒmija]
cobra	kobra (f)	['kɔbra]
python	pyton (m)	['pɪtɔn]
boa	wąż dusiciel (m)	[vɔ̃ʒ du'ɕitʃeʎ]
grass snake	zaskroniec (m)	[zask'rɔnets]
rattle snake	grzechotnik (m)	[gʒɛ'hɔtnik]
anaconda	anakonda (f)	[ana'kɔnda]
lizard	jaszczurka (f)	[jaʃt'ʃurka]
iguana	legwan (m)	['legvan]
monitor lizard	waran (m)	['varan]
salamander	salamandra (f)	[saʎa'mandra]
chameleon	kameleon (m)	[kamɛ'leɔn]
scorpion	skorpion (m)	['skɔrpʰɜn]
turtle	żółw (m)	[ʒuwf]
frog	żaba (f)	['ʒaba]
toad	ropucha (f)	[rɔ'puha]
crocodile	krokodyl (m)	[krɔ'kɔdɪʎ]

220. Insects

insect, bug	owad (m)	['ɔvat]
butterfly	motyl (m)	['mɔtɪʎ]
ant	mrówka (f)	['mrufka]
fly	mucha (f)	['muha]
mosquito	komar (m)	['kɔmar]
beetle	żuk (m), chrząszcz (m)	[ʒuk], [hʃɔ̃ʃtʃ]
wasp	osa (f)	['ɔsa]
bee	pszczoła (f)	['pʃtʃowa]
bumblebee	trzmiel (m)	[tʃmeʎ]
gadfly	giez (m)	[ges]
spider	pająk (m)	['paɔ̃k]
spider's web	pajęczyna (f)	[paɛ̃t'ʃɪna]
dragonfly	ważka (f)	['vaʃka]
grasshopper	konik (m) polny	['kɔnik 'pɔʎnɪ]
moth (night butterfly)	omacnica (f)	[ɔmats'nitsa]
cockroach	karaluch (m)	[ka'ralyh]
tick	kleszcz (m)	[kleʃtʃ]

flea	**pchła** (f)	[phwa]
midge	**meszka** (f)	['mɛʃka]
locust	**szarańcza** (f)	[ʃa'raɲtʃa]
snail	**ślimak** (m)	['ɕlimak]
cricket	**świerszcz** (m)	[ɕferʃtʃ]
lightning bug	**robaczek** (m) **świętojański**	[rɔ'batʃɛk ɕfɛ̃tɔ'jaɲski]
ladybug	**biedronka** (f)	[bed'rɔŋka]
cockchafer	**chrabąszcz** (m) **majowy**	['hrabɔ̃ʃtʃ maʒvı]
leech	**pijawka** (f)	[pi'jafka]
caterpillar	**gąsienica** (f)	[gɔ̃ɕe'nitsa]
earthworm	**robak** (m)	['rɔbak]
larva	**poczwarka** (f)	[pɔtʃ'farka]

221. Animals. Body parts

beak	**dziób** (m)	[dʑyp]
wings	**skrzydła** (pl)	['skʃıdwa]
foot (of bird)	**łapa** (f)	['wapa]
feathering	**upierzenie** (n)	[upe'ʒɛne]
feather	**pióro** (n)	['pyrɔ]
crest	**czubek** (m)	['tʃubɛk]
gill	**skrzela** (pl)	['skʃɛʎa]
spawn	**ikra** (f)	['ikra]
larva	**larwa** (f)	['ʎarva]
fin	**płetwa** (f)	['pwɛtfa]
scales (of fish, reptile)	**łuska** (f)	['wuska]
fang (canine)	**kieł** (m)	[kew]
paw (e.g., cat's ~)	**łapa** (f)	['wapa]
muzzle (snout)	**pysk** (m)	[pısk]
mouth (of cat, dog)	**paszcza** (f)	['paʃtʃa]
tail	**ogon** (m)	['ɔgɔn]
whiskers	**wąsy** (pl)	['vɔ̃sı]
hoof	**kopyto** (n)	[kɔ'pıtɔ]
horn	**róg** (m)	[ruk]
carapace	**pancerz** (m)	['pantsɛʃ]
shell (of mollusk)	**muszla** (f)	['muʃʎa]
eggshell	**skorupa** (f)	[skɔ'rupa]
animal's hair (pelage)	**sierść** (f)	[ɕerɕtʃ]
pelt (hide)	**skóra** (f)	['skura]

222. Actions of animals

to fly (vi)	latać	[ˈʎatatʃ]
to make circles	krążyć	[ˈkrõʒitʃ]
to fly away	odlecieć	[ɔdˈletʃetʃ]
to flap (~ the wings)	machać	[ˈmahatʃ]
to peck (vi)	dziobać	[ˈdʒɔbatʃ]
to sit on eggs	wysiadywać jajka	[vɪɕaˈdɪvatʃ ˈjajka]
to hatch out (vi)	wykluwać się	[vɪkˈlyvatʃ ɕɛ̃]
to build the nest	wić	[vitʃ]
to slither, to crawl	pełznąć	[ˈpɛwznɔ̃tʃ]
to sting, to bite (insect)	żądlić	[ˈʒɔ̃dlitʃ]
to bite (ab. animal)	gryźć	[grɪɕtʃ]
to sniff (vt)	wąchać	[ˈvɔ̃hatʃ]
to bark (vi)	szczekać	[ˈʃtʃɛkatʃ]
to hiss (snake)	syczeć	[ˈsɪtʃɛtʃ]
to scare (vt)	straszyć	[ˈstraʃitʃ]
to attack (vt)	napadać	[naˈpadatʃ]
to gnaw (bone, etc.)	gryźć	[grɪɕtʃ]
to scratch (with claws)	drapać	[ˈdrapatʃ]
to hide (vi)	chować się	[ˈhovatʃ ɕɛ̃]
to play (kittens, etc.)	bawić się	[ˈbavitʃ ɕɛ̃]
to hunt (vi, vt)	polować	[pɔˈlɔvatʃ]
to hibernate (vi)	zapadać w sen zimowy	[zaˈpadatʃ f sɛn ʒiˈmovɪ]
to become extinct	wymrzeć	[ˈvɪmʒɛtʃ]

223. Animals. Habitats

habitat	siedlisko (n)	[ɕedˈlisko]
migration	migracja (f)	[migˈratsʰja]
mountain	góra (f)	[ˈgura]
reef	rafa (f)	[ˈrafa]
cliff	skała (f)	[ˈskawa]
forest	las (m)	[ʎas]
jungle	dżungla (f)	[ˈdʒuŋʎa]
savanna	sawanna (f)	[saˈvana]
tundra	tundra (f)	[ˈtundra]
steppe	step (m)	[stɛp]
desert	pustynia (f)	[pusˈtɪɲa]
oasis	oaza (f)	[ɔˈaza]
sea	morze (n)	[ˈmɔʒɛ]

| lake | **jezioro** (n) | [eˈʒarɔ] |
| ocean | **ocean** (m) | [ɔˈtsɛan] |

swamp	**bagno** (n)	[ˈbagnɔ]
freshwater (adj)	**słodkowodny**	[swɔtkɔˈvɔdnı]
pond	**staw** (m)	[staf]
river	**rzeka** (f)	[ˈʒɛka]

den	**barłóg** (m)	[ˈbarwuk]
nest	**gniazdo** (n)	[ˈgɲazdɔ]
hollow (in a tree)	**dziupla** (f)	[ˈdʒypʎa]
burrow (animal hole)	**nora** (f)	[ˈnɔra]
anthill	**mrowisko** (n)	[mrɔˈviskɔ]

224. Animal care

| zoo | **zoo** (n) | [ˈzɔː] |
| nature preserve | **rezerwat** (m) | [rɛˈzɛrvat] |

breeder, breed club	**hodowca** (m)	[hɔˈdɔvtsʲa]
open-air cage	**woliera** (f)	[vɔˈʎjera]
cage	**klatka** (f)	[ˈkʎatka]
kennel	**buda** (f) **dla psa**	[ˈbuda dʎa psa]

dovecot	**gołębnik** (m)	[gɔˈwɛ̃bnik]
aquarium	**akwarium** (n)	[akˈfarʰjum]
dolphinarium	**delfinarium** (n)	[dɛʎfiˈnarʰjum]

to breed (animals)	**hodować**	[hɔˈdɔvatʃ]
brood, litter	**miot** (m)	[ˈmiɔt]
to tame (vt)	**oswajać**	[ɔsˈfajatʃ]
feed (fodder, etc.)	**pokarm** (m)	[ˈpɔkarm]
to feed (vt)	**karmić**	[ˈkarmitʃ]
to train (animals)	**tresować**	[trɛˈsɔvatʃ]

pet store	**sklep** (m) **zoologiczny**	[sklep zɔːlɔˈgitʃnı]
muzzle (for dog)	**kaganiec** (m)	[kaˈganets]
collar	**obroża** (f)	[ɔbˈrɔʒa]
name (of animal)	**imię** (n)	[ˈimɛ̃]
pedigree (of dog)	**rodowód** (m)	[rɔˈdɔvut]

225. Animals. Miscellaneous

pack (wolves)	**wataha** (f)	[vaˈtaha]
flock (birds)	**stado** (n)	[ˈstadɔ]
shoal (fish)	**ławica** (f)	[waˈvitsa]
herd of horses	**tabun** (m)	[ˈtabun]
male (n)	**samiec** (m)	[ˈsamets]

female	samica (f)	[sa'mitsa]
hungry (adj)	głodny	['gwɔdnɪ]
wild (adj)	dziki	['dʒiki]
dangerous (adj)	niebezpieczny	[nebɛs'petʃnɪ]

226. Horses

| horse | koń (m) | [kɔɲ] |
| breed (race) | rasa (f) | ['rasa] |

| foal, colt | źrebię (n) | ['zʲrɛbɛ̃] |
| mare | klacz (f) | [kʎatʃ] |

mustang	mustang (m)	['mustaŋk]
pony	kucyk (m)	['kutsɪk]
draft horse	koń (m) pociągowy	[kɔɲ pɔtʃɔ̃'gɔvɪ]

| mane | grzywa (f) | ['gʒɪva] |
| tail | ogon (m) | ['ɔgɔn] |

hoof	kopyto (n)	[kɔ'pɪtɔ]
horseshoe	podkowa (f)	[pɔt'kɔva]
to shoe (vt)	podkuć	['pɔtkutʃ]
blacksmith	kowal (m)	['kɔvaʎ]

saddle	siodło (n)	['ɕɔdwɔ]
stirrup	strzemię (n)	['stʃɛmɛ̃]
bridle	uzda (f)	['uzda]
reins	lejce (pl)	['lejtsɛ]
whip (for riding)	bat (m)	[bat]

rider	jeździec (m)	['eʒdʑets]
to break in (horse)	ujeżdżać	[u'eʒdʑatʃ]
to saddle (vt)	osiodłać	[ɔ'ɕɔdwatʃ]
to mount a horse	usiąść w siodle	['uɕɔ̃ɕtʃ v 'ɕɔdle]

gallop	cwał (m)	[tsfaw]
to gallop (vi)	galopować	[galɔ'pɔvatʃ]
trot (n)	kłus (m)	[kwus]
at a trot (adv)	kłusem	['kwusɛm]

| racehorse | koń (m) wyścigowy | [kɔɲ vɪɕtʃi'gɔvɪ] |
| horse racing | wyścigi (pl) konne | [vɪɕ'tʃigi 'kɔɲɛ] |

stable	stajnia (f)	['stajɲa]
to feed (vt)	karmić	['karmitʃ]
hay	siano (n)	['ɕanɔ]
to water (animals)	poić	['pɔitʃ]
to wash (horse)	czyścić	['tʃɪɕtʃitʃ]
to hobble (tether)	spętać	['spɛntatʃ]

to graze (vi)	**paść się**	[paɕtʂ ɕɛ̃]
to neigh (vi)	**rżeć**	[rʒɛtʂ]
to kick (horse)	**wierzgnąć**	[ˈvɛʒgnɔ̃tʂ]

Flora

227. Trees

tree	drzewo (n)	['dʒɛvɔ]
deciduous (adj)	liściaste	[liɕ'tʃastɛ]
coniferous (adj)	iglaste	[ig'ʎastɛ]
evergreen (adj)	wiecznie zielony	[vetʃnɛʒe'lɔnı]
apple tree	jabłoń (f)	['jabwɔɲ]
pear tree	grusza (f)	['gruʃa]
sweet cherry tree	czereśnia (f)	[tʃɛ'rɛɕɲa]
sour cherry tree	wiśnia (f)	['viɕɲa]
plum tree	śliwa (f)	['ɕliva]
birch	brzoza (f)	['bʒɔza]
oak	dąb (m)	[dɔ̃p]
linden tree	lipa (f)	['lipa]
aspen	osika (f)	[ɔ'ɕika]
maple	klon (m)	['klɔn]
spruce	świerk (m)	['ɕferk]
pine	sosna (f)	['sɔsna]
larch	modrzew (m)	['mɔdʒɛf]
fir tree	jodła (f)	[ɜdwa]
cedar	cedr (m)	[tsɛdr]
poplar	topola (f)	[tɔ'pɔʎa]
rowan	jarzębina (f)	[jaʒɛ̃'bina]
willow	wierzba iwa (f)	['vɛʒba 'iva]
alder	olcha (f)	['ɔʎha]
beech	buk (m)	[buk]
elm	wiąz (m)	[vɔ̃z]
ash (tree)	jesion (m)	['eɕɔn]
chestnut	kasztan (m)	['kaʃtan]
magnolia	magnolia (f)	[mag'nɔʎja]
palm tree	palma (f)	['paʎma]
cypress	cyprys (m)	['tsıprıs]
mangrove	drzewo (n) mangrowe	['dʒɛvɔ maŋ'rɔvɛ]
baobab	baobab (m)	[ba'ɔbap]
eucalyptus	eukaliptus (m)	[ɛuka'liptus]
sequoia	sekwoja (f)	[sɛk'fɔja]

228. Shrubs

bush	**krzew** (m)	[kʃɛʃ]
shrub	**krzaki** (pl)	[ˈkʃaki]
grapevine	**winorośl** (f)	[viˈnɔrɔɕʎ]
vineyard	**winnica** (f)	[viˈɲitsa]
raspberry bush	**malina** (f)	[maˈlina]
redcurrant bush	**porzeczka** (f) **czerwona**	[pɔˈʒɛtʃka tʃɛrˈvɔna]
gooseberry bush	**agrest** (m)	[ˈagrɛst]
acacia	**akacja** (f)	[aˈkatsʰja]
barberry	**berberys** (m)	[bɛrˈbɛrɪs]
jasmine	**jaśmin** (m)	[ˈjaɕmin]
juniper	**jałowiec** (m)	[jaˈwɔvets]
rosebush	**róża** (f)	[ˈruʒa]
dog rose	**dzika róża** (f)	[ˈdʑika ˈruʒa]

229. Mushrooms

mushroom	**grzyb** (m)	[gʒɪp]
edible mushroom	**grzyb** (m) **jadalny**	[gʒɪp jaˈdaʎnɪ]
toadstool	**grzyb** (m) **trujący**	[gʒɪp truɔ̃tsɪ]
cap (of mushroom)	**kapelusz** (m)	[kaˈpɛlyʃ]
stipe (of mushroom)	**nóżka** (f)	[ˈnuʃka]
cep (Boletus edulis)	**prawdziwek** (m)	[pravˈdʑivɛk]
orange-cap boletus	**koźlarz** (m) **czerwony**	[ˈkɔʑʎaʃ tʃɛrˈvɔnɪ]
birch bolete	**koźlarz** (m)	[ˈkɔʑʎaʃ]
chanterelle	**kurka** (f)	[ˈkurka]
russula	**gołąbek** (m)	[gɔˈwɔ̃bɛk]
morel	**smardz** (m)	[smarts]
fly agaric	**muchomor** (m)	[muˈhɔmɔr]
death cap	**psi grzyb** (m)	[pɕi gʒɪp]

230. Fruits. Berries

fruit	**owoc** (m)	[ˈɔvɔts]
fruits	**owoce** (pl)	[ɔˈvɔtsɛ]
apple	**jabłko** (n)	[ˈjabkɔ]
pear	**gruszka** (f)	[ˈgruʃka]
plum	**śliwka** (f)	[ˈɕlifka]
strawberry	**truskawka** (f)	[trusˈkafka]
sour cherry	**wiśnia** (f)	[ˈviɕɲa]

T&P Books. Polish vocabulary for English speakers - 9000 words

| sweet cherry | czereśnia (f) | [tʃɛˈrɛɕɲa] |
| grape | winogrona (pl) | [vinɔgˈrɔna] |

raspberry	malina (f)	[maˈlina]
blackcurrant	czarna porzeczka (f)	[ˈtʃarna pɔˈʒɛtʃka]
redcurrant	czerwona porzeczka (f)	[tʃɛrˈvɔna pɔˈʒɛtʃka]
gooseberry	agrest (m)	[ˈagrɛst]
cranberry	żurawina (f)	[ʒuraˈvina]

orange	pomarańcza (f)	[pɔmaˈraɲtʃa]
mandarin	mandarynka (f)	[mandaˈrɪŋka]
pineapple	ananas (f)	[aˈnanas]
banana	banan (m)	[ˈbanan]
date	daktyl (m)	[ˈdaktɪl]

lemon	cytryna (f)	[tsɪtˈrɪna]
apricot	morela (f)	[mɔˈrɛʎa]
peach	brzoskwinia (f)	[bʒɔskˈfiɲa]
kiwi	kiwi (n)	[ˈkivi]
grapefruit	grejpfrut (m)	[ˈgrɛjpfrut]

berry	jagoda (f)	[jaˈgɔda]
berries	jagody (pl)	[jaˈgɔdɪ]
cowberry	borówka (f)	[bɔˈrufka]
field strawberry	poziomka (f)	[pɔˈʒɛmka]
bilberry	borówka (f) czarna	[bɔˈrɔfka ˈtʃarna]

231. Flowers. Plants

| flower | kwiat (m) | [kfʲat] |
| bouquet (of flowers) | bukiet (m) | [ˈbuket] |

rose (flower)	róża (f)	[ˈruʒa]
tulip	tulipan (m)	[tuˈlipan]
carnation	goździk (m)	[ˈgɔʑˈdʑik]
gladiolus	mieczyk (m)	[ˈmetʃik]

cornflower	bławatek (m)	[bwaˈvatɛk]
bluebell	dzwonek (m)	[ˈdzvɔnɛk]
dandelion	dmuchawiec (m)	[dmuˈhavets]
camomile	rumianek (m)	[ruˈmʲanɛk]

aloe	aloes (m)	[aˈlɔɛs]
cactus	kaktus (m)	[ˈkaktus]
rubber plant, ficus	fikus (m)	[ˈfikus]

lily	lilia (f)	[ˈliʎja]
geranium	pelargonia (f)	[pɛʎarˈgɔɲja]
hyacinth	hiacynt (m)	[ˈhʰjatsɪnt]
mimosa	mimoza (f)	[miˈmɔza]

narcissus	**narcyz** (m)	['nartsɪs]
nasturtium	**nasturcja** (f)	[nas'turtsʰja]
orchid	**orchidea** (f)	[ɔrhi'dɛa]
peony	**piwonia** (f)	[pi'vɔɲja]
violet	**fiołek** (m)	[fʰ'ɔwɛk]
pansy	**bratek** (m)	['bratɛk]
forget-me-not	**niezapominajka** (f)	[nezapɔmi'najka]
daisy	**stokrotka** (f)	[stɔk'rɔtka]
poppy	**mak** (m)	[mak]
hemp	**konopie** (pl)	[kɔ'nɔpje]
mint	**mięta** (f)	['menta]
lily of the valley	**konwalia** (f)	[kɔn'vaʎja]
snowdrop	**przebiśnieg** (m)	[pʃɛ'biɕnek]
nettle	**pokrzywa** (f)	[pɔk'ʃɪva]
sorrel	**szczaw** (m)	[ʃtʃaf]
water lily	**lilia wodna** (f)	['liʎja 'vɔdna]
fern	**paproć** (f)	['paprɔtʃ]
lichen	**porost** (m)	['pɔrɔst]
tropical greenhouse	**szklarnia** (f)	['ʃkʎarɲa]
grass lawn	**trawnik** (m)	['travnik]
flowerbed	**klomb** (m)	['klɔmp]
plant	**roślina** (f)	[rɔɕ'lina]
grass, herb	**trawa** (f)	['trava]
blade of grass	**źdźbło** (n)	[zʲdʑʲbwɔ]
leaf	**liść** (m)	[liɕtʃ]
petal	**płatek** (m)	['pwatɛk]
stem	**łodyga** (f)	[wɔ'dɪga]
tuber	**bulwa** (f)	['buʎva]
young plant (shoot)	**kiełek** (m)	['kewɛk]
thorn	**kolec** (m)	['kɔlets]
to blossom (vi)	**kwitnąć**	['kfitnɔ̃tʃ]
to fade, to wither	**więdnąć**	['vendnɔ̃tʃ]
smell (odor)	**zapach** (m)	['zapah]
to cut (flowers)	**ściąć**	[ɕtʃɔ̃ʲtʃ]
to pick (a flower)	**zerwać**	['zɛrvatʃ]

232. Cereals, grains

grain	**zboże** (n)	['zbɔʒɛ]
cereal crops	**zboża** (pl)	['zbɔʒa]

ear (of barley, etc.)	kłos (m)	[kwɔs]
wheat	pszenica (f)	[pʃɛ'nitsa]
rye	żyto (n)	['ʒɪtɔ]
oats	owies (m)	['ɔvɛs]
millet	proso (n)	['prɔsɔ]
barley	jęczmień (m)	['entʃmɛ̃]

corn	kukurydza (f)	[kuku'rɪdza]
rice	ryż (m)	[rɪʃ]
buckwheat	gryka (f)	['grɪka]

pea plant	groch (m)	[grɔh]
kidney bean	fasola (f)	[fa'sɔʎa]
soy	soja (f)	['sɔja]
lentil	soczewica (f)	[sɔtʃɛ'vitsa]
beans (pulse crops)	bób (m)	[bup]

233. Vegetables. Greens

| vegetables | warzywa (pl) | [va'ʒɪva] |
| greens | włoszczyzna (f) | [vwɔʃt'ʃɪzna] |

tomato	pomidor (m)	[pɔ'midɔr]
cucumber	ogórek (m)	[ɔ'gurɛk]
carrot	marchew (f)	['marhɛf]
potato	ziemniak (m), kartofel (m)	[ʒɛm'ɲak], [kar'tɔfɛʎ]
onion	cebula (f)	[tsɛ'buʎa]
garlic	czosnek (m)	['tʃɔsnɛk]

cabbage	kapusta (f)	[ka'pusta]
cauliflower	kalafior (m)	[ka'ʎafɔr]
Brussels sprouts	brukselka (f)	[bruk'sɛʎka]

beetroot	burak (m)	['burak]
eggplant	bakłażan (m)	[bak'waʒan]
zucchini	kabaczek (m)	[ka'batʃɛk]
pumpkin	dynia (f)	['dɪɲa]
turnip	rzepa (f)	['ʒɛpa]

parsley	pietruszka (f)	[pet'ruʃka]
dill	koperek (m)	[kɔ'pɛrɛk]
lettuce	sałata (f)	[sa'wata]
celery	seler (m)	['sɛlɛr]
asparagus	szparag (m)	['ʃparag]
spinach	szpinak (m)	['ʃpinak]

pea	groch (m)	[grɔh]
beans	bób (m)	[bup]
corn (maize)	kukurydza (f)	[kuku'rɪdza]
kidney bean	fasola (f)	[fa'sɔʎa]

pepper	**słodka papryka** (f)	[´swɔdka pap´rɪka]
radish	**rzodkiewka** (f)	[ʒɔt´kefka]
artichoke	**karczoch** (m)	[´kartʃɔh]

REGIONAL GEOGRAPHY

Countries. Nationalities

234. Western Europe

Europe	**Europa** (f)	[ɛu'rɔpa]
European Union	**Unia** (f) **Europejska**	['uɲja ɛurɔ'pɛjska]
European (n)	**Europejczyk** (m)	[ɛurɔ'pɛjtʃik]
European (adj)	**europejski**	[ɛurɔ'pɛjski]
Austria	**Austria** (f)	['austrʰja]
Austrian (masc.)	**Austriak** (m)	['austrʰjak]
Austrian (fem.)	**Austriaczka** (f)	[austrʰ'jatʃka]
Austrian (adj)	**austriacki**	[austrʰ'jatski]
Great Britain	**Wielka Brytania** (f)	['vɛʎka brɪ'taɲja]
England	**Anglia** (f)	['aŋʎja]
British (masc.)	**Anglik** (m)	['aŋlik]
British (fem.)	**Angielka** (f)	[a'ŋɛʎka]
English, British (adj)	**angielski**	[a'ŋɛʎski]
Belgium	**Belgia** (f)	['bɛʎgʰja]
Belgian (masc.)	**Belg** (m)	['bɛʎk]
Belgian (fem.)	**Belgijka** (f)	[bɛʎ'gijka]
Belgian (adj)	**belgijski**	[bɛʎ'gijski]
Germany	**Niemcy** (pl)	['nemtsɪ]
German (masc.)	**Niemiec** (m)	['nemets]
German (fem.)	**Niemka** (f)	['nemka]
German (adj)	**niemiecki**	[ne'metski]
Netherlands	**Niderlandy** (pl)	[nidɛr'ʎandɪ]
Holland	**Holandia** (f)	[hɔ'ʎandʰja]
Dutchman	**Holender** (m)	[hɔ'lendɛr]
Dutchwoman	**Holenderka** (f)	[hɔlen'dɛrka]
Dutch (adj)	**holenderski**	[hɔlen'dɛrski]
Greece	**Grecja** (f)	['grɛtsʰja]
Greek (masc.)	**Grek** (m)	[grɛk]
Greek (fem.)	**Greczynka** (f)	[grɛt'ʃɪŋka]
Greek (adj)	**grecki**	['grɛtski]
Denmark	**Dania** (f)	['daɲja]
Dane (masc.)	**Duńczyk** (m)	['duɲtʃik]

Dane (fem.)	**Dunka** (f)	['dunka]
Danish (adj)	**duński**	['duɲski]
Ireland	**Irlandia** (f)	[ir'ʎandʰja]
Irishman	**Irlandczyk** (m)	[ir'ʎantʃɪk]
Irishwoman	**Irlandka** (f)	[ir'ʎantka]
Irish (adj)	**irlandzki**	[ir'ʎantski]
Iceland	**Islandia** (f)	[is'ʎandʰja]
Icelander (masc.)	**Islandczyk** (m)	[is'ʎantʃɪk]
Icelander (fem.)	**Islandka** (f)	[is'ʎantka]
Icelandic (adj)	**islandzki**	[is'ʎantski]
Spain	**Hiszpania** (f)	[hiʃ'panja]
Spaniard (masc.)	**Hiszpan** (m)	['hiʃpan]
Spaniard (fem.)	**Hiszpanka** (f)	[hiʃ'panka]
Spanish (adj)	**hiszpański**	[hiʃ'paɲski]
Italy	**Włochy** (pl)	['vwɔhɪ]
Italian (masc.)	**Włoch** (m)	[vwɔh]
Italian (fem.)	**Włoszka** (f)	['vwɔʃka]
Italian (adj)	**włoski**	['vwɔski]
Cyprus	**Cypr** (m)	[tsɪpr]
Cypriot (masc.)	**Cypryjczyk** (m)	[tsɪp'rɪjtʃɪk]
Cypriot (fem.)	**Cypryjka** (f)	[tsɪp'rɪjka]
Cypriot (adj)	**cypryjski**	[tsɪp'rɪjski]
Malta	**Malta** (f)	['maʎta]
Maltese (masc.)	**Maltańczyk** (m)	[maʎ'taɲtʃɪk]
Maltese (fem.)	**Maltanka** (f)	[maʎ'taŋka]
Maltese (adj)	**maltański**	[maʎ'taɲski]
Norway	**Norwegia** (f)	[nɔr'vɛgʰja]
Norwegian (masc.)	**Norweg** (m)	['nɔrvɛk]
Norwegian (fem.)	**Norweżka** (f)	[nɔr'vɛʒka]
Norwegian (adj)	**norweski**	[nɔr'vɛski]
Portugal	**Portugalia** (f)	[pɔrtu'gaʎja]
Portuguese (masc.)	**Portugalczyk** (m)	[pɔrtu'gaʎtʃɪk]
Portuguese (fem.)	**Portugalka** (f)	[pɔrtu'gaʎka]
Portuguese (adj)	**portugalski**	[pɔrtu'gaʎski]
Finland	**Finlandia** (f)	[fin'ʎandʰja]
Finn (masc.)	**Fin** (m)	[fin]
Finn (fem.)	**Finka** (f)	['finka]
Finnish (adj)	**fiński**	['fiɲski]
France	**Francja** (f)	['frantsʰja]
Frenchman	**Francuz** (m)	['frantsus]
Frenchwoman	**Francuzka** (f)	[fran'tsuska]
French (adj)	**francuski**	[fran'tsuski]

Sweden	**Szwecja** (f)	['ʃfɛtsʰja]
Swede (masc.)	**Szwed** (m)	[ʃfɛt]
Swede (fem.)	**Szwedka** (f)	['ʃfɛtka]
Swedish (adj)	**szwedzki**	['ʃfɛtski]

Switzerland	**Szwajcaria** (f)	[ʃfaj'tsarʰja]
Swiss (masc.)	**Szwajcar** (m)	['ʃfajtsar]
Swiss (fem.)	**Szwajcarka** (f)	[ʃfaj'tsarka]
Swiss (adj)	**szwajcarski**	[ʃfaj'tsarski]

Scotland	**Szkocja** (f)	['ʃkɔtsʰja]
Scottish (masc.)	**Szkot** (m)	[ʃkɔt]
Scottish (fem.)	**Szkotka** (f)	['ʃkɔtka]
Scottish (adj)	**szkocki**	['ʃkɔtski]

Vatican	**Watykan** (m)	[va'tıkan]
Liechtenstein	**Liechtenstein** (m)	['lihtɛnʃtajn]
Luxembourg	**Luksemburg** (m)	['lyksɛmburk]
Monaco	**Monako** (n)	[mɔ'nakɔ]

235. Central and Eastern Europe

Albania	**Albania** (f)	[aʎ'banja]
Albanian (masc.)	**Albańczyk** (m)	[aʎ'bantʃik]
Albanian (fem.)	**Albanka** (f)	[aʎ'banka]
Albanian (adj)	**albański**	[aʎ'banski]

Bulgaria	**Bułgaria** (f)	[buw'garʰja]
Bulgarian (masc.)	**Bułgar** (m)	['buwgar]
Bulgarian (fem.)	**Bułgarka** (f)	[buw'garka]
Bulgarian (adj)	**bułgarski**	[buw'garski]

Hungary	**Węgry** (pl)	['vɛŋri]
Hungarian (masc.)	**Węgier** (m)	['vɛŋer]
Hungarian (fem.)	**Węgierka** (f)	[vẽ'gerka]
Hungarian (adj)	**węgierski**	[vẽ'gerski]

Latvia	**Łotwa** (f)	['wɔtfa]
Latvian (masc.)	**Łotysz** (m)	['wɔtıʃ]
Latvian (fem.)	**Łotyszka** (f)	[wɔ'tıʃka]
Latvian (adj)	**łotewski**	[wɔ'tɛfski]

Lithuania	**Litwa** (f)	['litfa]
Lithuanian (masc.)	**Litwin** (m)	['litfin]
Lithuanian (fem.)	**Litwinka** (f)	[lit'finka]
Lithuanian (adj)	**litewski**	[li'tɛfski]

Poland	**Polska** (f)	['pɔʎska]
Pole (masc.)	**Polak** (m)	['pɔʎak]
Pole (fem.)	**Polka** (f)	['pɔʎka]

Polish (adj)	polski	['pɔʎski]
Romania	Rumunia (f)	[ru'muɲja]
Romanian (masc.)	Rumun (m)	['rumun]
Romanian (fem.)	Rumunka (f)	[ru'muŋka]
Romanian (adj)	rumuński	[ru'muɲski]

Serbia	Serbia (f)	['sɛrbʰja]
Serbian (masc.)	Serb (m)	[sɛrp]
Serbian (fem.)	Serbka (m)	['sɛrpka]
Serbian (adj)	serbski	['sɛrpski]

Slovakia	Słowacja (f)	[swɔ'vatsʰja]
Slovak (masc.)	Słowak (m)	['swɔvak]
Slovak (fem.)	Słowaczka (f)	[swɔ'vatʃka]
Slovak (adj)	słowacki	[swɔ'vatski]

Croatia	Chorwacja (f)	[hɔr'vatsʰja]
Croatian (masc.)	Chorwat (m)	['hɔrvat]
Croatian (fem.)	Chorwatka (f)	[hɔr'vatka]
Croatian (adj)	chorwacki	[hɔr'vatski]

Czech Republic	Czechy (pl)	['tʃɛhɪ]
Czech (masc.)	Czech (m)	[tʃɛh]
Czech (fem.)	Czeszka (f)	['tʃɛʃka]
Czech (adj)	czeski	['tʃɛski]

Estonia	Estonia (f)	[ɛs'tɔɲja]
Estonian (masc.)	Estończyk (m)	[ɛs'tɔntʃɪk]
Estonian (fem.)	Estonka (f)	[ɛs'tɔŋka]
Estonian (adj)	estoński	[ɛs'tɔɲski]

Bosnia-Herzegovina	Bośnia i Hercegowina (f)	['bɔɕɲa i hɛrtsɛgɔ'vina]
Macedonia	Macedonia (f)	[matsɛ'dɔɲja]
Slovenia	Słowenia (f)	[swɔ'vɛɲja]
Montenegro	Czarnogóra (f)	[tʃarnɔ'gura]

236. Former USSR countries

Azerbaijan	Azerbejdżan (m)	[azɛr'bɛjdʒan]
Azerbaijani (masc.)	Azerbejdżanin (m)	[azɛrbɛj'dʒanin]
Azerbaijani (fem.)	Azerbejdżanka (f)	[azɛrbɛj'dʒaŋka]
Azerbaijani (adj)	azerbejdżański	[azɛrbɛj'dʒaɲski]

Armenia	Armenia (f)	[ar'mɛɲja]
Armenian (masc.)	Ormianin (m)	[ɔr'mʲanin]
Armenian (fem.)	Ormianka (f)	[ɔr'mʲaŋka]
Armenian (adj)	ormiański	[ɔr'mʲaɲski]

| Belarus | Białoruś (f) | [bʲa'wɔruɕ] |
| Belarusian (masc.) | Białorusin (m) | [bʲawɔ'ruɕin] |

T&P Books. Polish vocabulary for English speakers - 9000 words

Belarusian (fem.)	**Białorusinka** (f)	[bʲawɔru'ɕiŋka]
Belarusian (adj)	**białoruski**	[bʲawɔ'ruski]
Georgia	**Gruzja** (f)	['gruzʰja]
Georgian (masc.)	**Gruzin** (m)	['gruʑin]
Georgian (fem.)	**Gruzinka** (f)	[gru'ʑiŋka]
Georgian (adj)	**gruziński**	[gru'ʑiɲski]
Kazakhstan	**Kazachstan** (m)	[ka'zahstan]
Kazakh (masc.)	**Kazach** (m)	['kazah]
Kazakh (fem.)	**Kazaszka** (f)	[ka'zaʃka]
Kazakh (adj)	**kazachski**	[ka'zahski]
Kirghizia	**Kirgizja** (f), **Kirgistan** (m)	[kir'gizʰja], [kir'gistan]
Kirghiz (masc.)	**Kirgiz** (m)	['kirgis]
Kirghiz (fem.)	**Kirgizka** (f)	[kir'giska]
Kirghiz (adj)	**kirgiski**	[kir'giski]
Moldavia	**Mołdawia** (f)	[mɔw'davʰja]
Moldavian (masc.)	**Mołdawianin** (m)	[mɔw'davʲanin]
Moldavian (fem.)	**Mołdawianka** (f)	[mɔwda'vʲaŋka]
Moldavian (adj)	**mołdawski**	[mɔw'dafski]
Russia	**Rosja** (f)	['rɔsʰja]
Russian (masc.)	**Rosjanin** (m)	[rɔsʰ'janin]
Russian (fem.)	**Rosjanka** (f)	[rɔsʰ'jaŋka]
Russian (adj)	**rosyjski**	[rɔ'sɨjski]
Tajikistan	**Tadżykistan** (m)	[tadʒɨ'kistan]
Tajik (masc.)	**Tadżyk** (m)	['tadʒɨk]
Tajik (fem.)	**Tadżyjka** (f)	[ta'dʒɨjka]
Tajik (adj)	**tadżycki**	[ta'dʒɨtski]
Turkmenistan	**Turkmenia** (f)	[turk'mɛɲja]
Turkmen (masc.)	**Turkmen** (m)	['turkmɛn]
Turkmen (fem.)	**Turkmenka** (f)	[turk'mɛŋka]
Turkmenian (adj)	**turkmeński**	[turk'mɛɲski]
Uzbekistan	**Uzbekistan** (m)	[uzbɛ'kistan]
Uzbek (masc.)	**Uzbek** (m)	['uzbɛk]
Uzbek (fem.)	**Uzbeczka** (f)	[uz'bɛtʃka]
Uzbek (adj)	**uzbecki**	[uz'bɛtski]
Ukraine	**Ukraina** (f)	[ukra'ina]
Ukrainian (masc.)	**Ukrainiec** (m)	[ukra'inɛts]
Ukrainian (fem.)	**Ukrainka** (f)	[ukra'iŋka]
Ukrainian (adj)	**ukraiński**	[ukra'iɲski]

237. Asia

Asia	**Azja** (f)	['azʰja]
Asian (adj)	**azjatycki**	[azʰja'tɨtski]

Vietnam	**Wietnam** (m)	['vʰetnam]
Vietnamese (masc.)	**Wietnamczyk** (m)	[vʰet'namtʃik]
Vietnamese (fem.)	**Wietnamka** (f)	[vʰet'namka]
Vietnamese (adj)	wietnamski	[vʰet'namski]
India	**Indie** (pl)	['indʰe]
Indian (masc.)	**Hindus** (m)	['hindus]
Indian (fem.)	**Hinduska** (f)	[hin'duska]
Indian (adj)	indyjski	[in'dıjski]
Israel	**Izrael** (m)	[iz'raɛʎ]
Israeli (masc.)	**Izraelczyk** (m)	[izra'ɛʎtʃik]
Israeli (fem.)	**Izraelka** (f)	[izra'ɛʎka]
Israeli (adj)	izraelski	[izra'ɛʎski]
Jew (n)	**Żyd** (m)	[ʒıt]
Jewess (n)	**Żydówka** (f)	[ʒı'dufka]
Jewish (adj)	żydowski	[ʒı'dɔfski]
China	**Chiny** (pl)	['hinı]
Chinese (masc.)	**Chińczyk** (m)	['hiɲtʃik]
Chinese (fem.)	**Chinka** (f)	['hiŋka]
Chinese (adj)	chiński	['hiɲski]
Korean (masc.)	**Koreańczyk** (m)	[kɔrɛ'aɲtʃik]
Korean (fem.)	**Koreanka** (f)	[kɔrɛ'aŋka]
Korean (adj)	koreański	[kɔrɛ'aɲski]
Lebanon	**Liban** (m)	['liban]
Lebanese (masc.)	**Libańczyk** (m)	[li'baɲtʃik]
Lebanese (fem.)	**Libanka** (f)	[li'baŋka]
Lebanese (adj)	libański	[li'baɲski]
Mongolia	**Mongolia** (f)	[mɔ'ŋɔʎja]
Mongolian (masc.)	**Mongoł** (m)	['mɔŋɔw]
Mongolian (fem.)	**Mongołka** (f)	[mɔ'ŋowka]
Mongolian (adj)	mongolski	[mɔ'ŋɔʎski]
Malaysia	**Malezja** (f)	[ma'lezʰja]
Malaysian (masc.)	**Malezyjczyk** (m)	[male'zıjtʃik]
Malaysian (fem.)	**Malezyjka** (f)	[male'zıjka]
Malaysian (adj)	malajski	[ma'ʎajski]
Pakistan	**Pakistan** (m)	[pa'kistan]
Pakistani (masc.)	**Pakistańczyk** (m)	[pakis'taɲtʃik]
Pakistani (fem.)	**Pakistanka** (f)	[pakis'taŋka]
Pakistani (adj)	pakistański	[pakis'taɲski]
Saudi Arabia	**Arabia** (f) **Saudyjska**	[a'rabʰja sau'dıjska]
Arab (masc.)	**Arab** (m)	['arap]
Arab (fem.)	**Arabka** (f)	[a'rapka]
Arabian (adj)	arabski	[a'rapski]

T&P Books. Polish vocabulary for English speakers - 9000 words

Thailand	Tajlandia (f)	[taj'ʎandʰja]
Thai (masc.)	Taj (m)	[taj]
Thai (fem.)	Tajka (f)	['tajka]
Thai (adj)	tajski	['tajski]

Taiwan	Tajwan (m)	['tajvan]
Taiwanese (masc.)	Tajwańczyk (m)	[taj'vaɲtʃik]
Taiwanese (fem.)	Tajwanka (f)	[taj'vaŋka]
Taiwanese (adj)	tajwański	[taj'vaɲski]

Turkey	Turcja (f)	['turtsʰja]
Turk (masc.)	Turek (m)	['turɛk]
Turk (fem.)	Turczynka (f)	[turt'ʃiŋka]
Turkish (adj)	turecki	[tu'rɛtski]

Japan	Japonia (f)	[ja'pɔɲja]
Japanese (masc.)	Japończyk (m)	[ja'pɔɲtʃik]
Japanese (fem.)	Japonka (f)	[ja'pɔŋka]
Japanese (adj)	japoński	[ja'pɔɲski]

Afghanistan	Afganistan (n)	[avga'nistan]
Bangladesh	Bangladesz (m)	[baŋʎa'dɛʃ]
Indonesia	Indonezja (f)	[indɔ'nɛzʰja]
Jordan	Jordania (f)	[ɜr'daɲja]

Iraq	Irak (m)	['irak]
Iran	Iran (m)	['iran]
Cambodia	Kambodża (f)	[kam'bɔdʒa]
Kuwait	Kuwejt (m)	['kuvɛjt]

Laos	Laos (m)	['ʎaɔs]
Myanmar	Mjanma (f)	['mjanma]
Nepal	Nepal (m)	['nɛpaʎ]
United Arab Emirates	Zjednoczone Emiraty Arabskie	[zʰednɔt'ʃɔnɛ ɛmi'rati a'rapske]

| Syria | Syria (f) | ['sɪrʰja] |
| Palestine | Autonomia (f) Palestyńska | [autɔ'nɔmʰja palɛs'tɪɲska] |

| South Korea | Korea (f) Południowa | [kɔ'rɛa pɔwud'nɜva] |
| North Korea | Korea (f) Północna | [kɔ'rɛa puw'nɔtsna] |

238. North America

United States of America	Stany (pl) Zjednoczone Ameryki	['stanɪ zʰednɔt'ʃɔnɛ a'mɛriki]
American (masc.)	Amerykanin (m)	[amɛrɪ'kanin]
American (fem.)	Amerykanka (f)	[amɛrɪ'kaŋka]
American (adj)	amerykański	[amɛrɪ'kaɲski]
Canada	Kanada (f)	[ka'nada]

234

Canadian (masc.)	**Kanadyjczyk** (m)	[kana'dɪjtʃɪk]
Canadian (fem.)	**Kanadyjka** (f)	[kana'dɪjka]
Canadian (adj)	**kanadyjski**	[kana'dɪjski]

Mexico	**Meksyk** (m)	['mɛksɪk]
Mexican (masc.)	**Meksykanin** (m)	[mɛksɪ'kanin]
Mexican (fem.)	**Meksykanka** (f)	[mɛksɪ'kaŋka]
Mexican (adj)	**meksykański**	[mɛksɪ'kaɲski]

239. Central and South America

Argentina	**Argentyna** (f)	[argɛn'tɪna]
Argentinian (masc.)	**Argentyńczyk** (m)	[argɛn'tɪɲtʃɪk]
Argentinian (fem.)	**Argentynka** (f)	[argɛn'tɪŋka]
Argentinian (adj)	**argentyński**	[argɛn'tɪɲski]

Brazil	**Brazylia** (f)	[bra'zɪʎja]
Brazilian (masc.)	**Brazylijczyk** (m)	[brazɪ'lijtʃɪk]
Brazilian (fem.)	**Brazylijka** (f)	[brazɪ'lijka]
Brazilian (adj)	**brazylijski**	[brazɪ'lijski]

Colombia	**Kolumbia** (f)	[kɔ'lymbʰja]
Colombian (masc.)	**Kolumbijczyk** (m)	[kɔlym'bijtʃɪk]
Colombian (fem.)	**Kolumbijka** (f)	[kɔlym'bijka]
Colombian (adj)	**kolumbijski**	[kɔlym'bijski]

Cuba	**Kuba** (f)	['kuba]
Cuban (masc.)	**Kubańczyk** (m)	[ku'baɲtʃɪk]
Cuban (fem.)	**Kubanka** (f)	[ku'baŋka]
Cuban (adj)	**kubański**	[ku'baɲski]

Chile	**Chile** (n)	['tʃɪle]
Chilean (masc.)	**Chilijczyk** (m)	[tʃɪ'lijtʃɪk]
Chilean (fem.)	**Chilijka** (f)	[tʃɪ'lijka]
Chilean (adj)	**chilijski**	[tʃɪ'lijski]

Bolivia	**Boliwia** (f)	[bɔ'livʰja]
Venezuela	**Wenezuela** (f)	[vɛnɛzu'ɛʎa]
Paraguay	**Paragwaj** (m)	[pa'ragvaj]
Peru	**Peru** (n)	['pɛru]

Suriname	**Surinam** (m)	[su'rinam]
Uruguay	**Urugwaj** (m)	[u'rugvaj]
Ecuador	**Ekwador** (m)	[ɛk'fadɔr]

The Bahamas	**Wyspy** (pl) **Bahama**	['vɪspɪ ba'hama]
Haiti	**Haiti** (n)	[ha'iti]
Dominican Republic	**Dominikana** (f)	[dɔmini'kana]
Panama	**Panama** (f)	[pa'nama]
Jamaica	**Jamajka** (f)	[ja'majka]

240. Africa

Egypt	**Egipt** (m)	['ɛgipt]
Egyptian (masc.)	**Egipcjanin** (m)	[ɛgiptsʰ'janin]
Egyptian (fem.)	**Egipcjanka** (f)	[ɛgiptsʰ'jaŋka]
Egyptian (adj)	**egipski**	[ɛ'gipski]
Morocco	**Maroko** (n)	[ma'rɔkɔ]
Moroccan (masc.)	**Marokańczyk** (m)	[marɔ'kaɲtʃik]
Moroccan (fem.)	**Marokanka** (f)	[marɔ'kaŋka]
Moroccan (adj)	**marokański**	[marɔ'kaɲski]
Tunisia	**Tunezja** (f)	[tu'nɛzʰja]
Tunisian (masc.)	**Tunezyjczyk** (m)	[tunɛ'zɪjtʃik]
Tunisian (fem.)	**Tunezyjka** (f)	[tunɛ'zɪjka]
Tunisian (adj)	**tunezyjski**	[tunɛ'zɪjski]
Ghana	**Ghana** (f)	['gana]
Zanzibar	**Zanzibar** (m)	[zan'zibar]
Kenya	**Kenia** (f)	['kɛɲja]
Libya	**Libia** (f)	['libʰja]
Madagascar	**Madagaskar** (m)	[mada'gaskar]
Namibia	**Namibia** (f)	[na'mibʰja]
Senegal	**Senegal** (m)	[sɛ'nɛgaʎ]
Tanzania	**Tanzania** (f)	[tan'zaɲja]
South Africa	**Afryka** (f) **Południowa**	['afrɪka pɔwud'nɜva]
African (masc.)	**Afrykanin** (m)	[afrɪ'kanin]
African (fem.)	**Afrykanka** (f)	[afrɪ'kaŋka]
African (adj)	**afrykański**	[afrɪ'kaɲski]

241. Australia. Oceania

Australia	**Australia** (f)	[aust'raʎja]
Australian (masc.)	**Australijczyk** (m)	[austra'lijtʃik]
Australian (fem.)	**Australijka** (f)	[austra'lijka]
Australian (adj)	**australijski**	[austra'lijski]
New Zealand	**Nowa Zelandia** (f)	['nɔva zɛ'ʎandʰja]
New Zealander (masc.)	**Nowozelandczyk** (m)	[nɔvɔzɛ'ʎantʃik]
New Zealander (fem.)	**Nowozelandka** (f)	[nɔvɔzɛ'ʎantka]
New Zealand (as adj)	**nowozelandzki**	[nɔvɔzɛ'ʎantki]
Tasmania	**Tasmania** (f)	[tas'maɲja]
French Polynesia	**Polinezja** (f) **Francuska**	[pɔli'nɛzʰja fran'tsuska]

242. Cities

Amsterdam	**Amsterdam** (m)	[ams'tɛrdam]
Ankara	**Ankara** (f)	[a'ŋkara]
Athens	**Ateny** (pl)	[a'tɛnɪ]
Baghdad	**Bagdad** (m)	['bagdat]
Bangkok	**Bangkok** (m)	['baŋkɔk]
Barcelona	**Barcelona** (f)	[bartsɛ'lɜna]
Beijing	**Pekin** (m)	['pɛkin]
Beirut	**Bejrut** (m)	['bɛjrut]
Berlin	**Berlin** (m)	['bɛrlin]
Bombay, Mumbai	**Bombaj** (m)	['bɔmbaj]
Bonn	**Bonn** (n)	[bɔn]
Bordeaux	**Bordeaux** (n)	[bɔr'dɔ]
Bratislava	**Bratysława** (f)	[bratɪs'wava]
Brussels	**Bruksela** (f)	[bruk'sɛʎa]
Bucharest	**Bukareszt** (m)	[bu'karɛʃt]
Budapest	**Budapeszt** (m)	[bu'dapɛʃt]
Cairo	**Kair** (m)	['kair]
Calcutta	**Kalkuta** (f)	[kaʎ'kuta]
Chicago	**Chicago** (n)	[tʃɪ'kagɔ]
Copenhagen	**Kopenhaga** (f)	[kɔpɛn'haga]
Dar-es-Salaam	**Dar es Salam** (m)	[dar ɛs 'saʎam]
Delhi	**Delhi** (n)	['dɛli]
Dubai	**Dubaj** (n)	['dubaj]
Dublin	**Dublin** (m)	['dublin]
Düsseldorf	**Düsseldorf** (m)	[dy'sɛʎdɔrf]
Florence	**Florencja** (f)	[flɜ'rɛntsʰja]
Frankfurt	**Frankfurt** (m)	['fraŋkfurt]
Geneva	**Genewa** (f)	[gɛ'nɛva]
The Hague	**Haga** (f)	['haga]
Hamburg	**Hamburg** (m)	['hamburk]
Hanoi	**Hanoi** (n)	['hanɔj]
Havana	**Hawana** (f)	[ha'vana]
Helsinki	**Helsinki** (pl)	[hɛʎ'siŋki]
Hiroshima	**Hiroszima** (f)	[hirɔ'ʃima]
Hong Kong	**Hongkong** (m)	['hɔŋkɔŋk]
Istanbul	**Stambuł** (m)	['stambuw]
Jerusalem	**Jerozolima** (f)	[erɔ'zɔlima]
Kiev	**Kijów** (m)	['kijuf]
Kuala Lumpur	**Kuala Lumpur** (n)	[ku'aʎa 'lympur]
Lisbon	**Lizbona** (f)	[liz'bɔna]
London	**Londyn** (m)	['lɜndɪn]
Los Angeles	**Los Angeles** (n)	['lɜs 'andʒɛles]

T&P Books. Polish vocabulary for English speakers - 9000 words

Lyons	**Lyon** (m)	[′ʎjɔn]
Madrid	**Madryt** (m)	[′madrɪt]
Marseille	**Marsylia** (f)	[mar′sɪʎja]
Mexico City	**Meksyk** (m)	[′mɛksɪk]
Miami	**Miami** (n)	[ma′jami]
Montreal	**Montreal** (m)	[mɔnt′rɛaʎ]
Moscow	**Moskwa** (f)	[′mɔskfa]
Munich	**Monachium** (n)	[mɔ′nahʰjum]

Nairobi	**Nairobi** (n)	[naj′rɔbi]
Naples	**Neapol** (m)	[nɛ′apɔʎ]
New York	**Nowy Jork** (m)	[′nɔvɪ ɜrk]
Nice	**Nicea** (f)	[ni′tsɛa]
Oslo	**Oslo** (n)	[′ɔslɔ]
Ottawa	**Ottawa** (f)	[ɔt′tava]

Paris	**Paryż** (m)	[′parɪʃ]
Prague	**Praga** (f)	[′praga]
Rio de Janeiro	**Rio de Janeiro** (n)	[′riɜ dɛ ʒa′nɛjrɔ]
Rome	**Rzym** (m)	[ʒɪm]

Saint Petersburg	**Sankt Petersburg** (m)	[saŋkt pe′tɛrsburk]
Seoul	**Seul** (m)	[′sɛuʎ]
Shanghai	**Szanghaj** (m)	[′ʃaŋkhaj]
Singapore	**Singapur** (m)	[si′ŋapur]
Stockholm	**Sztokholm** (m)	[′ʃtɔkhɔʎm]
Sydney	**Sydney** (n)	[′sɪdnɛj]

Taipei	**Tajpej** (m)	[′tajpɛj]
Tokyo	**Tokio** (n)	[′tɔkʰɜ]
Toronto	**Toronto** (n)	[tɔ′rɔntɔ]

Venice	**Wenecja** (f)	[vɛ′nɛtsʰja]
Vienna	**Wiedeń** (m)	[′vedɛn]
Warsaw	**Warszawa** (f)	[var′ʃava]
Washington	**Waszyngton** (m)	[′vaʃɪŋktɔn]

243. Politics. Government. Part 1

politics	**polityka** (f)	[pɔ′litɪka]
political (adj)	**polityczny**	[pɔli′tɪtʃnɪ]
politician	**polityk** (m)	[pɔ′litɪk]

state (country)	**państwo** (n)	[′paɲstfɔ]
citizen	**obywatel** (m)	[ɔbɪ′vatɛʎ]
citizenship	**obywatelstwo** (n)	[ɔbɪva′tɛʎstfɔ]

national emblem	**godło** (n) **państwowe**	[′gɔdwɔ paɲst′vɔvɛ]
national anthem	**hymn** (m) **państwowy**	[hɪmn paɲst′fɔvɪ]
government	**rząd** (m)	[ʒɔ̃t]

head of state	**szef** (m) **państwa**	[ʃɛf 'paɲstfa]
parliament	**parlament** (m)	[par'ʎamɛnt]
party	**partia** (f)	['partʰja]
capitalism	**kapitalizm** (m)	[kapi'talizm]
capitalist (adj)	**kapitalistyczny**	[kapitalis'tɪtʃnɪ]
socialism	**socjalizm** (m)	[sɔtsʰ'jalizm]
socialist (adj)	**socjalistyczny**	[sɔtsʰjalis'tɪtʃnɪ]
communism	**komunizm** (m)	[kɔ'munizm]
communist (adj)	**komunistyczny**	[kɔmunis'tɪtʃnɪ]
communist (n)	**komunista** (m)	[kɔmu'nista]
democracy	**demokracja** (f)	[dɛmɔk'ratsʰja]
democrat	**demokrata** (m)	[dɛmɔk'rata]
democratic (adj)	**demokratyczny**	[dɛmɔkra'tɪtʃnɪ]
Democratic party	**partia** (f) **demokratyczna**	['partʰja dɛmɔkra'tɪtʃna]
liberal (n)	**liberał** (m)	[li'bɛraw]
liberal (adj)	**liberalny**	[libɛ'raʎnɪ]
conservative (n)	**konserwatysta** (m)	[kɔnsɛrva'tɪsta]
conservative (adj)	**konserwatywny**	[kɔnsɛrva'tɪvnɪ]
republic (n)	**republika** (f)	[rɛ'publika]
republican (n)	**republikanin** (m)	[rɛpubli'kanin]
Republican party	**partia** (f) **republikańska**	['partʰja rɛpubli'kaɲska]
poll, elections	**wybory** (pl)	[vɪ'bɔrɪ]
to elect (vt)	**wybierać**	[vɪ'bɛratʃ]
elector, voter	**wyborca** (m)	[vɪ'bɔrtsa]
election campaign	**kampania** (f) **wyborcza**	[kam'paɲja vɪ'bɔrtʃa]
voting (n)	**głosowanie** (n)	[gwɔsɔ'vane]
to vote (vi)	**głosować**	[gwɔ'sɔvatʃ]
suffrage, right to vote	**prawo** (n) **wyborcze**	['pravɔ vɪ'bɔrtʃɛ]
candidate	**kandydat** (m)	[kan'dɪdat]
to be a candidate	**kandydować**	[kandɪ'dɔvatʃ]
campaign	**kampania** (f)	[kam'paɲja]
opposition (as adj)	**opozycyjny**	[ɔpɔzɪ'tsɪjnɪ]
opposition (n)	**opozycja** (f)	[ɔpɔ'zɪtsʰja]
visit	**wizyta** (f)	[vi'zɪta]
official visit	**wizyta** (f) **oficjalna**	[vi'zɪta ɔfitsʰ'jaʎna]
international (adj)	**międzynarodowy**	[mɛ̃dzɪnarɔ'dɔvɪ]
negotiations	**rozmowy** (pl)	[rɔz'mɔvɪ]
to negotiate (vi)	**prowadzić rozmowy**	[prɔ'vadʒitʃ rɔz'mɔvɪ]

T&P Books. Polish vocabulary for English speakers - 9000 words

244. Politics. Government. Part 2

society	społeczeństwo (n)	[spɔwɛt'ʃɛɲstfɔ]
constitution	konstytucja (f)	[kɔnstɪ'tutsʰja]
power (political control)	władza (f)	['vwadza]
corruption	korupcja (f)	[kɔ'ruptsʰja]

| law (justice) | prawo (n) | ['pravɔ] |
| legal (legitimate) | prawny | ['pravnɪ] |

| justice (fairness) | sprawiedliwość (f) | [spraved'livɔɕtʃ] |
| just (fair) | sprawiedliwy | [spraved'livɪ] |

committee	komitet (m)	[kɔ'mitɛt]
bill (draft law)	projekt (m) ustawy	['prɔekt us'tavɪ]
budget	budżet (m)	['budʒɛt]
policy	polityka (f)	[pɔ'litɪka]
reform	reforma (f)	[rɛ'fɔrma]
radical (adj)	radykalny	[radɪ'kaʎnɪ]

power (strength, force)	siła (f)	['ɕiwa]
powerful (adj)	silny	['ɕiʎnɪ]
supporter	zwolennik (m)	[zvɔ'lɛŋik]
influence	wpływ (m)	[fpwɪf]

regime (e.g., military ~)	reżim (m)	['rɛʒim]
conflict	konflikt (m)	['kɔnflikt]
conspiracy (plot)	spisek (m)	['spisɛk]
provocation	prowokacja (f)	[prɔvɔ'katsʰja]

to overthrow (regime, etc.)	obalić	[ɔ'balitʃ]
overthrow (of government)	obalenie (n)	[ɔba'lene]
revolution	rewolucja (f)	[rɛvɔ'lytsʰja]

| coup d'état | przewrót (m) | ['pʃɛvrut] |
| military coup | przewrót (m) wojskowy | ['pʃɛvrut vɔjs'kɔvɪ] |

crisis	kryzys (m)	['krɪzɪs]
economic recession	recesja (f)	[rɛ'tsɛsʰja]
demonstrator (protester)	demonstrant (m)	[dɛ'mɔnstrant]
demonstration	demonstracja (f)	[dɛmɔnst'ratsʰja]
martial law	stan (m) wojenny	[stan vɔ'eɲɪ]
military base	baza (f) wojskowa	['baza vɔjs'kɔva]

| stability | stabilność (f) | [sta'biʎnɔɕtʃ] |
| stable (adj) | stabilny | [sta'biʎnɪ] |

exploitation	eksploatacja (f)	[ɛksplɔa'tatsʰja]
to exploit (workers)	eksploatować	[ɛksplɔa'tɔvatʃ]
racism	rasizm (m)	['raɕizm]
racist	rasista (m)	[ra'ɕista]

| fascism | **faszyzm** (m) | ['faʃɪzm] |
| fascist | **faszysta** (m) | [fa'ʃista] |

245. Countries. Miscellaneous

foreigner	**obcokrajowiec** (m)	[ɔptsɔkraɜvets]
foreign (adj)	**zagraniczny**	[zagra'nitʃnɪ]
abroad (adv)	**za granicą**	[za gra'nitsɔ̃]

emigrant	**emigrant** (m)	[ɛ'migrant]
emigration	**emigracja** (f)	[ɛmig'ratsʰja]
to emigrate (vi)	**emigrować**	[ɛmig'rɔvatʃ]

the West	**Zachód** (m)	['zahut]
the East	**Wschód** (m)	[fshut]
the Far East	**Daleki Wschód** (m)	[da'leki fshut]

| civilization | **cywilizacja** (f) | [tsɪvili'zatsʰja] |
| humanity (mankind) | **ludzkość** (f) | ['lytskɔɕtʃ] |

world (earth)	**świat** (m)	[ɕfʲat]
peace	**pokój** (m)	['pɔkuj]
worldwide (adj)	**światowy**	[ɕfʲa'tɔvɪ]

homeland	**ojczyzna** (f)	[ɔjt'ʃɪzna]
people (population)	**naród** (m)	['narut]
population	**ludność** (f)	['lydnɔɕtʃ]
people (a lot of ~)	**ludzie** (pl)	['lydʒe]

| nation (people) | **naród** (m) | ['narut] |
| generation | **pokolenie** (n) | [pɔkɔ'lene] |

territory (area)	**terytorium** (n)	[tɛrɪ'tɔrʰjum]
region	**region** (m)	['rɛgʰɜn]
state (part of a country)	**stan** (m)	[stan]

tradition	**tradycja** (f)	[tra'dɪtsʰja]
custom (tradition)	**obyczaj** (m)	[ɔ'bɪtʃaj]
ecology	**ekologia** (f)	[ɛkɔ'lɜgʰja]

Indian (Native American)	**Indianin** (m)	[indʰ'janin]
Gipsy (masc.)	**Cygan** (m)	['tsɪgan]
Gipsy (fem.)	**Cyganka** (f)	[tsɪ'ganka]
Gipsy (adj)	**cygański**	[tsɪ'ganski]

empire	**imperium** (n)	[im'pɛrʰjum]
colony	**kolonia** (f)	[kɔ'lɜnja]
slavery	**niewolnictwo** (n)	[nevɔʎ'nitstfɔ]
invasion	**najazd** (m)	['najast]
famine	**głód** (m)	[gwut]

246. Major religious groups. Confessions

religion	**religia** (f)	[rɛ'ligʰja]
religious (adj)	**religijny**	[rɛli'gijnɪ]
faith, belief	**wiara** (f)	['vʲara]
to believe (in God)	**wierzyć**	['veʒɪtʃ]
believer	**wierzący** (m)	[ve'ʒɔ̃tsɪ]
atheism	**ateizm** (m)	[a'tɛizm]
atheist	**ateista** (m)	[atɛ'ista]
Christianity	**chrześcijaństwo** (n)	[hʃɛɕtʃi'jaɲstfɔ]
Christian (n)	**chrześcijanin** (m)	[hʃɛɕtʃi'janin]
Christian (adj)	**chrześcijański**	[hʃɛɕtʃi'jaɲski]
Catholicism	**katolicyzm** (m)	[katɔ'litsɪzm]
Catholic (n)	**katolik** (m)	[ka'tɔlik]
Catholic (adj)	**katolicki**	[katɔ'litski]
Protestantism	**protestantyzm** (m)	[prɔtɛs'tantɪzm]
Protestant Church	**kościół** (m) **protestancki**	['kɔʃtʃow prɔtɛs'tantski]
Protestant	**protestant** (m)	[prɔ'tɛstant]
Orthodoxy	**prawosławie** (n)	[pravɔs'wave]
Orthodox Church	**kościół** (m) **prawosławny**	['kɔʃtʃow pravɔs'wavnɪ]
Orthodox	**prawosławny** (m)	[pravɔs'wavnɪ]
Presbyterianism	**prezbiterianizm** (m)	[prɛzbitɛrʰ'janizm]
Presbyterian Church	**kościół** (m) **prezbiteriański**	['kɔʃtʃow prɛzbitɛ'rjaɲski]
Presbyterian (n)	**prezbiterianin** (m)	[prɛzbitɛrʰ'janin]
Lutheranism	**kościół** (m) **luterański**	['kɔʃtʃow lytɛ'raɲski]
Lutheran (n)	**luteranin** (m)	[lytɛ'ranin]
Baptist Church	**baptyzm** (m)	['baptɪzm]
Baptist (n)	**baptysta** (m)	[bap'tɪsta]
Anglican Church	**Kościół Anglikański** (m)	['kɔʃtʃow aŋli'kaɲski]
Anglican (n)	**anglikanin** (m)	[aŋli'kanin]
Mormonism	**religia** (f) **mormonów**	[rɛ'ligʰja mɔr'mɔnuf]
Mormon (n)	**mormon** (m)	['mɔrmɔn]
Judaism	**judaizm** (m)	[ju'daizm]
Jew (n)	**żyd** (m)	[ʒɪt]
Buddhism	**buddyzm** (m)	['buddɪzm]
Buddhist (n)	**buddysta** (m)	[bud'dɪsta]
Hinduism	**hinduizm** (m)	[hin'duizm]
Hindu (n)	**hinduista** (m)	[hindu'ista]

Islam	islam (m)	['isʎam]
Muslim (n)	muzułmanin (m)	[muzuw'manin]
Muslim (adj)	muzułmański	[muzuw'maɲski]
Shiah Islam	szyizm (m)	['ʃiizm]
Shiite (n)	szyita (m)	['ʃiita]
Sunni Islam	sunnizm (m)	['suɲizm]
Sunnite (n)	sunnita (m)	[su'ɲita]

247. Religions. Priests

priest	ksiądz (m)	[kɕɔ̃ts]
the Pope	papież (m)	['papeʃ]
monk, friar	zakonnik (m)	[za'kɔnik]
nun	zakonnica (f)	[zakɔ'ɲitsa]
pastor	pastor (m)	['pastɔr]
abbot	opat (m)	['ɔpat]
vicar (parish priest)	wikariusz (m)	[vi'karjyʃ]
bishop	biskup (m)	['biskup]
cardinal	kardynał (m)	[kar'dınaw]
preacher	kaznodzieja (m)	[kaznɔ'dʑeja]
preaching	kazanie (n)	[ka'zane]
parishioners	parafianie (pl)	[para'fʲane]
believer	wierzący (m)	[vʲe'ʒɔ̃tsı]
atheist	ateista (m)	[atɛ'ista]

248. Faith. Christianity. Islam

Adam	Adam (m)	['adam]
Eve	Ewa (f)	['ɛva]
God	Bóg (m)	[buk]
the Lord	Pan (m)	[pan]
the Almighty	Wszechmogący (m)	[fʃɛhmɔ'gɔ̃tsı]
sin	grzech (m)	[gʒɛh]
to sin (vi)	grzeszyć	['gʒɛʃitʃ]
sinner (masc.)	grzesznik (m)	['gʒɛʃnik]
sinner (fem.)	grzesznica (f)	[gʒɛʃ'nitsa]
hell	piekło (n)	['pekwɔ]
paradise	raj (m)	[raj]
Jesus	Jezus (m)	['ezus]
Jesus Christ	Jezus Chrystus (m)	['ezus 'hrıstus]

the Holy Spirit	**Duch Święty** (m)	[duh 'ɕfentɪ]
the Savior	**Zbawiciel** (m)	[zba'vitɕeʎ]
the Virgin Mary	**Matka Boska** (f)	['matka 'bɔska]
the Devil	**diabeł** (m)	['dʰjabɛw]
devil's (adj)	**diabelski**	[dʰja'bɛʎski]
Satan	**szatan** (m)	['ʃatan]
satanic (adj)	**szatański**	[ʃa'taɲski]
angel	**anioł** (m)	['anɜw]
guardian angel	**anioł stróż** (m)	['anɜw struʃ]
angelic (adj)	**anielski**	[a'neʎski]
apostle	**apostoł** (m)	[a'pɔstow]
archangel	**archanioł** (m)	[ar'hanɜw]
the Antichrist	**antychryst** (m)	[an'tɪhrɪst]
Church	**Kościół** (m)	['kɔʃtɕow]
Bible	**Biblia** (f)	['bibʎja]
biblical (adj)	**biblijny**	[bib'lijnɪ]
Old Testament	**Stary Testament** (m)	['starɪ tɛs'tamɛnt]
New Testament	**Nowy Testament** (m)	['nɔvɪ tɛs'tamɛnt]
Gospel	**Ewangelia** (f)	[ɛva'ŋɛʎja]
Holy Scripture	**Pismo** (n) **Święte**	['pismɔ 'ɕfentɛ]
heaven	**Królestwo** (n) **Niebiańskie**	[kru'lestfɔ ne'bʲaɲske]
Commandment	**przykazanie** (n)	[pʃika'zane]
prophet	**prorok** (m)	['prɔrɔk]
prophecy	**proroctwo** (n)	[prɔ'rɔtstfɔ]
Allah	**Allach, Allah** (m)	['allah]
Mohammed	**Mohammed** (m)	[mɔ'hamɛt]
the Koran	**Koran** (m)	['kɔran]
mosque	**meczet** (m)	['mɛtʃɛt]
mullah	**mułła** (m)	['muwwa]
prayer	**modlitwa** (f)	[mɔd'litfa]
to pray (vi, vt)	**modlić się**	['mɔdlitʃ ɕɛ̃]
pilgrimage	**pielgrzymka** (f)	[peʎg'ʒɪmka]
pilgrim	**pielgrzym** (m)	['peʎgʒɪm]
Mecca	**Mekka** (f)	['mɛkka]
church	**kościół** (m)	['kɔʃtɕow]
temple	**świątynia** (f)	[ɕfɔ̃'tɪna]
cathedral	**katedra** (f)	[ka'tɛdra]
Gothic (adj)	**gotycki**	[gɔ'tɪtski]
synagogue	**synagoga** (f)	[sɪna'gɔga]
mosque	**meczet** (m)	['mɛtʃɛt]
chapel	**kaplica** (f)	[kap'litsa]
abbey	**opactwo** (n)	[ɔ'patstfɔ]

convent	**klasztor** (m) **żeński**	[ˈkʎaʃtɔr ˈʒɛɲski]
monastery	**klasztor** (m) **męski**	[ˈkʎaʃtɔr ˈmɛnski]
bell (in church)	**dzwon** (m)	[dzvɔn]
bell tower	**dzwonnica** (f)	[dzvɔˈɲitsa]
to ring (ab. bells)	**dzwonić**	[ˈdzvɔnitʃ]
cross	**krzyż** (m)	[kʃiʃ]
cupola (roof)	**kopuła** (f)	[kɔˈpuwa]
icon	**ikona** (f)	[iˈkɔna]
soul	**dusza** (f)	[ˈduʃa]
fate (destiny)	**los** (m)	[ˈlɔs]
evil (n)	**zło** (n)	[zwɔ]
good (n)	**dobro** (n)	[ˈdɔbrɔ]
vampire	**wampir** (m)	[ˈvampir]
witch (sorceress)	**wiedźma** (f)	[ˈvedʒʲma]
demon	**demon** (m)	[ˈdɛmɔn]
devil	**diabeł** (m)	[ˈdʲjabɛw]
spirit	**duch** (m)	[duh]
redemption (giving us ~)	**odkupienie** (n)	[ɔtkuˈpene]
to redeem (vt)	**odkupić**	[ɔtˈkupitʃ]
church service, mass	**msza** (f)	[mʃa]
to say mass	**odprawiać mszę**	[ɔtpˈravʲatʃ mʒɛ̃]
confession	**spowiedź** (f)	[ˈspovetʃ]
to confess (vi)	**spowiadać się**	[spɔˈvʲadatʃ ɕɛ̃]
saint (n)	**święty** (m)	[ˈɕfentɪ]
sacred (holy)	**święty**	[ˈɕfentɪ]
holy water	**woda** (f) **święcona**	[ˈvɔda ɕfɛ̃ˈtsɔna]
ritual (n)	**obrzęd** (m)	[ˈɔbʒɛ̃t]
ritual (adj)	**obrzędowy**	[ɔbʒɛ̃ˈdɔvɪ]
sacrifice	**ofiara** (f)	[ɔˈfʲara]
superstition	**przesąd** (m)	[ˈpʃɛsɔ̃t]
superstitious (adj)	**przesądny**	[pʃɛˈsɔ̃dnɪ]
afterlife	**życie** (n) **pozagrobowe**	[ˈʒɪtʃe pɔzagrɔˈbɔvɛ]
eternal life	**życie** (n) **wieczne**	[ˈʒɪtʃe ˈvetʃnɛ]

MISCELLANEOUS

249. Various useful words

background (green ~)	tło (n)	[twɔ]
balance (of situation)	równowaga (f)	[ruvnɔ'vaga]
barrier (obstacle)	przeszkoda (f)	[pʃɛʃ'kɔda]
base (basis)	baza (f)	['baza]
beginning	początek (m)	[pɔt'jɔ̃tɛk]
category	kategoria (f)	[katɛ'gɔrʰja]
cause (reason)	przyczyna (f)	[pʃıt'ʃına]
choice	wybór (m)	['vıbur]
coincidence	koincydencja (f)	[kɔjnsi'dɛnsija]
comfortable (~ chair)	wygodny	[vı'gɔdnı]
comparison	porównanie (n)	[pɔruv'nane]
compensation	rekompensata (f)	[rɛkɔmpɛn'sata]
degree (extent, amount)	stopień (m)	['stɔpeɲ]
development	rozwój (m)	['rɔzvuj]
difference	różnica (f)	[ruʒ'nitsa]
effect (e.g., of drugs)	efekt (m)	['ɛfɛkt]
effort (exertion)	wysiłek (m)	[vı'ɕiwɛk]
element	element (m)	[ɛ'lemɛnt]
end (finish)	zakończenie (n)	[zakɔɲt'ʃene]
example (illustration)	przykład (m)	['pʃıkwat]
fact	fakt (m)	[fakt]
frequent (adj)	częsty	['tʃɛ̃nstı]
growth (development)	wzrost (m)	[vzrɔst]
help	pomoc (f)	['pɔmɔts]
ideal	ideał (m)	[i'dɛaw]
kind (sort, type)	rodzaj (m)	['rɔdzaj]
labyrinth	labirynt (m)	[ʎa'birınt]
mistake, error	błąd (m)	[bwɔ̃t]
moment	moment (m)	['mɔmɛnt]
object (thing)	obiekt (m)	['ɔbʰekt]
obstacle	przeszkoda (f)	[pʃɛʃ'kɔda]
original (original copy)	oryginał (m)	[ɔrı'ginaw]
part (~ of sth)	część (f)	[tʃɛ̃ɕtʃ]
particle, small part	cząstka (f)	['tʃɔ̃stka]
pause (break)	pauza (f)	['pauza]

position	**stanowisko** (n)	[staŋɔ'viskɔ]
principle	**zasada** (f)	[za'sada]
problem	**problem** (m)	['prɔblem]

process	**proces** (m)	['prɔtsɛs]
progress	**postęp** (m)	['pɔstɛ̃p]
property (quality)	**właściwość** (f)	[vwaɕ'tɕivɔɕtʃ]
reaction	**reakcja** (f)	[rɛ'aktsʰja]
risk	**ryzyko** (n)	['rɪzɪkɔ]

secret	**tajemnica** (f)	[taem'nitsa]
section (sector)	**sekcja** (f)	['sɛktsʰja]
series	**seria** (f)	['sɛrʰja]
shape (outer form)	**kształt** (m)	['kʃtawt]
situation	**sytuacja** (f)	[sɪtu'atsʰja]

solution	**rozwiązanie** (n)	[rɔzvɔ̃'zane]
standard (adj)	**standardowy**	[standar'dɔvɪ]
standard (level of quality)	**standard** (m)	['standart]
stop (pause)	**przerwa** (f)	['pʃɛrva]
style	**styl** (m)	[stıʎ]
system	**system** (m)	['sɪstɛm]

table (chart)	**tablica** (f)	[tab'litsa]
tempo, rate	**tempo** (n)	['tɛmpɔ]
term (word, expression)	**termin** (m)	['tɛrmin]
thing (object, item)	**rzecz** (f)	[ʒɛtʃ]
truth	**prawda** (f)	['pravda]
turn (please wait your ~)	**kolej** (f)	['kɔlej]
type (sort, kind)	**typ** (m)	[tɪp]

urgent (adj)	**pilny**	['piʎnı]
urgently (adv)	**pilnie**	['piʎne]
utility (usefulness)	**korzyść** (f)	['kɔʒɪɕtʃ]

variant (alternative)	**wariant** (m)	['varʰjant]
way (means, method)	**sposób** (m)	['spɔsup]
zone	**strefa** (f)	['strɛfa]

250. Modifiers. Adjectives. Part 1

additional (adj)	**dodatkowy**	[dɔdat'kɔvı]
ancient (~ civilization)	**dawny**	['davnı]
artificial (adj)	**sztuczny**	['ʃtutʃnı]
back, rear (adj)	**tylny**	['tıʎnı]
bad (adj)	**zły**	[zwı]

beautiful (~ palace)	**wspaniały**	[fspa'ɲawı]
beautiful (person)	**piękny**	['peŋknı]
big (in size)	**duży**	['duʒı]

bitter (taste)	**gorzki**	['gɔʃki]
blind (sightless)	**ślepy**	['ɕlepɨ]
calm, quiet (adj)	**spokojny**	[spɔ'kɔjnɨ]
careless (negligent)	**niedbały**	[nied'bawɨ]
caring (~ father)	**troskliwy**	[trɔsk'livɨ]
central (adj)	**centralny**	[tsɛnt'raʎnɨ]
cheap (adj)	**tani**	['tani]
cheerful (adj)	**wesoły**	[vɛ'sɔwɨ]
children's (adj)	**dziecięcy**	[dʒe'tɕentsɨ]
civil (~ law)	**obywatelski**	[ɔbɨva'tɛʎski]
clandestine (secret)	**podziemny**	[pɔ'dʒemnɨ]
clean (free from dirt)	**czysty**	['tʃɨstɨ]
clear (explanation, etc.)	**zrozumiały**	[zrɔzu'mʲawɨ]
clever (smart)	**sprytny**	['sprɨtnɨ]
close (near in space)	**bliski**	['bliski]
closed (adj)	**zamknięty**	[zamk'nentɨ]
cloudless (sky)	**bezchmurny**	[bɛsh'murnɨ]
cold (drink, weather)	**zimny**	['ʒimnɨ]
compatible (adj)	**kompatybilny**	[kɔmpatɨ'biʎnɨ]
contented (adj)	**zadowolony**	[zadɔvɔ'lɔnɨ]
continuous (adj)	**długotrwały**	[dwugɔtr'fawɨ]
continuous (incessant)	**ciągły**	[tɕõgwɨ]
convenient (adj)	**przydatny**	[pʃɨ'datnɨ]
cool (weather)	**chłodny**	['hwɔdnɨ]
dangerous (adj)	**niebezpieczny**	[nebɛs'petʃnɨ]
dark (room)	**ciemny**	['tɕemnɨ]
dead (not alive)	**martwy**	['martfɨ]
dense (fog, smoke)	**gęsty**	['gɛnstɨ]
difficult (decision)	**trudny**	['trudnɨ]
difficult (problem, task)	**złożony**	[zwɔ'ʒɔnɨ]
dim, faint (light)	**przyćmiony**	[pʃɨtɕ'mɔnɨ]
dirty (not clean)	**brudny**	['brudnɨ]
distant (faraway)	**daleki**	[da'lɛki]
distant (in space)	**daleki**	[da'lɛki]
dry (clothes, etc.)	**suchy**	['suhɨ]
easy (not difficult)	**łatwy**	['watfɨ]
empty (glass, room)	**pusty**	['pustɨ]
exact (amount)	**dokładny**	[dɔk'wadnɨ]
excellent (adj)	**świetny**	['ɕfetnɨ]
excessive (adj)	**nadmierny**	[nad'mernɨ]
expensive (adj)	**drogi**	['drɔgi]
exterior (adj)	**zewnętrzny**	[zɛv'nɛntʃnɨ]
fast (quick)	**szybki**	['ʃɨpki]

fatty (food)	tłusty	['twustı]
fertile (land, soil)	urodzajny	[urɔ'dzajnı]
flat (~ panel display)	płaski	['pwaski]
even (e.g., ~ surface)	równy	['ruvnı]
foreign (adj)	zagraniczny	[zagra'nitʃnı]
fragile (china, glass)	kruchy	['kruhı]
free (at no cost)	bezpłatny	[bɛsp'watnı]
free (unrestricted)	wolny	['vɔʎnı]
fresh (~ water)	słodki	['swɔtki]
fresh (e.g., ~ bread)	świeży	['ɕfeʒı]
frozen (food)	mrożony	[mrɔ'ʒɔnı]
full (completely filled)	pełny	['pɛwnı]
good (book, etc.)	dobry	['dɔbrı]
good (kindhearted)	dobry	['dɔbrı]
grateful (adj)	wdzięczny	['vdʒentʃnı]
happy (adj)	szczęśliwy	[ʃtʃɛɕ'livı]
hard (not soft)	twardy	['tfardı]
heavy (in weight)	ciężki	['tɕenʃki]
hostile (adj)	wrogi	['vrɔgi]
hot (adj)	gorący	[gɔ'rɔ̃tsı]
huge (adj)	ogromny	[ɔg'rɔmnı]
humid (adj)	wilgotny	[viʎ'gɔtnı]
hungry (adj)	głodny	['gwɔdnı]
ill (sick, unwell)	chory	['hɔrı]
immobile (adj)	nieruchomy	[neru'hɔmı]
important (adj)	ważny	['vaʒnı]
impossible (adj)	niemożliwy	[nemɔʒ'livı]
incomprehensible	niezrozumiały	[nezrɔzu'mʲawı]
indispensable (adj)	niezbędny	[nez'bɛndnı]
inexperienced (adj)	niedoświadczony	[nedɔɕfʲatt'ʃɔnı]
insignificant (adj)	nieistotny	[neis'tɔtnı]
interior (adj)	wewnętrzny	[vɛv'nɛntʃnı]
joint (~ decision)	wspólny	['fspuʎnı]
last (e.g., ~ week)	ubiegły	[u'begwı]
last (final)	ostatni	[ɔs'tatni]
left (e.g., ~ side)	lewy	['levı]
legal (legitimate)	prawny	['pravnı]
light (in weight)	lekki	['lekki]
light (pale color)	jasny	['jasnı]
limited (adj)	ograniczony	[ɔgranit'ʃɔnı]
liquid (fluid)	płynny	['pwıŋı]
long (e.g., ~ way)	długi	['dwugi]
loud (voice, etc.)	głośny	['gwɔɕnı]
low (voice)	cichy	['tɕihı]

251. Modifiers. Adjectives. Part 2

main (principal)	główny	['gwuvnı]
matt (paint)	matowy	[ma'tovı]
meticulous (job)	staranny	[sta'ranı]
mysterious (adj)	tajemniczy	[taem'nitʃı]
narrow (street, etc.)	wąski	['vɔ̃ski]

native (of country)	ojczysty	[ɔjt'ʃıstı]
nearby (adj)	pobliski	[pɔb'liski]
near-sighted (adj)	krótkowzroczny	[krutkɔvz'rɔtʃnı]
necessary (adj)	potrzebny	[pɔt'ʃɛbnı]

negative (~ response)	negatywny	[nɛga'tıvnı]
neighboring (adj)	sąsiedni	[sɔ̃'ɕedni]
nervous (adj)	nerwowy	[nɛr'vɔvı]
new (adj)	nowy	['nɔvı]
next (e.g., ~ week)	następny	[nas'tɛ̃pnı]

nice (kind)	miły	['miwı]
nice (voice)	przyjemny	[pʃı'emnı]
normal (adj)	normalny	[nɔr'maʎnı]
not big (adj)	nieduży	[ne'duʒı]

unclear (adj)	niejasny	[ne'jasnı]
not difficult (adj)	nietrudny	[net'rudnı]
obligatory (adj)	obowiązkowy	[ɔbɔvʰɔ̃s'kɔvı]
old (house)	stary	['starı]
open (adj)	otwarty	[ɔt'fartı]

opposite (adj)	przeciwny	[pʃɛ'tʃivnı]
ordinary (usual)	zwykły	['zvıkwı]
original (unusual)	oryginalny	[ɔrıgi'naʎnı]
past (recent)	miniony	[mi'nɜnı]

permanent (adj)	stały	['stawı]
personal (adj)	osobisty	[ɔsɔ'bistı]
polite (adj)	uprzejmy	[up'ʃɛjmı]
poor (not rich)	biedny	['bednı]
possible (adj)	możliwy	[mɔʒ'livı]

destitute (extremely poor)	nędzny	['nɛndznı]
present (current)	obecny	[ɔ'bɛtsnı]
previous (adj)	poprzedni	[pɔp'ʃednı]
principal (main)	podstawowy	[pɔtsta'vɔvı]

private (~ jet)	prywatny	[prı'vatnı]
probable (adj)	prawdopodobny	[pravdɔpɔ'dɔbnı]
public (open to all)	publiczny	[pub'litʃnı]
punctual (person)	punktualny	[puŋktu'aʎnı]
quiet (tranquil)	spokojny	[spɔ'kɔjnı]

English	Polish	IPA
rare (adj)	rzadki	['ʒatki]
raw (uncooked)	surowy	[su'rovɪ]
right (not left)	prawy	['pravɪ]
right, correct (adj)	prawidłowy	[pravid'wovɪ]
ripe (fruit)	dojrzały	[dɔj'ʒawɪ]
risky (adj)	ryzykowny	[rɪzɪ'kovnɪ]
sad (~ look)	smutny	['smutnɪ]
sad (depressing)	smutny	['smutnɪ]
safe (not dangerous)	bezpieczny	[bɛs'petʃnɪ]
salty (food)	słony	['swɔnɪ]
satisfied (customer)	zadowolony	[zadɔvɔ'lɔnɪ]
second hand (adj)	używany	[uʒɪ'vanɪ]
shallow (water)	płytki	['pwɪtki]
sharp (blade, etc.)	ostry	['ɔstrɪ]
short (in length)	krótki	['krutki]
short, short-lived (adj)	krótkotrwały	[krutkɔtr'fawɪ]
significant (notable)	znaczny	['znatʃnɪ]
similar (adj)	podobny	[pɔ'dɔbnɪ]
simple (easy)	łatwy	['watfɪ]
skinny	chudy	['hudɪ]
thin (person)	szczupły	['ʃtʃupwɪ]
small (in size)	mały	['mawɪ]
smooth (surface)	gładki	['gwatki]
soft (to touch)	miękki	['meŋki]
solid (~ wall)	trwały	['trfawɪ]
somber, gloomy (adj)	mroczny	['mrɔtʃnɪ]
sour (flavor, taste)	kwaśny	['kfaɕnɪ]
spacious (house, etc.)	przestronny	[pʃɛst'rɔŋɪ]
special (adj)	specjalny	[spɛtsʰʲjaʎnɪ]
straight (line, road)	prosty	['prɔstɪ]
strong (person)	silny	['ɕiʎnɪ]
stupid (foolish)	głupi	['gwupi]
sunny (day)	słoneczny	[swɔ'nɛtʃnɪ]
superb, perfect (adj)	doskonały	[dɔskɔ'nawɪ]
swarthy (adj)	śniady	['ɕɲadɪ]
sweet (sugary)	słodki	['swɔtki]
tan (adj)	opalony	[ɔpa'lɔnɪ]
tasty (adj)	smaczny	['smatʃnɪ]
tender (affectionate)	czuły	['tʃuwɪ]
the highest (adj)	najwyższy	[naj'vɪʃɪ]
the most important	najważniejszy	[najvaʒ'nejʃɪ]
the nearest	najbliższy	[najb'liʃɪ]
the same, equal (adj)	jednakowy	[edna'kɔvɪ]

thick (e.g., ~ fog)	**gęsty**	['gɛnstɨ]
thick (wall, slice)	**gruby**	['grubɨ]
tired (exhausted)	**zmęczony**	[zmɛ̃t'ʃɔnɨ]
tiring (adj)	**męczący**	[mɛ̃t'ʃɔ̃tsɨ]
transparent (adj)	**przezroczysty**	[pʃɛzrɔt'ʃɨstɨ]
unique (exceptional)	**unikatowy**	[unika'tɔvɨ]
warm (moderately hot)	**ciepły**	['tɕepwɨ]
wet (e.g., ~ clothes)	**mokry**	['mɔkrɨ]
whole (entire, complete)	**cały**	['tsawɨ]
wide (e.g., ~ road)	**szeroki**	[ʃɛ'rɔki]
young (adj)	**młody**	['mwɔdɨ]

MAIN 500 VERBS

252. Verbs A-C

to accompany (vt)	towarzyszyć	[tɔvaˈʐɨʃitʃ]
to accuse (vt)	obwiniać	[ɔbˈvinatʃ]
to acknowledge (admit)	przyznawać się do winy	[pʃizˈnavatʃ ɕɛ̃ dɔ vinɨ]
to act (take action)	działać	[ˈdʑawatʃ]

to add (supplement)	dodawać	[dɔˈdavatʃ]
to address (speak to)	zwracać się	[ˈzvratsatʃ ɕɛ̃]
to admire (vi)	zachwycać się	[zahˈfitsatʃ ɕɛ̃]
to advertise (vt)	reklamować	[rɛkʎaˈmɔvatʃ]

to advise (vt)	radzić	[ˈradʑitʃ]
to affirm (insist)	twierdzić	[ˈtferdʑitʃ]
to agree (say yes)	zgadzać się	[ˈzgadzatʃ ɕɛ̃]
to allow (sb to do sth)	pozwalać	[pɔzˈvaʎatʃ]

to allude (vi)	czynić aluzje	[ˈtʃinitʃ aˈlyzʰe]
to amputate (vt)	amputować	[ampuˈtɔvatʃ]
to answer (vi, vt)	odpowiadać	[ɔtpɔˈvʲadatʃ]
to apologize (vi)	przepraszać	[pʃɛpˈraʃatʃ]

to appear (come into view)	pojawiać się	[pɔˈjavʲatʃ ɕɛ̃]
to applaud (vi, vt)	oklaskiwać	[ɔkʎasˈkivatʃ]
to appoint (assign)	mianować	[mʲaˈnɔvatʃ]
to approach (come closer)	zbliżać się	[ˈzbliʐatʃ ɕɛ̃]

to arrive (ab. train)	przybywać	[pʃiˈbɨvatʃ]
to ask (~ sb to do sth)	prosić	[ˈprɔɕitʃ]
to aspire to ...	dążyć	[ˈdɔ̃ʐitʃ]
to assist (help)	asystować	[asɨsˈtɔvatʃ]

to attack (mil.)	atakować	[ataˈkɔvatʃ]
to attain (objectives)	osiągać	[ɔɕɔ̃gatʃ]
to revenge (vt)	mścić się	[mɕtɕitʃ ɕɛ̃]
to avoid (danger, task)	unikać	[uˈnikatʃ]

to award (give medal to)	odznaczyć	[ɔdzˈnatʃitʃ]
to battle (vi)	walczyć	[ˈvaʎtʃitʃ]

to be (~ on the table)	leżeć	[ˈleʐɛtʃ]
to be (vi)	być	[bitʃ]
to be afraid	bać się	[batʃ ɕɛ̃]
to be angry (with ...)	złościć się	[ˈzwɔɕtɕitʃ ɕɛ̃]

to be at war	**wojować**	[vɔˈvatʃ]
to be based (on ...)	**bazować się**	[baˈzɔvatʃ ɕɛ̃]
to be bored	**nudzić się**	[ˈnudʑitʃ ɕɛ̃]
to be convinced	**przekonywać się**	[pʃɛkɔˈnɪvatʃ ɕɛ̃]
to be enough	**wystarczać**	[vɪsˈtartʃatʃ]
to be envious	**zazdrościć**	[zazdˈrɔɕtʃitʃ]
to be indignant	**oburzać się**	[ɔˈbuʒatʃ ɕɛ̃]
to be interested in ...	**interesować się**	[intɛrɛˈsɔvatʃ ɕɛ̃]
to be lying down	**leżeć**	[ˈlɛʒɛtʃ]
to be needed	**być potrzebnym**	[bɪtʃ pɔtˈʃɛbnɪm]
to be perplexed	**dziwić się**	[ˈdʑivitʃ ɕɛ̃]
to be preserved	**zachować się**	[zaˈhɔvatʃ ɕɛ̃]
to be required	**być potrzebnym**	[bɪtʃ pɔtˈʃɛbnɪm]
to be surprised	**dziwić się**	[ˈdʑivitʃ ɕɛ̃]
to be worried	**martwić się**	[ˈmartfitʃ ɕɛ̃]
to beat (dog, person)	**bić**	[bitʃ]
to become (e.g., ~ old)	**stawać się**	[ˈstavatʃ ɕɛ̃]
to become pensive	**zamyślić się**	[zaˈmɪɕlitʃ ɕɛ̃]
to behave (vi)	**zachowywać się**	[zahɔˈvɪvatʃ ɕɛ̃]
to believe (think)	**wierzyć**	[ˈvɛʒɪtʃ]
to belong to ...	**należeć**	[naˈlɛʒɛtʃ]
to berth (moor)	**cumować**	[tsuˈmɔvatʃ]
to blind (other drivers)	**oślepiać**	[ɔɕˈlepʲatʃ]
to blow (wind)	**dmuchać**	[ˈdmuhatʃ]
to blush (vi)	**czerwienić się**	[tʃɛrˈvʲenitʃ ɕɛ̃]
to boast (vi)	**chwalić się**	[ˈhfalitʃ ɕɛ̃]
to borrow (money)	**pożyczać**	[pɔˈʒɪtʃatʃ]
to break (branch, toy, etc.)	**psuć**	[psutʃ]
to breathe (vi)	**oddychać**	[ɔdˈdɪhatʃ]
to bring (sth)	**przywozić**	[pʃɪˈvɔʑitʃ]
to burn (paper, logs)	**palić**	[ˈpalitʃ]
to buy (purchase)	**kupować**	[kuˈpɔvatʃ]
to call (for help)	**wołać**	[ˈvɔwatʃ]
to call (with one's voice)	**zawołać**	[zaˈvɔwatʃ]
to calm down (vt)	**uspokajać**	[uspɔˈkajatʃ]
can (v aux)	**móc**	[muts]
to cancel (call off)	**odwołać**	[ɔdˈvɔwatʃ]
to cast off	**odbijać**	[ɔdˈbijatʃ]
to catch (e.g., ~ a ball)	**łowić**	[ˈwɔvitʃ]
to catch sight (of ...)	**zobaczyć**	[zɔˈbatʃɪtʃ]
to cause ...	**wywołać**	[vɪˈvɔwatʃ]
to change (~ one's opinion)	**zmienić**	[ˈzmʲenitʃ]
to change (exchange)	**zmieniać**	[zmʲeɲatʃ]
to charm (vt)	**czarować**	[tʃaˈrɔvatʃ]

to choose (select)	wybierać	[vɪˈberatʃ]
to chop off (with an ax)	odrąbać	[ɔdˈrõbatʃ]
to clean (from dirt)	czyścić	[ˈtʃɪɕtʃitʃ]
to clean (shoes, etc.)	oczyszczać	[ɔtˈʃɪʃtʃatʃ]

to clean (tidy)	sprzątać	[ˈspʃɔ̃tatʃ]
to close (vt)	zamykać	[zaˈmɪkatʃ]
to comb one's hair	czesać się	[ˈtʃɛsatʃ ɕɛ̃]
to come down (the stairs)	schodzić	[ˈshɔdʒitʃ]

to come in (enter)	wejść	[vɛjɕtʃ]
to come out (book)	ukazać się	[uˈkazatʃ ɕɛ̃]
to compare (vt)	porównywać	[pɔruvˈnɪvatʃ]
to compensate (vt)	rekompensować	[rɛkɔmpɛnˈsɔvatʃ]

to compete (vi)	konkurować	[kɔŋkuˈrɔvatʃ]
to compile (~ a list)	sporządzać	[spɔˈʒɔ̃dzatʃ]
to complain (vi, vt)	skarżyć się	[ˈskarʒɪtʃ ɕɛ̃]
to complicate (vt)	utrudnić	[utˈrudnitʃ]

to compose (music, etc.)	skomponować	[skɔmpɔˈnɔvatʃ]
to compromise (reputation)	kompromitować	[kɔmprɔmiˈtɔvatʃ]
to concentrate (vi)	koncentrować się	[kɔntsɛntˈrɔvatʃ ɕɛ̃]
to confess (criminal)	przyznawać się	[pʃɪzˈnavatʃ ɕɛ̃]

to confuse (mix up)	mylić	[ˈmɪlitʃ]
to congratulate (vt)	gratulować	[gratuˈlɔvatʃ]
to consult (doctor, expert)	konsultować się z …	[kɔnsuʎˈtɔvatʃ ɕɛ̃ z]
to continue (~ to do sth)	kontynuować	[kɔntɪnuˈɔvatʃ]

to control (vt)	kontrolować	[kɔntrɔˈlɔvatʃ]
to convince (vt)	przekonywać	[pʃɛkɔˈnɪvatʃ]
to cooperate (vi)	współpracować	[fspuwpraˈtsɔvatʃ]
to coordinate (vt)	koordynować	[kɔːrdɪˈnɔvatʃ]

to correct (an error)	poprawiać	[pɔpˈravʲatʃ]
to cost (vt)	kosztować	[kɔʃˈtɔvatʃ]
to count (money, etc.)	liczyć	[ˈlitʃɪtʃ]
to count on …	liczyć na …	[ˈlitʃɪtʃ na]

to crack (ceiling, wall)	pękać	[ˈpɛŋkatʃ]
to create (vt)	stworzyć	[ˈstfɔʒɪtʃ]
to cry (weep)	płakać	[ˈpwakatʃ]
to cut off (with a knife)	odciąć	[ˈɔtɕɔ̃ʲtʃ]

253. Verbs D-G

to dare (~ to do sth)	ośmielać się	[ɔɕˈmʲeʎatʃ ɕɛ̃]
to date from …	datować się	[daˈtɔvatʃ ɕɛ̃]
to deceive (vi, vt)	oszukiwać	[ɔʃuˈkivatʃ]

to decide (~ to do sth)	decydować	[dɛtsɪ'dovatʃ]
to decorate (tree, street)	ozdabiać	[ɔz'dabʲatʃ]
to dedicate (book, etc.)	poświęcać	[pɔɕ'fʲɛntsatʃ]
to defend (a country, etc.)	bronić	['brɔnitʃ]
to defend oneself	bronić się	['brɔnitʃ ɕɛ̃]
to demand (request firmly)	zażądać	[za'ʒɔ̃datʃ]
to denounce (vt)	denuncjować	[dɛnun'sʲovatʃ]
to deny (vt)	zaprzeczać	[zap'ʃɛtʃatʃ]
to depend on ...	zależeć od ...	[za'lɛʒɛtʃ ɔd]
to deprive (vt)	pozbawiać	[pɔz'bavʲatʃ]
to deserve (vt)	zasługiwać	[zaswu'givatʃ]
to design (machine, etc.)	projektować	[prɔek'tɔvatʃ]
to desire (want, wish)	pragnąć	['pragnɔ̃tʃ]
to despise (vt)	pogardzać	[pɔ'gardzatʃ]
to destroy (documents, etc.)	niszczyć	['niʃtʃitʃ]
to differ (from sth)	różnić się	['ruʒnitʃ ɕɛ̃]
to dig (tunnel, etc.)	kopać	['kɔpatʃ]
to direct (point the way)	kierować	[ke'rovatʃ]
to disappear (vi)	zniknąć	['zniknɔ̃tʃ]
to discover (new land, etc.)	odkrywać	[ɔtk'rɪvatʃ]
to discuss (vt)	omawiać	[ɔ'mavʲatʃ]
to distribute (leaflets, etc.)	rozpowszechniać	[rɔspɔf'ʃɛhɲatʃ]
to disturb (vt)	przeszkadzać	[pʃɛʃ'kadzatʃ]
to dive (vi)	nurkować	[nur'kɔvatʃ]
to divide (math)	dzielić	['dʑelitʃ]
to do (vt)	robić	['rɔbitʃ]
to do the laundry	prać	[pratʃ]
to double (increase)	podwajać	[pɔd'vajatʃ]
to doubt (have doubts)	wątpić	['vɔ̃tpitʃ]
to draw a conclusion	robić konkluzję	['rɔbitʃ kɔŋk'lyzʰɛ̃]
to dream (daydream)	marzyć	['maʒɪtʃ]
to dream (in sleep)	śnić	[ɕnitʃ]
to drink (vi, vt)	pić	[pitʃ]
to drive a car	prowadzić	[prɔ'vadʑitʃ]
to drive away (scare away)	przepędzić	[pʃɛ'pɛndʑitʃ]
to drop (let fall)	upuszczać	[u'puʃtʃatʃ]
to drown (ab. person)	tonąć	['tɔɔ̃ɲtʃ]
to dry (clothes, hair)	suszyć	['suʃitʃ]
to eat (vi, vt)	jeść	[eɕtʃ]
to eavesdrop (vi)	podsłuchiwać	[pɔtswu'hivatʃ]
to emit (give out - odor, etc.)	roztaczać	[rɔs'tatʃatʃ]
to enter (on the list)	wpisywać	[fpi'sɪvatʃ]

to entertain (amuse)	bawić	['baviʧ]
to equip (fit out)	wyposażyć	[vɪpɔ'saʒɪʧ]
to examine (proposal)	rozpatrzyć	[rɔs'paʧʃɪʧ]
to exchange (sth)	wymieniać się	[vɪ'meɲaʧ ɕɛ̃]
to exclude, to expel	wykluczać	[vɪk'lytʃaʧ]
to excuse (forgive)	wybaczać	[vɪ'baʧʃaʧ]
to exist (vi)	istnieć	['istneʧ]
to expect (anticipate)	oczekiwać	[ɔtʃɛ'kivaʧ]
to expect (foresee)	przewidzieć	[pʃɛ'vidʒeʧ]
to explain (vt)	objaśniać	[ɔbʰ'jaɕɲaʧ]
to express (vt)	wyrazić	[vɪ'raʑiʧ]
to extinguish (a fire)	gasić	['gaɕiʧ]
to fall in love (with …)	zakochać się	[za'kɔhaʧ ɕɛ̃]
to feed (provide food)	karmić	['karmiʧ]
to fight (against the enemy)	walczyć	['vaʎʧʃɪʧ]
to fight (vi)	bić się	[biʧ ɕɛ̃]
to fill (glass, bottle)	napełniać	[na'pɛwɲaʧ]
to find (~ lost items)	znajdować	[znaj'dɔvaʧ]
to finish (vt)	kończyć	['kɔɲʧʃɪʧ]
to fish (angle)	wędkować	[vɛ̃t'kɔvaʧ]
to fit (ab. dress, etc.)	pasować	[pa'sɔvaʧ]
to flatter (vt)	schlebiać	['shlebiaʧ]
to fly (bird, plane)	latać	['ʎataʧ]
to follow … (come after)	podążać	[pɔ'dɔ̃ʒaʧ]
to forbid (vt)	zabraniać	[zab'raɲaʧ]
to force (compel)	zmuszać	['zmuʃaʧ]
to forget (vi, vt)	zapominać	[zapɔ'minaʧ]
to forgive (pardon)	przebaczać	[pʃɛ'baʧʃaʧ]
to form (constitute)	tworzyć	['tfɔʒɪʧ]
to get dirty (vi)	pobrudzić się	[pɔb'rudʒiʧ ɕɛ̃]
to get infected (with …)	zarazić się	[za'raʑiʧ ɕɛ̃]
to get irritated	denerwować się	[dɛnɛr'vɔvaʧ ɕɛ̃]
to get married	żenić się	['ʒɛniʧ ɕɛ̃]
to get rid of …	pozbywać się	[pɔz'bɪvaʧ ɕɛ̃]
to get tired	być zmęczonym	[bɪʧ zmɛ̃'ʧʃɔnɪm]
to get up (arise from bed)	wstawać	['fstavaʧ]
to give a bath	kąpać	['kɔ̃paʧ]
to give a hug, to hug (vt)	ściskać	['ɕʧʃiskaʧ]
to give in (yield to)	ustępować	[ustɛ̃'pɔvaʧ]
to go (by car, etc.)	jechać	['ehaʧ]
to go (on foot)	iść	[iɕʧ]
to go for a swim	kąpać się	['kɔ̃paʧ ɕɛ̃]

| to go out (for dinner, etc.) | wyjść | [vɪjɕtʃ] |
| to go to bed | kłaść się spać | [ˈkwaɕtʃ ɕɛ̃ spatʃ] |

to greet (vt)	witać	[ˈvitatʃ]
to grow (plants)	hodować	[hɔˈdɔvatʃ]
to guarantee (vt)	gwarantować	[gvaranˈtɔvatʃ]
to guess right	odgadnąć	[ɔdˈgadnɔ̃tʃ]

254. Verbs H-M

to hand out (distribute)	rozdać	[ˈrɔzdatʃ]
to hang (curtains, etc.)	wieszać	[ˈveʃatʃ]
to have (vt)	mieć	[metʃ]
to have a try	spróbować	[spruˈbɔvatʃ]
to have breakfast	jeść śniadanie	[eɕtʃ ɕɲaˈdane]

to have dinner	jeść kolację	[eɕtʃ kɔˈʎatsʰɛ̃]
to have fun	bawić się	[ˈbavitʃ ɕɛ̃]
to have lunch	jeść obiad	[eɕtʃ ˈɔbʲat]
to head (group, etc.)	stać na czele	[statʃ na ˈtʃɛle]

to hear (vt)	słyszeć	[ˈswɪʃɛtʃ]
to heat (vt)	ogrzewać	[ɔgˈʒɛvatʃ]
to help (vt)	pomagać	[pɔˈmagatʃ]
to hide (vt)	chować	[ˈhɔvatʃ]
to hire (e.g., ~ a boat)	wynajmować	[vɪnajˈmɔvatʃ]

to hire (staff)	najmować	[najˈmɔvatʃ]
to hope (vi, vt)	mieć nadzieję	[metʃ naˈdʒeɛ̃]
to hunt (for food, sport)	polować	[pɔˈlɔvatʃ]
to hurry (sb)	naglić	[ˈnaglitʃ]

to hurry (vi)	śpieszyć się	[ˈɕpeʃitʃ ɕɛ̃]
to imagine (to picture)	wyobrażać sobie	[vɪɔbˈraʒatʃ ˈsɔbe]
to imitate (vt)	naśladować	[naɕʎaˈdɔvatʃ]
to implore (vt)	błagać	[ˈbwagatʃ]
to import (vt)	importować	[impɔrˈtɔvatʃ]

to increase (vi)	zwiększać się	[ˈzveŋkʃatʃ ɕɛ̃]
to increase (vt)	powiększać	[pɔˈveŋkʃatʃ]
to infect (vt)	zarażać	[zaˈraʒatʃ]
to influence (vt)	wpływać	[ˈfpwɪvatʃ]

to inform (~ sb about ...)	informować	[infɔrˈmɔvatʃ]
to inform (vt)	informować	[infɔrˈmɔvatʃ]
to inherit (vt)	dziedziczyć	[dʒeˈdʒitʃitʃ]
to inquire (about ...)	dowiadywać się	[dɔvʲaˈdɪvatʃ ɕɛ̃]
to insist (vi, vt)	nalegać	[naˈlegatʃ]
to inspire (vt)	inspirować	[inspiˈrɔvatʃ]
to instruct (teach)	instruować	[instruˈɔvatʃ]

to insult (offend)	znieważać	[zne'vaʒatʃ]
to interest (vt)	interesować	[intɛrɛ'sɔvatʃ]
to intervene (vi)	wtrącać się	['ftrɔ̃tsatʃ ɕɛ̃]
to introduce (present)	przedstawiać	[pʃɛts'tavʲatʃ]
to invent (machine, etc.)	wynalazać	[vɪna'ʎazatʃ]
to invite (vt)	zapraszać	[zap'raʃatʃ]
to iron (laundry)	prasować	[pra'sɔvatʃ]
to irritate (annoy)	denerwować	[dɛnɛr'vɔvatʃ]
to isolate (vt)	izolować	[izɔ'lɔvatʃ]
to join (political party, etc.)	przyłączać się	[pʃɪ'wɔ̃tʃatʃ ɕɛ̃]
to joke (be kidding)	żartować	[ʒar'tɔvatʃ]
to keep (old letters, etc.)	przechowywać	[pʃɛhɔ'vɪvatʃ]
to keep silent	milczeć	['miʎtʃetʃ]
to kill (vt)	zabijać	[za'bijatʃ]
to knock (at the door)	pukać	['pukatʃ]
to know (sb)	znać	[znatʃ]
to know (sth)	wiedzieć	['vedʒetʃ]
to laugh (vi)	śmiać się	['ɕmʲatʃ ɕɛ̃]
to launch (start up)	uruchamiać	[uru'hamʲatʃ]
to leave (~ for Mexico)	wyjeżdżać	[vɪ'eʒdʒatʃ]
to leave (spouse)	opuszczać	[ɔ'puʃtʃatʃ]
to leave behind (forget)	zostawiać	[zɔs'tavʲatʃ]
to liberate (city, etc.)	wyzwalać	[vɪz'vaʎatʃ]
to lie (tell untruth)	kłamać	['kwamatʃ]
to light (campfire, etc.)	zapalić	[za'palitʃ]
to light up (illuminate)	oświetlać	[ɔɕ'fetʎatʃ]
to love (e.g., ~ dancing)	lubić	['lybitʃ]
to like (I like ...)	podobać się	[pɔ'dɔbatʃ ɕɛ̃]
to limit (vt)	ograniczać	[ɔgra'nitʃatʃ]
to listen (vi)	słuchać	['swuhatʃ]
to live (~ in France)	mieszkać	['meʃkatʃ]
to live (exist)	żyć	[ʒɪtʃ]
to load (gun)	ładować	[wa'dɔvatʃ]
to load (vehicle, etc.)	ładować	[wa'dɔvatʃ]
to look (I'm just ~ing)	patrzeć	['patʃɛtʃ]
to look for ... (search)	szukać	['ʃukatʃ]
to look like (resemble)	być podobnym	[bɪtʃ pɔ'dɔbnɪm]
to lose (umbrella, etc.)	tracić	['tratʃitʃ]
to love (sb)	kochać	['kɔhatʃ]
to lower (blind, head)	opuszczać	[ɔ'puʃtʃatʃ]
to make (~ dinner)	gotować	[gɔ'tɔvatʃ]
to make a mistake	mylić się	['mɪlitʃ ɕɛ̃]
to make angry	złościć	['zwɔɕtʃitʃ]

to make copies	skopiować	[skɔ'pʲɔvatʃ]
to make easier	ułatwić	[u'watfitʃ]
to make the acquaintance	poznawać się	[pɔz'navatʃ ɕɛ̃]
to make use (of …)	korzystać	[kɔ'ʒɪstatʃ]

to manage, to run	kierować	[ke'rɔvatʃ]
to mark (make a mark)	zaznaczyć	[zaz'natʃɪtʃ]
to mean (signify)	znaczyć	['znatʃɪtʃ]
to memorize (vt)	zapamiętać	[zapa'mentatʃ]
to mention (talk about)	wspominać	[fspɔ'minatʃ]

to miss (school, etc.)	opuszczać	[ɔ'puʃtʃatʃ]
to mix (combine, blend)	mieszać	['meʃatʃ]
to mock (make fun of)	naśmiewać się	[naɕ'mevatʃ ɕɛ̃]
to move (to shift)	przesuwać	[pʃɛ'suvatʃ]
to multiply (math)	mnożyć	['mnɔʒitʃ]
must (v aux)	musieć	['muzɛtʃ]

255. Verbs N-S

to name, to call (vt)	nazywać	[na'zɪvatʃ]
to negotiate (vi)	prowadzić rozmowy	[prɔ'vadʒitʃ rɔz'mɔvɪ]
to note (write down)	zanotować	[zanɔ'tɔvatʃ]
to notice (see)	zauważać	[zau'vaʒatʃ]

to obey (vi, vt)	podporządkować się	[pɔtpɔʒɔ̃d'kɔvatʃ ɕɛ̃]
to object (vi, vt)	sprzeciwiać się	[spʃɛ'tɕiviatʃ ɕɛ̃]
to observe (see)	obserwować	[ɔbsɛr'vɔvatʃ]
to offend (vt)	obrażać	[ɔb'raʒatʃ]
to omit (word, phrase)	pomijać	[pɔ'mijatʃ]
to open (vt)	otwierać	[ɔt'feratʃ]
to order (in restaurant)	zamawiać	[za'maviatʃ]
to order (mil.)	rozkazywać	[rɔska'zɪvatʃ]
to organize (concert, party)	urządzać	[u'ʒɔ̃dzatʃ]

to overestimate (vt)	przeceniać	[pʃɛ'tsɛɲatʃ]
to own (possess)	posiadać	[pɔ'ɕadatʃ]
to participate (vi)	uczestniczyć	[utʃɛst'nitʃɪtʃ]
to pass (go beyond)	przejeżdżać	[pʃɛ'ɛʒdʒatʃ]
to pay (vi, vt)	płacić	['pwatɕitʃ]

to peep, spy on	podglądać	[pɔdglɔ̃datʃ]
to penetrate (vt)	przenikać	[pʃɛ'nikatʃ]
to permit (vt)	zezwalać	[zɛz'vaʎatʃ]
to pick (flowers)	zrywać	['zrɪvatʃ]

to place (put, set)	umieszczać	[u'meʃtʃatʃ]
to plan (~ to do sth)	planować	[pʎa'nɔvatʃ]
to play (actor)	grać	[gratʃ]
to play (children)	bawić się	['bavitʃ ɕɛ̃]

to point (~ the way)	**pokazać**	[pɔˈkazatʃ]
to pour (liquid)	**nalewać**	[naˈlevatʃ]
to pray (vi, vt)	**modlić się**	[ˈmɔdlitʃ ɕɛ̃]
to predominate (vi)	**przeważać**	[pʃɛˈvaʒatʃ]
to prefer (vt)	**woleć**	[ˈvɔletʃ]
to prepare (~ a plan)	**przygotować**	[pʃigɔˈtɔvatʃ]
to present (sb to sb)	**przedstawiać**	[pʃɛtsˈtavʲatʃ]
to preserve (peace, life)	**zachowywać**	[zahɔˈvɨvatʃ]
to progress (move forward)	**postępować**	[pɔstɛ̃ˈpɔvatʃ]
to promise (vt)	**obiecać**	[ɔˈbetsatʃ]
to pronounce (vt)	**wymawiać**	[vɨˈmavʲatʃ]
to propose (vt)	**proponować**	[prɔpɔˈnɔvatʃ]
to protect (e.g., ~ nature)	**ochraniać**	[ɔhˈraɲatʃ]
to protest (vi)	**protestować**	[prɔtɛsˈtɔvatʃ]
to prove (vt)	**udowadniać**	[udɔˈvadɲatʃ]
to provoke (vt)	**prowokować**	[prɔvɔˈkɔvatʃ]
to pull (~ the rope)	**ciągnąć**	[tɕɔ̃gnɔntʃ]
to punish (vt)	**karać**	[ˈkaratʃ]
to push (~ the door)	**pchać**	[phatʃ]
to put away (vt)	**chować**	[ˈhɔvatʃ]
to put in (insert)	**wstawiać**	[ˈfstavʲatʃ]
to put in order	**doprowadzać do porządku**	[dɔprɔˈvadzatʃ dɔ pɔˈʒɔ̃tku]
to put, to place	**kłaść**	[kwactʃ]
to quote (cite)	**cytować**	[tsɨˈtɔvatʃ]
to reach (arrive at)	**docierać**	[dɔˈtɕeratʃ]
to read (vi, vt)	**czytać**	[ˈtʃɨtatʃ]
to realize (a dream)	**realizować**	[rɛaliˈzɔvatʃ]
to recall (~ one's name)	**wspominać**	[fspɔˈminatʃ]
to recognize (identify sb)	**poznawać**	[pɔzˈnavatʃ]
to recommend (vt)	**polecać**	[pɔˈletsatʃ]
to recover (~ from flu)	**wracać do zdrowia**	[ˈvratsatʃ dɔ ˈzdrɔvʲa]
to redo (do again)	**przerabiać**	[pʃɛˈrabʲatʃ]
to reduce (speed, etc.)	**zmniejszać**	[ˈzmnejʃatʃ]
to refuse (~ sb)	**odmawiać**	[ɔdˈmavʲatʃ]
to regret (be sorry)	**żałować**	[ʒaˈwɔvatʃ]
to reinforce (vt)	**umacniać**	[uˈmatsɲatʃ]
to remember (vt)	**pamiętać**	[paˈmentatʃ]
to remind of ...	**przypominać**	[pʃipɔˈminatʃ]
to remove (~ a stain)	**usuwać**	[uˈsuvatʃ]
to remove (~ an obstacle)	**usuwać**	[uˈsuvatʃ]
to rent (sth from sb)	**wynajmować**	[vɨnajˈmɔvatʃ]
to repair (mend)	**reperować**	[rɛpɛˈrɔvatʃ]

to repeat (say again)	powtarzać	[pɔfˈtaʒatʃ]
to report (make a report)	referować	[rɛfɛˈrɔvatʃ]
to reproach (vt)	wyrzucać	[vɪˈʒutsatʃ]
to reserve, to book	rezerwować	[rɛzɛrˈvɔvatʃ]
to restrain (hold back)	powstrzymywać	[pɔfstʃɪˈmɪvatʃ]
to return (come back)	wracać	[ˈvratsatʃ]
to risk, to take a risk	ryzykować	[rɪzɪˈkɔvatʃ]
to rub off (erase)	zetrzeć	[ˈzɛtʃɛtʃ]
to run (move fast)	biec	[bets]
to satisfy (please)	zadowalać	[zadɔˈvaʎatʃ]
to save (rescue)	ratować	[raˈtɔvatʃ]
to say (~ thank you)	powiedzieć	[pɔˈvedʒetʃ]
to scold (vt)	besztać	[ˈbɛʃtatʃ]
to scratch (with claws)	drapać	[ˈdrapatʃ]
to select (to pick)	wybrać	[ˈvɪbratʃ]
to sell (goods)	sprzedawać	[spʃɛˈdavatʃ]
to send (a letter)	wysyłać	[vɪˈsɪwatʃ]
to send back (vt)	odesłać	[ɔˈdɛswatʃ]
to sense (danger)	odczuwać	[ɔttˈʃuvatʃ]
to sentence (vt)	skazywać	[skaˈzɪvatʃ]
to serve (in restaurant)	obsługiwać	[ɔbswuˈgivatʃ]
to settle (a conflict)	załatwiać	[zaˈwatvʲatʃ]
to shake (vt)	trząść	[tʃɔ̃ctʃ]
to shave (vi)	golić się	[ˈgɔlitʃ ɕɛ̃]
to shine (gleam)	świecić się	[ˈɕfetʃitʃ ɕɛ̃]
to shiver (with cold)	drżeć	[drʒɛtʃ]
to shoot (vi)	strzelać	[ˈstʃɛʎatʃ]
to shout (vi)	krzyczeć	[ˈkʃitʃetʃ]
to show (to display)	pokazywać	[pɔkaˈzɪvatʃ]
to shudder (vi)	wzdrygać się	[ˈvzdrɪgatʃ ɕɛ̃]
to sigh (vi)	westchnąć	[ˈvɛsthnɔ̃tʃ]
to sign (document)	podpisywać	[pɔtpiˈsɪvatʃ]
to signify (mean)	znaczyć	[ˈznatʃitʃ]
to simplify (vt)	ułatwiać	[uˈwatfʲatʃ]
to sin (vi)	grzeszyć	[ˈgʒɛʃitʃ]
to sit (be sitting)	siedzieć	[ˈɕedʒetʃ]
to sit down (vi)	usiąść	[ˈuɕɔ̃ʲctʃ]
to smash (~ a bug)	rozgnieść	[ˈrɔzgnectʃ]
to smell (scent)	pachnieć	[ˈpahnetʃ]
to smell (sniff at)	wąchać	[ˈvɔ̃hatʃ]
to smile (vi)	uśmiechać się	[uɕˈmehatʃ ɕɛ̃]
to snap (vi, ab. rope)	rozerwać się	[rɔˈzɛrvatʃ ɕɛ̃]
to solve (problem)	rozwiązać	[rɔzvɔ̃zatʃ]

to sow (seed, crop)	siać	[ɕatʃ]
to spill (liquid)	rozlewać	[rɔzˈlevatʃ]
to spit (vi)	pluć	[plytʃ]
to stand (toothache, cold)	znosić	[ˈznɔɕitʃ]
to start (begin)	rozpoczynać	[rɔspɔtˈʃinatʃ]

to steal (money, etc.)	kraść	[kraɕtʃ]
to stop (please ~ calling me)	przestawać	[pʃɛsˈtavatʃ]
to stop (for pause, etc.)	zatrzymywać się	[zatʃiˈmɪvatʃ ɕɛ̃]
to stop talking	zamilknąć	[zaˈmiʎknɔ̃tʃ]

to stroke (caress)	głaskać	[ˈgwaskatʃ]
to study (vt)	studiować	[studʰɜvatʃ]
to suffer (feel pain)	cierpieć	[ˈtɕerpetʃ]
to support (cause, idea)	poprzeć	[ˈpɔpʃɛtʃ]
to suppose (assume)	przypuszczać	[pʃiˈpuʃtʃatʃ]

to surface (ab. submarine)	wynurzać się	[vɪˈnuʒatʃ ɕɛ̃]
to surprise (amaze)	dziwić	[ˈdʒivitʃ]
to suspect (vt)	podejrzewać	[pɔdɛjˈʒɛvatʃ]
to swim (vi)	pływać	[ˈpwɪvatʃ]
to turn on (computer, etc.)	włączać	[ˈvwɔ̃tʃatʃ]

256. Verbs T-W

to take (get hold of)	brać	[bratʃ]
to take a bath	myć się	[ˈmɪtʃ ɕɛ̃]
to take a rest	odpoczywać	[ɔtpɔtˈʃivatʃ]

to take aim (at …)	celować	[tsɛˈlɔvatʃ]
to take away	zabierać	[zaˈberatʃ]
to take off (airplane)	startować	[starˈtɔvatʃ]
to take off (remove)	zdejmować	[zdɛjˈmɔvatʃ]

to take pictures	robić zdjęcia	[ˈrɔbitʃ ˈzdʰɛ̃tʃa]
to talk to …	rozmawiać	[rɔzˈmavʲatʃ]
to teach (give lessons)	szkolić	[ˈʃkɔlitʃ]

to tear off (vt)	oderwać	[ɔˈdɛrvatʃ]
to tell (story, joke)	opowiadać	[ɔpɔˈvʲadatʃ]
to thank (vt)	dziękować	[dʒɛ̃ˈkɔvatʃ]
to think (believe)	sądzić	[ˈsɔ̃dʒitʃ]

to think (vi, vt)	myśleć	[ˈmɪɕletʃ]
to threaten (vt)	grozić	[ˈgrɔʒitʃ]
to throw (stone)	rzucać	[ˈʒutsatʃ]

| to tie to … | przywiązywać | [pʃivɔ̃ˈzɪvatʃ] |
| to tie up (prisoner) | związywać | [zvʲɔ̃ˈzɪvatʃ] |

to tire (make tired)	nużyć	['nuʒɪtʃ]
to touch (one's arm, etc.)	dotykać	[dɔ'tɨkatʃ]
to tower (over ...)	wznosić się	['vznɔɕitʃ ɕɛ̃]
to train (animals)	tresować	[trɛ'sɔvatʃ]
to train (sb)	trenować	[trɛ'nɔvatʃ]
to train (vi)	ćwiczyć	['tʃfitʃɨtʃ]
to transform (vt)	przekształcać	[pʃɛkʃ'tawtsatʃ]
to translate (vt)	tłumaczyć	[twu'matʃɨtʃ]
to treat (patient, illness)	leczyć	['letʃɨtʃ]
to trust (vt)	ufać	['ufatʃ]
to try (attempt)	próbować	[pru'bɔvatʃ]
to turn (~ to the left)	skręcać	['skrɛntsatʃ]
to turn away (vi)	odwracać się	[ɔdv'ratsatʃ ɕɛ̃]
to turn off (the light)	gasić	['gaɕitʃ]
to turn over (stone, etc.)	przewrócić	[pʃɛv'rutʃitʃ]
to underestimate (vt)	niedoceniać	[nedɔ'tsɛnatʃ]
to underline (vt)	podkreślić	[pɔtk'rɛɕlitʃ]
to understand (vt)	rozumieć	[rɔ'zumetʃ]
to undertake (vt)	podejmować	[pɔdɛj'mɔvatʃ]
to unite (vt)	łączyć	['wɔ̃tʃɨtʃ]
to untie (vt)	odwiązywać	[ɔdvɔ̃'zɨvatʃ]
to use (phrase, word)	użyć	['uʒɪtʃ]
to vaccinate (vt)	szczepić	['ʃtʃɛpitʃ]
to vote (vi)	głosować	[gwɔ'sɔvatʃ]
to wait (vt)	czekać	['tʃɛkatʃ]
to wake (sb)	budzić	['budʒitʃ]
to want (wish, desire)	chcieć	[htʃetʃ]
to warn (of the danger)	ostrzegać	[ɔst'ʃɛgatʃ]
to wash (clean)	myć	[mɨtʃ]
to water (plants)	podlewać	[pɔd'levatʃ]
to wave (the hand)	machać	['mahatʃ]
to weigh (have weight)	ważyć	['vaʒɪtʃ]
to work (vi)	pracować	[pra'tsɔvatʃ]
to worry (make anxious)	niepokoić	[nepɔ'kɔitʃ]
to worry (vi)	denerwować się	[dɛnɛr'vɔvatʃ ɕɛ̃]
to wrap (parcel, etc.)	zawijać	[za'vijatʃ]
to wrestle (sport)	walczyć	['vaʎtʃɨtʃ]
to write (vt)	pisać	['pisatʃ]
to write down	zapisywać	[zapi'sɨvatʃ]

Printed in Great Britain
by Amazon.co.uk, Ltd.,
Marston Gate.